종교개혁 신학과 개신교 신앙

종교개혁 신학과 개신교 신앙

2022년 6월 30일 처음 펴냄

지은이 홍지훈
펴낸이 김영호
펴낸곳 도서출판 동연
등 록 제1-1383호(1992. 6. 12)
주 소 (03962) 서울시 마포구 월드컵로 163-3
전 화 (02)335-2630
전 송 (02)335-2640

ISBN 978-89-6447-810-3 03230

종교개혁 신학과
개신교 신앙

홍지훈 지음

PROTESTANTISM

동연

머리말

　자신의 경험과 신앙은 깊은 관계가 있습니다. 그래서 그리스도인은 서로 조금씩 다른 신앙생활 양상을 보입니다. 그의 신앙이 어떤 신학적 전통에서 나왔는지에 따라서 또 달라집니다. 같은 프로테스탄트교회인데도 장로교, 감리교, 성결교는 비슷한 듯 서로 다른 신학적 전통에 서 있습니다. 그러므로 한 그리스도인이 다른 그리스도인을 만나 대화하다 보면 서로 다르다는 것을 느낄 때가 있습니다. 서로 달라도 되는 것과 서로 일치해야만 하는 것이 있는데, 그것을 제때 제대로 구별하는 그리스도인은 드뭅니다.

　같은 장로교 안에는 수많은 장로교 교파가 있습니다. 이 사실을 아는 그리스도인들도 그 이유가 정확히 무엇인지 그리고 내용적으로 서로 다른 것이 무엇인지 잘 모릅니다. 어쩌면 알아야 할 이유가 없다고도 생각하는 것 같습니다. 실제로 여러 교파의 장로교회를 기웃거려 본 사람을 만나보면 대부분 그 차이를 못 느꼈다고 말합니다.

　한국교회의 역사에 대한 간략한 설명을 듣고 말면 교회와 신앙에 대한 이해가 더 깊어지지 않습니다. 그때 필요한 것이 그리스도인 스스로 자기 신앙의 뿌리와 프로테스탄트 신앙의 본질을 찾는 노력입니다. 저는 이것을 "나름대로 신학하기"라고 이름을 붙여 보았습니다.

　자신이 출석하는 교회에서 가르치는 대로 신앙생활하면 충분하다고 생각하는 분들도 사실은 "나름대로 신학 하는" 분들입니다. 이미 신앙적 신학적 자기 기준을 가지고 있기 때문입니다. 그래서 종종

"저 사람은 신앙이 좋다"는 말을 합니다. 이것은 자기의 기준에 비추어 그렇다는 말입니다.

제가 말하는 "나름대로 신학하기"는 "신학적으로 생각하기"입니다. 이것은 사람이 살면서 나름대로의 인생 철학을 가지고 있는 것과 비슷합니다. 그리고 서로 다른 인생 철학을 가진 사람과 만났을 때 서로 어떤 대화를 하는가에 따라 그 사람이 '철학적 사고'를 하고 있는지 아니면 자기의 철학만 고집하는 사람인지 판별이 됩니다. 즉, "나름대로 신학하기"는 '신학적 사고'를 하자는 의미입니다.

사람이 철학적 사고를 할 수 있다면 그리스도인이 '신학적 사고'를 한다는 것은 전혀 이상할 것이 없습니다. 그러나 그동안 교회는 그리스도인의 신앙생활이 신학적 사고와는 아무런 관계가 없다고 가르쳤습니다. 심지어는 신학적 사고를 하는 단계에 들어선 그리스도인들을 '위험한' 사람으로 간주하기도 하였습니다.

프로테스탄트 신앙은 16세기 종교개혁자들이 그 출발점입니다. 500여 년이 지나는 동안 프로테스탄트 신앙도 다양해졌습니다. 그동안의 시간적인 차이와 공간적인 차이 그리고 문화적인 차이 등등 그 신앙이 만난 역사적 환경에 따라서 그 신앙의 양상은 달라지기 마련입니다. 같은 교파와 교단에 속한 교회들도 그 교회의 전통이나 목회자의 신학적 성향에 따라서 서로 다른 목소리를 냅니다. 그 속에서 그리스도인이 신학적으로 생각한다는 것은 이런 의미입니다. "나의 신앙과 전통이 어떤 역사적 뿌리에서 출발하였는지 알고, 프로테스탄트의 본질에 비교해서 무엇이 달라졌는지 분별하자"라는 것입니다.

이것은 모든 그리스도인이 신학자가 되어서 남을 가르치라는 의미가 결코 아닙니다. 그리스도인은 모두 자기 삶의 영역이 있기에 한계가 있습니다. 자신이 누구인지 그리고 지금 내가 서 있는 곳은 어디인지 아는 것은 당연한 일입니다. 자기의 직업 속에서도 분별하며 일하는 것이 상식입니다. 그런데 유독 신앙생활 속에서는 스스로 생각하고, 스스로 분별하지 않고 맹목적으로 따라만 갑니다. 이것은 500년 전 종교개혁자들의 교회개혁을 향한 노력을 파기하는 것과 마찬가지입니다.

이 책은 종교개혁 정신을 바탕에 두고, 모든 그리스도인에게 프로테스탄트 신앙의 본질을 역사적인 관점에서 설명한 책입니다. 평소에 궁금하던 문제들을 다루었지만, 모든 궁금증을 다 해결할 수는 없을 것입니다. 그러므로 책을 읽고 나서 이제부터는 스스로 생각하고 나름대로 신학하기를 시도해 보면 되는 일입니다.

종교개혁자 루터의 신학을 전공한 신학자의 글이지만, 이 책 속에 담긴 내용은 대대로 내려온 신앙적 경험들 속에서 고민했던 한 그리스도인의 삶에서 나온 것입니다. 여기에 신학과 목회의 경험을 더해서 한국의 프로테스탄트 그리스도인들과 더불어 생각하고 함께 고민해 보자는 요청을 드리는 것입니다.

출판을 흔쾌히 허락해 주신 도서출판 동연에 감사드립니다. 김영호 대표님은 한국교회 그리스도인들을 위한 필자의 관심을 이해하고 격려해 주셨습니다. 신앙이란 시간이 흐르면서 저절로 쌓이는 것이 아니라 그리스도인 개인의 깊은 고민과 성찰 속에서 성장합니다. 그리스도교 신앙의 역사는 신앙의 성장에 많은 도움을 줄 것입니다.

2022년 4월
지은이 홍지훈

| 차 례 |

1 장

서론: 교회의 역사와 신앙

I. 나름대로 신학하기

먼저 신학 이야기를 해야 할 것 같다. 신앙을 이야기할 때 신학과 연결하여 설명하는 것이 매우 수월하기도 하고 정확하기도 하다는 것이 필자의 경험이다. 신학대학의 문을 두드리는 대부분의 신입생들은 그동안 키운 자신의 신앙을 이제 막 시작하려는 신학 공부의 소중한 근거로 들고 온다. 신학이라는 학문은 신앙과 밀접하기 때문에 신앙의 이야기는 신학 이야기와 뗄 수 없는 관계라는 의미이다. 당신이 이제 막 신학에 처음으로 입문하는 학생이라고 상상해 보라. 신학이 무슨 공부를 하는 것인지 상상할 때, 당신은 당연히 교회에서 그동안 보고 듣고 배운 신앙에 대한 학문적인 배움이 펼쳐질 것을 기대하게 된다.

만일 우리가 인문학이나 자연과학, 사회과학, 경제학 또는 공학을 공부한다면 고등학교에서 배운 국어, 영어, 철학, 수학, 물리, 화학, 사회, 정치, 경제, 기술, 공업 과목에서 무엇을 배웠는지 떠올리며 앞으로의 공부 계획을 짐작할 것이다. 그러나 일반 고등학교에서는 신앙이나 신학에 대하여 가르치지는 않는다. 그래서 다른 학문과 달리 신학이라는 학문을 시작하는 학생은 자신의 교회 생활과 신앙생활을 통하여 얻은 막연한 추측 또는 느낌이 신학적 사전 지식의 전부일 때가 많다.

이 말을 환언하면 신학과 신앙은 매우 밀접한 관계인 동시에 자칫하면 서로 다른 방향을 향하는 이질적인 것처럼 느낄 수도 있다는 의미이다. 그래서 신학 입문 시절은 더없이 불안하고 확신 없는 무의미한 시간으로 흘러가기 쉽다. 만일 문학이나 수학이 가진 분명한 학문적 이미지처럼 신학이 어떤 학문인지 미리 학교에서 교육을 받았다면, 이 학생은 매우 손쉽게 신학이라는 학문의 길에 들어섰을 것이다.

필자는 교회 생활과 신앙생활 속에 신학이 반드시 함께해야 한다고 주장한다. 이 말은 신앙생활을 마치 공부하듯이 어렵게 만들어야 한다는 의미가 절대로 아니다. 물이 위에서 아래로 흐르는 것이 자연법칙이듯이 신앙도 신앙의 법칙을 신학으로부터 가져와야 하는 것 아닌가? 마치 법과 도덕과 상식이 삶의 기준이 되듯이 교회와 신앙의 기준은 신학이 분명하다. 적어도 신학 사상은 역사와 함께 그 시대에 합당한 근거와 기준을 교회와 신앙에 제공하였기 때문이다.

물론 거시적 관점에서 보면 신앙적 경험이 쌓여 신학적 체계를 만들었고, 새로운 경험이 새로운 신학적 사고를 추가하며 오늘에 이르렀다. 하지만 그렇기에 개인의 신앙적 경험은 신학적 공통분모와 만날 때 더 확고해지는 것 아닌가? 신학이 다른 학문들 사이에서 하나의 학문으로 인정을 받는 것은 학문 세계의 법과 상식을 따르기 때문이다. 그러므로 신앙도 신학이 제공하는 신학적 상식을 수반해야 교회 안과 교회 밖 모든 영역에서 자신의 역할을 감당할 수 있다.

모든 크리스천이 신앙의 영역에서 신학적인 사고를 한다는 것은 불가능한 일일까? 이 질문을 이렇게 바꾸어 보자. 보통 사람이 철학적으로 생각하는 것이 불가능한 일일까? 대학에서 철학을 전공하거나 철학개론 과목을 배워야만 철학적으로 생각한다는 것이 가능하다면, 살면서 습득하는 인생철학도 불가능하고 자녀를 키우면서 느끼게 되는 자녀교육 철학도 철학이라고 부를 수 없다.

철학이란 대학의 강단에 속한 것이기 이전에 한 사람의 인생과 직결된 생각이며, 시장통에서도 필요한 삶의 지혜이다. 철학의 범주가 이렇게 넓은 것처럼 신학의 범주도 충분히 넓다. 모든 크리스천에게 신학적 사고는 열려 있다.

삶 속에서 철학적 사고를 한다고 모든 사람이 철학자가 되는 것이 아닌 것처럼 신앙 속에서의 신학적 사고가 모든 크리스천을 신학자로 만드는 것은 아니다. 자라온 환경과 관심 그리고 교육 정도에 따라서 사람은 서로 다른 방식의 단계를 밟아 자기의 생각을 만들어 간다. 그래서 크리스천이 신학적 사고를 할 수 있는가라는 처음의 질문에 대한 대답은 이렇다. "모든 크리스천은 **나름대로**의 신학적 사고를 할 수 있다."

정신적인 차원을 논하는 것만 철학이 아니라 물질적인 차원에 대한 인간의 집념도 철학적 사고의 일부분인 것처럼, 신학적인 사고에서도 정신과 물질은 연결되어 있다. 그래서 조금이라도 신학적 사고에 눈을 뜬 크리스천이라면 물질에 대한 신앙적 자세에 대하여 성숙한 판단을 할 수 있고, 기복신앙에서 벗어날 수 있다.

예를 들어 16세기 종교개혁으로 등장한 프로테스탄트교회의 역사와 신앙을 조금이라도 안다면 종교 행위를 넘어서 신앙의 본질과 형식을 구분할 줄 아는 수준으로 도약한다. 종교개혁 당시 1,000년 이상 지속된 로마 가톨릭교회의 결정적인 문제는 살아 있는 신앙 대신 형식적인 제도가 자리를 차지하였다는 점이다. 종교개혁자들이 종교 행위보다 내면적 신앙을 강조한 것이 바로 본질을 찾자는 의미였다. 그러므로 종교개혁 500주년이 지난 오늘의 개신교 역시 신앙의 화석화를 야기하는 비본질적 형식주의로부터 거리를 두는 노력을 게을리하면 안 된다. 우리는 종교개혁의 신학적인 핵심이 무엇인지 반드시 배워야 한다.

우리가 알아야 할 가장 기초적인 것은 교회의 역사가 시작되기 오래전부터 신앙의 역사는 이미 시작되었다는 사실이다. 그리고 2,000년 역사를 지닌 교회와 교회의 신앙 양태도 상상할 수 없는 변화를 겪으며 오늘에 이르렀다는 점이다.

또한 기독교가 등장한 지역이 팔레스타인과 시리아, 소아시아와 그리스 그리고 로마 지역이기 때문에 그 지역의 역사적 배경 이해는 필수적이다. 정치, 경제, 사회, 문화, 종교 등등 세계사적 기본지식 없이 쌓아 올린 신앙의 탑은 그리 오래가지 못한다. 신앙의 문제와 신학의 관계를 말하면서 역사를 강조하는 이유는 인간과 관련된 모든 사건을 역사가 담고 있기 때문이다. 그러므로 신앙이든 신학이든 역사 공부가 그 바탕이 되어야 한다.

기독교는 성서가 그 경전이고, 성서는 유대교 경전인 구약을 포함하고 있다.[1] 그래서 기독교 역사와 신학은 유대교의 역사와 사상을 어느 정도 전수받았다. 기독교의 경전인 성서를 제대로 이해하려면 이스라엘 민족의 역사를 담고 있는 구약시대의 신앙과 상황을 당연히 알아야 한다. 마찬가지로 예수의 가르침이 담긴 신약 복음서의 역사적 배경을 이해하지 않고 복음서 본문을 접하면 어떤 일이 벌어질지 상상이 될 것이다.

조금 더 중요한 문제는 기독교 신학과 사상 형성에 결정적인 역할을 한 바울서신을 이해할 때 발생한다. 유대 사상과 그리스 사상이 만나는 현장이 바울서신이라고 할 수 있다. 한 문화권에서 다른 문화권으로 복음이 건너가는 생생한 보고를 읽으면서 아무 생각 없이 우리의 문화 속에 직접 대입하여 이해하려고 한다면 때로 전혀 엉뚱한 이해를 낳게 된다.

여기에 "성서가 성서된 역사"도 있다. 성경 형성사를 의미하는데, 거룩한 책에 포함될 수 있었던 당시의 저술들과 포함되지 못한 저술들을 구별하는 것이 바로 교회사의 시작이다. 그래서 성서는 성서 형성의 역사를 가지고 있고, 교회는 교회 형성의 역사를 가지고 있다. 이 역사를 모르는 것과 아는 것의 차이는 엄청나다.

교회의 역사 속에는 교리의 역사, 신학의 역사, 교회 제도의 역사, 예배의 역사 등등 지난 2,000년 세월 동안 변화해 온 신앙의 현장을 그대로 담고 있다. 그러므로 우리는 신앙의 선배들이 남긴 흔적을 간과하면 안 된다. "나름대로의 신학적 사고"를 하려는 크리스천이라

---

1 기독교에서 구약(舊約, Old Testament)이라고 부르는 경전은 가톨릭의 경우 70인 역(Septuaginta)을 의미하고, 개신교의 경우에는 히브리 경전인 타나크(TaNaK)를 의미한다. 타나크는 Torah(율법서), Neviim(예언서) 그리고 Ketuvim(성문서)의 첫 글자를 따서 붙인 이름이다.

면 당연히 기독교의 역사에 대한 이해가 필수적이다.

II. 신학과 역사에 대한 '간단한' 이해

지금까지 우리는 신앙생활에 신학적 사고가 필요한 이유를 살펴
보았고, 역사적 안목의 중요성을 이야기하였다. 그런데 신학이라는
학문에도 여러 가지의 영역이 있으며, 동시에 그 특징적인 차이가 너
무도 분명하여 한 영역에서 다른 영역으로 쉽게 넘나들지 못하는 어
려움이 또한 존재한다. 근세 이후 신학 분류는 적어도 5가지인데, 신
약학, 구약학, 교회사, 조직신학 그리고 실천신학이다.

신학대학 학부 과정과 신학대학원을 모두 다니면 적어도 7년간
신학을 공부한다. 이렇게 체계적인 교과과정에 따라 다양한 신학 영
역의 연구방법론을 섭렵하는 것이 전문가 과정이라고 한다면, 보통
의 크리스천에게 필요한 것은 최소한 성서를 이해하고 신앙의 기준
을 지키는데 필수적인 신학적 사고이다.

보통의 크리스천이 성서를 읽는 데 할애하는 시간 일부를 성서
이해의 '방법'에 관한 책이나 신앙 안내서를 읽는 데 투자하게 되면,
평생토록 '나름대로의 신학적 사고'를 발전시켜 나갈 수 있는 기초를
지니게 된다. 그런데 여기서 말하는 신앙 안내서는 다른 사람의 신앙
이야기에 대한 감정이입을 유도하는 책이 절대로 아니다. 교회와 목
사에 대한 무조건적 복종으로 유도하는 책은 더더욱 아니다. 모든 크
리스천이 읽어야 하는 신앙 안내서는 자기 자신의 신앙적 경험을 스
스로 진단하고 나아갈 방향을 설정하는 데 도움을 주는 책이어야 한

꽃(열매): 실천적 신학
→교회의 예술

줄기: 역사적 신학
→성서주석, 교회사, 교의학

뿌리: 철학적 신학(개념정의),
학문 이론적인 토대

F.D.E. Schleiermacher(1768~1834), *Kurze Darstellung des theologischen Studiums zum Behuf einleitender Vorlesungen*(1811)에서 말하는 신학의 구분.

다. 다시 말하면 '스스로 생각하고 스스로 판단하도록 이끌어주는 책'
이다. 과연 그런 책이 존재할까?

예를 한 가지 들어보자. 필자는 종종 '한 번에 교회사를 잘 이해할
만한 책'을 추천해 달라는 요청을 학생들로부터 받곤 한다. 그동안 수
많은 교회사 책을 읽었지만, 즉답을 망설이는 이유는 이렇다.

필자가 처음 신학을 공부하던 신학대학원생 시절에 배운 교회사
는 일종의 **신앙 연대기**였다. 사료(史料), 사실(史實), 사관(史觀) 따위
는 따지지 않고, 기독교 역사의 긍정적인 면만을 부각시키는 교회사
를 배웠다. 그런 방식으로 공부한다면 교회사 책은 단 한 권만 읽어
도 그것으로 충분하다. 그런데 다양한 역사적 관점에 따라 정반대의
입장에서 서술한 교회사 저술들을 알고 있는 와중에 한 권만 추천해
달라고 하니 정말 난감한 것이다. 그래서 항상 여러 권을 추천한다.

다양한 역사적 관점과 다양한 서술 방식을 함께 소개하면서 말이다. 무엇을 골라 읽을 것인지는 자기 문제이다.

이해가 잘 되는 쉬운 교회사 책은 가독성은 좋은데 종종 내용이 빈약하다. 반면에 역사적 지식을 충분히 담고 있는 교회사 책은 매우 두껍기도 하거니와 지루하다는 단점이 있다. 그래서 교회사를 이해하기 위한 '단 한 권의 교회사 책'을 만나는 것은 쉬운 일이 아니다.

보통의 크리스천에게 좋은 교회사 책 한 권은 '마중물'이라고 생각한다. 처음 접한 그 한 권 때문에 교회사에 관심을 가지게 되면 "나름대로 신학하기"의 첫걸음을 내디딘 것이기 때문이다. 하지만 교회사도 일종의 '역사'이기 때문에 반드시 역사적인 관점을 가지고 읽어야 한다는 사실을 잊지 말아야 한다. 교회사를 읽을 때 '신앙적 감동'은 접어두고, '역사적 교훈'을 기대하라는 의미이다.

역사 연구의 근본적인 목적은 '판단력 증진'이다. 다시 말하면 역사 공부는 정직한 비판 정신 위에서만 그 열매를 맺는다. 그러므로 교회의 역사 연구도 비판 정신을 고양시킬 만한 교회사 책으로 시작하는 것이 좋다. 만일 먼저 '한 권'의 교회사 책을 읽어야 한다면 필자는 종교개혁의 역사에 관련된 책을 망설임 없이 추천할 것이다. 종교개혁의 역사는 교회의 역사를 비판적으로 본 역사책이기 때문이다.

그러므로 교회사 전체를 단번에 이해할 만한 '단 한 권의 좋은 책'은 없다. 교회사에 관한 좋은 책들이 여러 권 있을 뿐이다. 그중에 한 권을 골라서 읽다 보면 역사에 대한 눈을 뜨게 되고, 그 밝아진 눈으로 또 다른 좋은 책을 읽어나가면 된다. 필자는 좋은 책을 소개해 달라는 요청에 재미있게 읽을 만한 교회사 책과 읽기 어렵지만 무게 있는 책을 동시에 소개하곤 한다. 때로는 교회 역사가 전공이 아닌 신학자의 책을 소개하기도 한다. 왜냐하면 교회사 자체의 내용을 나열한 책보다 신학을 역사적인 방법으로 기술한 서적이 더 유용한 경우가 있기 때문이다. 이럴 경우는 '역사신학' 책이라고 불러도 좋을 것이다.

"아는 만큼 보인다"는 말이 있다. 유홍준 선생의 문화유산 답사기를 읽으면서 배우고 또 직접 경험한 말이다. 똑같은 책을 읽어도 읽는 사람의 수준에 따라서 다른 것이 보이기 때문에 이 말은 독서의 경우에도 맞는 말이다. 그래서 보통의 크리스천이 성서를 읽을 때도 자기가 아는 만큼 성서가 말을 걸어오는 것이다. 신앙 안내서를 읽을 때 한 권이든 아니면 열권이든 그 책을 읽고 있는 자신이 누구인지를 먼저 이해하는 것이 중요하다고 본다. 독서를 하면서 지금 자신에게 판단력이 생겨나고 있는지 아닌지 느껴야 한다.

III. 역사와 교회사

역사 속의 신앙 이야기도 교회사라고 부를 수 있다. '교회사' (Church History)는 기독교회의 역사(The History of Christian Church)라는 뜻이기도 하고, 기독교사(The History of Christianity)이기도 하다. 경우에 따라서는 교회사 역시 신학의 한 분과이기 때문에 그 신학적인 점을 강조하기 위하여 '역사신학'(Historical Theology)이라고 부르기도 한다. 이러한 용어상의 다양성은 그 근본적인 차이 때문에 생겨난 것이 아니라 어떤 측면에 더 강조를 두는가에 달렸다. 이 다양한 표현들 속에 있는 공통적인 단어가 역사(history)이다. 그래서 역사의 의미에 대한 이해가 중요하다.

중고등학교에서 배우는 역사 관련 과목을 생각해 보자. 우선 세계사와 국사로 구분한다. 대학의 교양 과목도 마찬가지이다. 세계문화사 또는 한국사 정도면 충분하다. 그런데 한 권으로 된 역사 교과서를 집필하는데 한국 근현대사 부분에 와서 학자들 사이에 이견이 분분해지는 것을 볼 수 있다. 집권당의 정치적 입장에 따라 학자들의 견해도 갈린다. 그런데 이것은 사실 현대사에만 해당하는 문제가 아니다. 어떤 사관과 입장을 가졌느냐에 따라서 우리나라 역사에 대한 이해는 아직도 많은 논쟁 중에 있다. 서양사도 이와 다르지 않다.

그런데 세계교회사에 대해서는 "교회사 이름이 붙은 책 한 권만 통독하고 암기하면 그것으로 평생 충분하다"고 생각하는 사람들이 심심치 않게 있다. 심지어 교회사의 저자에 상관없이 역사는 똑같은 것이기 때문에 모든 책이 다 마찬가지라고 크게 오해를 하는 사람도 있다. 더 나아가 "그래서 교회사는 전문가가 아니어도 가르칠 수 있다"라고 착각하는 이들이 적지 않다.

물론 이런 현상은 더 이상 일어나서는 안 되는 일이다. 그나마 현저하게 개선된 것은 분명하다. 하지만 역사로 기록된 것을 있는 그대로 나열하고 사건과 인물과 연대를 암기하는 답답한 교육방식 때문에 신학 과목 중에서 교회사가 가장 "재미없다"라는 오해를 여전히 받고 있다.

이것은 중고등학교 시절에 받은 역사 공부에 대한 오해에서 시작되었다고 생각한다. 그 시절에 배운 국사와 세계사에 대해 학생을 졸게 만드는 암기 과목 이외에 아무것도 아니었다고 생각했던 대학 신입생들은 당연히 대학에서도 역사 과목을 기피한다. 필자는 교회의 역사 공부를 어려워하는 이들에게 교회사는 우리 신앙 선배들의 흥미진진하고도 생동감 있는 발자취였으며, 그것을 읽고 빠져들어 감동받는 사람에 따라 다가오는 느낌도 천차만별이라는 사실을 알리고 싶다.

나아가서 설교하고 목양하는 목회자가 되려고 신학대학원에 입학하여 공부하는 이들에게 교회사라는 과목이 목회 활동 안에서 끼칠 크나큰 영향을 느끼게 하고 싶다. 다시 말하면 신학이라는 학문 내에서 역사, 즉 교회의 역사가 차지하고 있는 중요한 위치를 아는 것이 매우 중요하다는 말이다. 신학생의 목회자 상은 자신이 출석하는 교회에서 경험한 것이기 때문에 겉으로 드러나는 사역인 설교와 심방 그리고 상담과 성경 공부에 집중하는 경우가 많다. 그러다 보니 신학대학원에 입학하여 건네받는 신학 교육 커리큘럼을 보고 적잖이 당황하게 된다.

필자는 이런 관심사들이 신학을 공부하는 매력일지도 모른다고 생각한다. 그러나 아름다운 꽃을 피우기 위해서 그 뿌리와 줄기가 건강해야 하듯이 신학 또한 '역사'를 알지 못하고는 올바른 발전을 할 수 없다. 즉, 모든 학문의 시작은 '역사'라는 말로 요약될 수 있을 것이다.

IV. 교회사가 필요한 신학

전통적으로 신학의 과목들은 다섯 가지로 나뉜다(구약학, 신약학, 교회사, 조직신학, 실천신학). 칼 바르트(Karl Barth)는 이 다섯 가지 가운데 교회사를 다른 분야의 "보조 학문"이라고 하였다. 바르트가 설마 교회사의 가치를 폄하하려는 생각으로 한 말은 아니겠지만, 필자는 그의 말을 이렇게 바꾸어 표현하고 싶다. "신학을 하는데 교회 역사를 모르면 어떠한 신학도 할 수 없다."

교회사와 가장 인접한 신학의 분야를 조직신학이라고들 한다. 그래서 조직신학을 전공으로 하는 사람들에게는 반드시 교회사 공부가 필요하다고 하지만, 이것은 협소한 생각이다. 구약학이든 신약학이든 교회사의 도움 없이는 완전해질 수 없다. 구약시대와 신약시대는 교회가 등장하기 이전이니 무슨 말이냐고 반문할지 모르지만, 교회사적 관점은 성서 연구에도 매우 중요한 역할을 한다. 이유는 두 가지라고 생각한다.

첫째, 구약성서와 신약성서는 하나님의 백성들이 남긴 신앙의 흔적이다. 인간이 하나님과의 관계 속에서 남긴 신앙의 역사라는 말이다. 따라서 역사를 보는 눈 없이 읽어 내려가면 제대로 이해하기 어렵다. 그래서 교회의 역사를 공부하는 일은 성서를 제대로 이해하는 데에 매우 중요한 역할을 한다. 하나님께서 당신의 백성을 구원한다는 구속사(救贖史)의 입장은 교회사의 시대에 들어와서 세상의 모든 민족으로 확장하여 적용된다. 필자는 교회의 역사가 신앙의 역사를 포함한다고 보아 적어도 구약시대와 신약시대 그리고 교회사의 시대 모두 역사적인 관점으로 파악해야 한다고 생각한다.

둘째, 오늘의 그리스도인은 오늘의 관점에 익숙하다. 현대적인 분석과 판단 방식으로 수천 년 전의 기록에 쉽게 접근하려고 한다는 의미이다. 하지만 성서의 본문이 오늘 현대인에게 주는 의미를 찾을 때 반드시 그 역사가 기록된 시대의 관점을 먼저 이해하는 것이 우선이다. 기록된 사건이 발생했을 때의 역사적 정황 그리고 기록하던 시대의 역사적 배경과 종교적 상황을 고려하지 않는다면 아전인수(我田引水) 격의 성서 해석을 하고 만다. 내게 편리한 대로 성서를 해석하는 일이 신앙에 얼마나 해(害)를 끼치는지 짐작한다면 결코 해서는 안 되는 일이다. 오래된 책인 성서를 읽으면서 시대를 뛰어넘어 오늘의 현대 크리스천에게 주는 의미를 발견하고자 한다면 오늘의 관점으로 성서를 읽기 전에 먼저 그 시대의 관점으로 성서를 이해하는 것이 순서일 것이다.

내친김에 한 걸음 더 나아가 보자. 신학의 체계를 잡는 조직신학은 기독교 교리로 대표되는 고전적인 신학 체계와 매우 밀접한 관계에 있다. 이것을 우리는 신론, 기독론, 성령론, 교회론, 창조론, 섭리론 등등의 개념으로 부른다. 그런데 이런 것들 모두가 교회의 역사 속에서 성서를 해석하는 과정에서 등장한 신학 개념들이다. 그러니 조직신학은 교회사와 떼려야 뗄 수 없는 관계임이 분명하다. 그렇다면 실천신학은 어떤가?

교회의 현장에서 그대로 실천되는 신학의 분과가 실천신학이다. 예를 들면 예배학, 설교학, 기독교교육학, 선교학, 상담학, 영성학 등등이다. 이 용어의 맨 마지막 단어인 '학'을 떼고 대신에 '역사'라는 단어를 집어넣어 보자. 다 통하는 말이 된다. 모든 실천적인 분과에도 엄연히 해당 주제의 역사가 존재한다. 이렇게 교회사를 세부적으로 관찰하면 모든 신앙의 실천이 기독교 역사 속에서 어떻게 생성, 변화, 발전, 소멸되었는지 이해할 수 있다는 점에서 교회사 연구는 실천신학의 분과에도 필수적이다.

기독교의 경전인 성서가 정경(Canon)으로 정립된 것은 397년 카르타고 종교회의에서였다. 그리고 로마교회는 성서를 라틴어로 번역하여 공적으로 사용하였다. 하지만 성서를 히브리어와 그리스어 원어로 연구하려는 르네상스 휴머니즘 시대의 신학자들에 의하여 본문의 원래 의미가 속속 밝혀졌고, 근세 시대에는 일반 역사학 연구의 도움을 받아 성서 본문에 대한 역사 비평적 연구 방법이 등장하여 성서 본문에 대한 역사적인 연구의 중요성이 크게 부각되었다. 그러므로 성서 본문을 문자 그대로 이해하거나 심하게 알레고리로 해석하는 방식은 설 자리를 잃게 되었다.

예를 들어 마태복음에서는 가룟 유다가 예수를 고발하고 받은 돈을 돌려주고 목매어 죽었다(마 27:5)고 말하지만, 사도행전에서는 가룟 유다가 그 돈으로 밭을 샀고 후에 넘어져 배가 터져 죽었다고 기록하고(행 1:18) 있어서 역사적 사실을 추적하는 관점이 성서 해석에 얼마나 중요한지 알 수 있다.

V. 신앙과 역사

사실 우리가 "그리스도 신앙을 가지고 산다는 것" 그 자체가 교회의 역사와 밀접한 관계를 의미한다. 신앙과 교회의 관계처럼 인간과 역사는 절대로 분리할 수 없다. 그러므로 신앙인과 교회의 역사는 인간이 역사와 동행하듯이 매우 당연한 관계이다. 따라서 하나님에 관해서 설명하고 그의 선한 행동을 가르치며 예배와 선포를 통해 인간을 하나님께로 인도하는 모든 "신학 하는 이"들과 "나름대로 신학하기"로 신앙적 성숙을 기대하는 크리스천들에게 그리스도의 교회가 걸어온 역사적 발자취는 필수적인 공부이다. 하지만 그 발자취를 이론적으로 아는 것만으로는 충분치 않다. 교회사를 통하여 우리 "신학하는" 모든 사람이 반드시 터득해야 하는 것은 하나님이 세상을 다루는 방법을 읽는 안목이다.

역사는 재미없고 지루한 과목이라는 편견에서 벗어나기를 권한다. 신학대학원을 졸업하고 나서 목회 현장에서 사역하면서 찾아오는 제자들 가운데에 "학교 다닐 때 교회사 공부를 더 열심히 할 걸 그랬다"라고 후회하는 분들을 가끔 본다. 인문학에서 역사 공부가 차지하는 중요성과 마찬가지로 신학의 모든 영역에서도 역사(교회사)는 필수적인 토대이다. 그래서 교회사 공부는 신학과 목회의 기초이다.

그리고 성숙한 신앙의 길을 걸어가기 원하는 모든 크리스천과 그 길을 안내하는 모든 분들에게 "교회의 역사를 한 번쯤 진지하게 살펴보라!"고 권하고 싶다. 수많은 사건과 인물 그리고 지명들이 등장하는 교회사 공부가 처음에는 어렵고 지루하지만, 교회의 역사 속에서 활동하시는 하나님을 이해하기 시작하면 오늘 이 순간 하나님께서 우리 자신과 어떻게 동행하시는지 느낄 수 있다.

특별히 신학을 전공하는 신학도이거나 "나름대로 신학하기"를 꿈꾸는 지성인이라면 역사적인 관점에서 성서를 읽고 이해하는 '맛'을 느껴보라고도 권하고 싶다. 교회사적으로 표현하자면 '역사의 가치'를 아는 안목을 키워보라는 의미이다. "아는 만큼 보인다"는 말처럼 성서도 아는 만큼 보인다.

처음 성서를 읽을 때와 여러 번 읽었을 때의 느낌이 다르듯이 역사적 안목을 가지고 성서를 읽으면 그동안 보이지 않던 것들이 보이기 시작하고, 나중에는 성서의 행간에서 얻는 특별한 느낌도 발견하게 된다. 교회 역사의 거대한 흐름을 자신의 정신적 기반으로 삼은 사람은 "나름대로 신학하기"를 통해 더 넓고 깊은 안목을 가지게 될 것이다. 이것이 쌓여 교회다운 교회, 신앙인다운 신앙인이 만들어진다고 믿는다.

2 장

역사와 교회사

I. 교회사를 공부하기 위한 역사의 정의

1. 시간여행으로의 초대

1장에서 개신교 신앙 이야기를 역사와 연결하여 쓰기 시작하였으니 당연히 역사 이야기를 해야 할 것 같다. 이 책의 독자들께 역사와 역사 쓰기에 대한 지루한 글 대신에 영화 이야기로 역사가 무엇인지 간단히 설명하려고 한다.

"역사란 무엇인가?"라는 질문을 받으면 필자는 "역사는 타임머신"이라고 짧게 대답하기를 좋아한다. 타임머신(Time Machine)은 공상과학 영화 속에 등장하는 시간여행 장치이다. 1985년에 개봉한 〈백 투 더 퓨처〉(Back to the Future)라는 영화는 괴짜 과학자가 만든

Back to the Future

타임머신을 타고 자기가 출생하기 전 과거로 돌아가는 한 젊은이의 이야기로 시작한다. 그가 과거로 가서 많은 일을 벌이고 다시 현재로 돌아와 보니 자기의 가정이 완벽하게 변해 있었다. 그리고 그 과학자는 다시 미래의 일을 알아보기 위해 떠난다는 줄거리이다.

타임머신을 이용해서 과거로 시간을 거슬러 여행하는 공상과학영화처럼 우리도 역사를 통해서 과거로 돌아갈 수 있다. 그리고 역사 공부를 통해서 과거를 반성하고 미래를 변화시킬 방법을 발견할 수 있다. 그러므로 역사는 우리의 미래를 변화시킬 능력을 지녔다. 마치 영화 속의 타임머신처럼 말이다.

우리나라 영화 가운데 2002년 작 〈2009 로스트 메모리즈〉가 있다. 영화는 2009년 현재 아직도 일본의 지배 아래 있는 한반도라는 설정으로 시작한다. 아주 소수의 한국인들만 알고 있는 사실은 "과거로 시간여행을 가는 장치를 발견한 일본이 과거 역사를 손대어 1945년 해방의 역사를 지우고, 일본의 한국 지배라는 현재를 조작했다"는 것이었다. 영화는 이 역사를 바로잡으려고 투쟁하는 사람들의 이야기이다.

1909년 10월 26일 만주 하얼빈역에서 안중근 일행이 이토 히로부미를 저격하는 일에 성공하였다. 일본은 과거로 돌아가는 통로를 이용하여 자객을 보내 안중근이 발포하기 전에 먼저 안중근을 저격

Lost memories 2009

해 버렸고, 결국 조선의 독립 의지가 꺾여 그 후 100년이 지난 2009
년까지 여전히 일본의 지배를 벗어나지 못했다.

조선인으로 구성된 반일본 단체는 각고의 노력 끝에 과거로 돌아
가 안중근을 저격하려는 자객을 먼저 사살하여 안중근 의사의 거사
를 성공시킨다. 그 순간 서울의 모든 간판들이 일본어에서 한국어로
바뀌며 왜곡된 한국의 역사를 되찾는다는 줄거리이다.

영화를 소개하며 "역사는 타임머신"이라고 말할 때 필자의 강한
의도는 역사에서 교훈을 찾겠다는 의지이다. 이런 자세를 '교훈적 역
사관'이라고 부른다. 이 말은 역사를 보는 방식인 사관(史觀)이 다양
하지만, 그중에서 교훈적 역사관을 중요시하겠다는 뜻이 된다.

다양한 역사관이 있는데 굳이 교훈적 역사관으로 역사를 보려는
이유는 분명하다. "교회사는 반드시 교훈적인 눈으로 읽고 써야" 하
기 때문이다. 교회사 속의 탐구 대상인 교회가 하나님의 백성이라는
점에서 그렇다. 하나님은 당신의 백성에게 길을 알려주었는데, 백성

들은 그 길에서 자주 이탈하였다. 그 이탈한 기록이 교회사이고 신앙의 역사라는 말이다. 즉, 길에서 벗어난 자신의 모습을 돌아보고 교훈을 발견하게 하는 역사관이 없다면 교회는 영영 길을 잃고 말 것이다.

2013년 개봉한 〈어바웃 타임〉(About Time)은 정말로 추천할 만한 영화이다. 과거로 돌아가는 능력을 가진 아버지와 아들에게 벌어지는 일상을 담고 있는 이 영화에서는 과거로 돌아가 무엇인가를 바꾸면 현재가 변할 때 자기의 의도와 다르게 바뀌는 일이 함께 벌어진다. 그래서 아버지는 아들에게 유언을 남긴다. 과거로 돌아가서 아무것도 손대지 말고 똑같은 하루를 다시 살아보라고 말이다. 내 밖의 것을 바꾸는 것이 아니라 자기 자신의 속마음만 바뀌어도 정말로 살만한 삶이 된다는 것을 아들은 아버지로부터 배우게 되었다.

어쩌면 역사가 그런 것이 아닌가? 타임머신은 주변 상황을 바꾸어 버리지만 사실 바꾸어야 할 것은 과거 자신의 판단과 행동이며 인간의 행적이다. 이것을 다시 읽어나가는 것이 역사 공부이고, 역사를 제대로 읽어내면 그 사람은 현재 자신의 모습을 변화시킬 수 있다.

About time

마찬가지로 교회가 교회의 역사를 다시 읽으면서 교회의 행적을 반성한다면 오늘날 교회의 모습을 변화시킬 수 있다. 그런 관점을 얻기 위하여 우리는 역사를 공부하고 교회사를 읽어야 한다.

이제 역사에 대한 정의들과 역사를 어떤 방식으로 기록하는지에 대한 이야기를 시작하려고 한다. 그리고 후반부에 역사를 교회사와 연결 지어서 신앙의 역사를 읽어가는 관점에 대하여 서술하겠다. 그런 눈으로 우리의 신앙을 읽어간다면 우리 모두 "나름대로 신학하기"에 성공할 것이 분명하다.

제2장인 "역사와 교회사"에 관한 이야기는 다소 학문적인 서술이므로 "나름대로 신학하기"를 추구하는 크리스천들에게는 어쩌면 조금은 지루할지 모른다. 그런 경우라면 과감하게 제3장으로 건너가서 읽어나갈 것을 권한다. 필자의 의도는 위의 영화 이야기에 다 담겨있다고 생각한다.

2. 역사란 무엇인가?

영국의 정치 경제학자이며 언론인이기도 한 카아(Edward H. Carr)는 역사를 "과거와 현재와의 대화"라고 정의하였다. 현재를 사는 역사가가 과거를 파악해야 하는 상황을 적절하게 표현한 말이다. 동시에 과거의 사실을 밝혀서 오늘의 교훈을 얻는 데 역사의 가치가 있

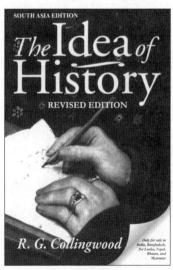

R. G. Collingwood

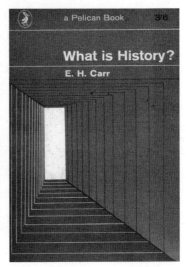

E. H. Carr

다는 의미를 담고 있다. 어쩌면 이 말은 콜링우드(R. G. Collingwood)
가 『서양사학사론』(*The Idea of History*, 1946)을 쓰면서 "자신을 아는
것은 능력을 아는 것이다"라고 했던 말과 일맥상통한다고 하겠다. 과
거에 대한 반성이 미래의 가능성이 된다는 뜻이다.

　일반적으로 '역사'라는 말은 '인간 과거에 대한 지식'이라고 정의
한다. 그런데 이 지식에는 두 가지가 있다. 그 하나는 역사의 객관적
측면이라고 할 수 있는 '일어난 사건'(Geschichte)이고, 다른 하나는
역사의 주관적인 측면이라고 할 수 있는 '찾아서 알게 된 지식'(History)
이다.

　카아(Carr)는 일어난 사건 자체를 재구성하는 역사가의 정확성
에 대하여 "정확하다고 해서 역사가를 칭찬하는 것은 잘 마른 나무나
잘 배합된 콘크리트를 썼다고 해서 건축가를 칭찬하는 것과 다를 게
없다"라고 하였다.

즉, 사건 자체에 대한 정확성은 당연한 조건일 뿐이지 역사 서술의 본질적인 기능은 아니다. 따라서 우리가 역사를 통해 추구하는 지식은 연구와 탐구를 통한 근거 있는 지식이어야 한다. '역사'(Ἱστορία)라는 말이 처음 사용될 때 그 의미는 연구, 탐구 또는 조사라는 뜻이었다.

역사의 아버지라 불리는 헤로도토스(Herodotus, B.C.484~425)는 그리스의 역사가이다. 그의 저술 『역사』(Ἱστορία)에서 '역사'라는 이름의 학문 분과가 등장했다. 그의 『역사』는 그 내용이 '페르시아 전쟁사'인데, 페르시아와 전쟁을 벌인 그리스 편에서 기술한 일방적인 역사 서술이었다. 그럼에도 불구하고 이 책을 최초의 역사라고 부르는 것은 그동안의 신화적 서술 방식을 처음으로 탈피한 글이었기 때문이다. 즉, 역사란 사건 그 자체와 사건에 대한 인간의 기록이라는 의미가 있는데, 이러한 차원의 요구를 어느 정도 충족시킨 역사 서술가가 바로 헤로도토스였다.

Herodotos

역사라는 개념의 발전 단계를 몽고메리(J. W. Montgomery)는 그의 저술 *The Shape of the Past*에서 다음과 같이 표현하였다.

① 역사는 과거에 대한 연구이다.
② 역사는 과거 인간(인류)에 대한 연구이다.
③ 역사는 과거 인간 사회에 대한

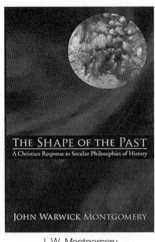

J. W. Montgomery

연구이다.

④ 역사는 과거에 행해진 인간 행위에 관한 질문들에 대답하려는 시도다.

그의 결론에 따르면 역사란 "개인적·사회적으로 자연적, 이성적, 정신적인 힘 등 전체 분야에 대하여 인간의 행동과 반작용을 포함하는 포괄적인 서술 양식으로 과거의 인간 경험에 초점을 맞추는 연구"이다. 그러므로 역사가는 무엇이 일어났었는지에 만족하지 말고, 왜 그것이 일어났는지를 찾아서 지적하고 알기 쉬운 과거를 재구성해야 한다.

이것을 조금 더 자세히 설명하려면 역사를 구성하는 3요소를 이해하면 된다. 역사는 사료(史料), 사실(史實), 사관(史觀)으로 구성된다고 한다. 사료란 고문헌이나 고고학적 유물 같은 역사 연구의 바탕이 되는 역사 서술의 재료를 말한다. 이것을 교회사와 연관시킨다면 "교회 또는 교회와 관련된 모든 역사적 재료"라고 할 수 있다. 사실(史實)이란 비판과 검증 과정을 거친 사료를 가지고 충실하게 사실(事實)의 모습을 형성한 것을 말한다. 또한 역사를 서술하는 과정에서 빠뜨릴 수 없는 것이 사실(史實)의 취사(取捨)와 경중(輕重)의 척도를 제공하는 사관(史觀)이다. 사관이란 사실을 조명하는 원리이다.

베른하임(Ernst Bernheim)은 *Lehrbuch der historischen Methode und der Geschichtsphilosophie*에서 역사학 연구를 하는 체계적인 방법을 다음의 네 단계로 정리하였다. ① 사료학(Heuristik), ② 비판

Ernst Bernheim

(Kritik), ③ 해석(Auffassung), ④ 서술(Darstellung)이다.[1] 그런데 여기서 눈길을 끄는 것은 비판과 해석의 단계이다. 비판적인 사료 읽기를 통한 역사 해석은 역사 공부 과정에서 판단력을 증진시킨다.

"과거의 사실을 밝혀서 오늘의 현실을 진단하고, 미래를 개선하는 데에서 역사의 가치를 발견하는 것"이라는 점에서 비판과 해석의 단계는 매우 중요하다. 역사 연구는 결국 "인간 본성과 인간 사회를 조망하는 지혜"를 제공해 준다. 이것을 교회사의 언어로 표현한다면 "하나님과 인간 사이 관계의 역사를 올바르게 조망하는 지혜"라고 부를 수 있을 것이다.

과거에 관한 정확한 지식이 역사의 기본이지만, 그것 자체가 역사적 사실이 되는 것이 아니라 역사가의 관심 어린 탐구가 역사를 만든다고 할 수 있다. 단순한 사실을 연대기적으로 나열하는 것보다

---

1 김진웅 외, 『서양사의 이해』 (학지사, 1994), 서론 참고.

는 그것을 해석하고 설명하여 사건의 인과 관계를 밝히고 평가하는 것이 더 중요하다는 말이다. 어쩌면 역사를 연구한다는 것은 객관성과 주관성 사이의 영원한 줄다리기인지도 모른다.

3. 역사 서술(Historiography)

"역사를 서술한다"라는 말과 '역사'라는 말은 아주 다른 말도 아니지만, 그렇다고 같은 말은 결코 아니다. 역사(historia, ἰστορια)라는 말과 쓰다(graphy, γραφειν)라는 말의 복합 명사가 역사 서술(Historiography)이라는 말의 어원이다. 따라서 역사 서술의 방식 변화에 관해서 연구하면 이것은 "역사 서술의 역사 연구"(Study of the History of Historiography)라는 복잡한 말이 된다.

이러한 용어 설명이 우리에게 왜 중요한가 하면, 역사 연구(historical study)란 단순히 과거 사실을 탐구하여 정리하는 데 그치는

Augustinus

것이 아니라 이러한 역사 연구 작업이 시대에 따라 어떻게 달라져 왔는가에 관심을 기울일 때 그 시대 정신을 읽을 수 있기 때문이다.

예를 들어 아우구스티누스(Augustinus)의 『신의 도성』을 읽으면서 그가 하나님 왕국과 세상 왕국을 구분했다는 이분법만을 발견했다면, 그것은 역사 연구의 역사를 모르고 내린 결론이다. "역사를 연구하는" 사람의 눈은 아우구스티누스가 신의 왕국(Civitas Dei)과 세상 왕국(Civitas terrena)을 구별하였다는 것만을 보는 일차원적인 관찰에 그쳐서는 안 된다. 오히려 아우구스티누스가 이런 구별을 하게 된 이유가 무엇인지 원인을 밝히고, 과거의 연구자들에 의한 아우구스티누스의 "두 왕국 사상"에 관한 이해 방식을 다차원적으로 관찰해야 한다. 전문 역사 연구가가 아닌 사람들에는 어려운 일이지만, 역사 해석의 역사가 사건의 본질을 더 정확하게 설명해 주기 때문이다. 그때서야 우리는 역사가 보여주는 "장엄한 역사의 교훈"을 발견할 수 있게 된다.

4. 역사 서술의 역사(History of Historiography)

고대의 역사 서술의 특징은 그 기록들이 설화적이거나 신화적이라는 데 있다. 또한 역사에는 순환하는 패턴이 있어서 이것이 영속한다고 생각했다. 앞서 말한 헤로도토스(페르시아 전쟁사)와 투키디데스(펠로폰네소스 전쟁사), 폴리비우스(로마제국사), 리비(로마 민족의 역사), 타키투스(연대기) 같은 이들이 이 시대의 역사가들인데, 이들의 역사관이 순환사관이라고 할 수 있다.

이와는 달리 역사를 유일한 정점에서 출발하는 것으로 이해한 사

람들이 구약성서의 주인공인 유대인들이다. 구약성서의 역사관은
역사의 출발점이 분명하고 그 목적지도 정해져 있다. 신약성서는 직
선사관을 사용하지만, 역사 진행의 중심에 그리스도의 십자가 사건
이 위치해있다.

기독교는 교회력을 통하여 신앙의 역사를 반복하며 살고 있지만,
이 반복은 결코 똑같은 사건이 되풀이된다는 의미가 아니다. 그래서
신앙의 역사는 창조로부터 그리스도의 재림을 향하여 나가는 직선
이면서 교회력의 반복 같은 순환이 섞여 있기에 나선형이라고 부를
수 있다.

교회사라는 제목으로 된 가장 오래된 책은 유세비우스(Eusebius
von Caesaria, AD 260~340)의 『교회
사』이다. 여기에는 지금은 상실된
옛 교회의 수많은 문헌들이 인용되
어 있다. 그러나 이 역사 서술은 근대
의 학문적인 방식과는 거리가 있다.
교회의 역사는 거룩한 역사(historia
sacra)이며, 지상적인 것과는 구별
되는 순수한 것으로 묘사되고 있기
때문이다. 따라서 이 시대 교회의 역
사는 변증적 성격에서 벗어나기 어
렵다.

Eusebius

중세 시대의 역사는 기독교적인 세계관과 인간관에 바탕을 둔 것
으로서 신앙과 교리가 역사 연구의 방법이라고 할 수 있다. 고대와
중세의 사상을 구분하는 분수령이 되는 아우구스티누스(354~430)가

중세 역사 서술의 기초를 놓았는데, 그는 『신의 도성』(De civitas Dei)
이라는 저술에서 성서적 가르침에 근거한 기독교 역사철학을 확립
하였다.

게르만족의 로마 침략을 경험하고 쓴 이 책은 하나님의 일(gesta
Dei)에 대하여 변증적 서술을 하였다. 하나님의 나라와 땅의 나라를
구분한 그의 독특한 관점은 오해를 낳기도 하였는데, 로마제국을 하
나님의 도성으로 그리고 이방 제국을 인간적인 도성으로 대비시키
는 경향도 나왔다. 중세 시대의 역사는 일반적인 세계사보다 교회
생활과 교회 교훈에만 관심을 두어서 무비평적인 연대기 역사 서
술이 유행하였다.

르네상스와 종교개혁 시대는 고전으로 돌아가자(ad fontes)는 주장
과 개별적인 인간에게 관심을 가지자는 주장이 크게 대두된 시대였다.
이탈리아의 르네상스 운동은 예술과 문학의 경계를 넘어 북유럽에
이르러서는 종교적인 양상을 띠게 되는데, 이를 성서적 휴머니즘
(Biblical Humanism) 또는 기독교 휴머니즘(Christian Humanism)이라
고 부른다.[2]

인문주의는 역사 서술에도 색다른 영향을 미쳐서 중세와는 반대
로 인간을 중심으로 하는 역사 서술을 지향하였으며 교리나 기적을
서술의 대상에서 제외하고 실제적인 역사 서술을 시도하였다. 따라

---

2 휴머니즘(Humanism)을 보통 인문주의라고 번역하는데, 그 번역도 15세기 휴
머니즘의 성격을 다 담기 어려운 번역이지만, "인본주의"라는 번역은 반드시 피해
야 할 것 같다. 이 용어에는 신 중심의 세계관에 반대한다는 의도적인 의미가 담겨
있어 종종 신본주의의 반대 개념으로 이용되며, 인문주의가 가진 신앙적인 특징이
완전히 무시당하는 어처구니없는 일이 벌어진다. 그래서 성서적 또는 기독교 인문
주의가 존재하였다는 사실은 매우 중요한 역사이다.

서 역사 연구뿐만 아니라 성서 연구에서도 원문에 충실하려 하였고, 고전 문헌에 대한 관심은 고대 교회의 교부 연구를 촉진하였다.

이러한 영향 가운데에서도 종교개혁자들은 대부분 역사의 동인을 하나님이라고 하였다. 종교개혁자 칼빈(Johann Calvin)은 크건 작건 세상사의 모든 사건들은 그의 말씀을 인류 가운데 구원사역을 통하여 성취하시려는 하나님의 의지와 사역이라고 하였다.[3]

17세기를 이끈 역사가는 할레(Halle)대학의 셀라리우스(Christopf Cellarius, 1634~1707)였다. 그는 역사를 고대, 중세, 근세로 구분한 인물인데, 이 3시대 구분법은 르네상스에서부터 비롯되었다고 보아야 한다. 고전 연구를 통한 각성이 인간에 대한 관점의 차이를 찾아 근세와 중세를 구분하게 하였다.

신학의 경우에는 아놀드(Gottfried Arnold, 1666~1714)가 『비당파적 교회와 이단의 역사』(Die Unparteysche Kirchen und Ketzerhistoie, 1699)를 통하여 교리적 입장의 교회사 서술 방식을 비판하였다. 4세기 교회와 제국의 결탁이 그 원인이라고 주장하였다. 이런 점에서 17세기는 자료 수집과 그 자료에 대한 이성적 판단이 가능한 역사 연구가 시작된 시기였다.

하지만 18세기에 계몽주의가 등장하자 "역사는 우화에 지나지 않는다"(Fontenelle)는 말처럼 역사보다는 철학이 대접받는 시대가 되었다. 그래서 모든 학문이 철학적으로 행해져야 하며 역사의 중심도 정치사에서 정신사로 옮겨져야 한다는 주장이 지배적인 시대였다. 이때 꽁도르세(Condorcet)는 『인간 정신 진보의 역사』(1794)를

---

3 *Institutio* IV, XX, §30-31; 참고: 원광연 옮김, 『기독교 강요 (하)』(크리스천 다이제스트, 2003), 618-620.

CHRISTOPH CELLARIUS
Prof.Publ:Ordin:Antiquit
et Eloquent.in Universitat.
Fridericiana Hallensi.

Cellarius

GOTTFRIED ARNOLD

Gottfried Arnold

서술하였다.

19세기는 다시 역사의 세기였다. 이 시대에 비로소 역사는 역사 자체로 연구될 가치를 지니기 시작했다. 신학에서도 그 영향을 받아 바우어(Christian F. Baur)에 의하여 역사-비평적 연구 방법이 등장 하였고, 하르낙(Adolf v. Harnack)은 이런 연구 방법을 사용하여 고대 교회사 연구에 크게 기여하였다. 그러나 그 반작용으로 역사주의 (Historicism)가 등장하기도 하였다.

이 시대를 주도한 역사는 실증주의 사학(Positivism)이다. 랑케 (Leopold v. Ranke, 1795~1886)는 "역사란 이용당하는 것이 아니라 그 목적이 되어야 하며, 평가당하는 것이 아니라 알아야 할 내용"이 라고 하였다.

II. 교회사란 무엇인가?

교회는 성서와 불가분리의 관계를 맺고 있다. 성서는 하나님과 그 백성들의 기록이다. 그러므로 기독교회가 설립되기 이전의 시대 역사도 반드시 탐구의 대상이 되어야 한다. 그래야 교회의 역사를 제대로 읽어낼 수 있기 때문이다.

1. 성서의 역사관

구약성서는 이스라엘의 역사를 담고 있는 책이다. 그중 역사서는 고대 제민족의 기사를 포함하는 이스라엘 민족 중심의 세계사를 담고 있고, 문학서들은 이스라엘인의 내면 세계를 알려 주고 있다. 예언서도 국가와 민족의 역사적 부침(浮沈)을 드러내기에 구약성서는 이스라엘의 역사 인식을 파악하는 데 중요한 가치가 있다.

판넨베르그(Wolfhart Pannenberg, 1928~2014)는 하나님의 구속 사건과 역사를 연결지으면서 이스라엘 종교에는 역사의식이 있는 것이 그들의 종교사적 특징이라고 하였다. 구약 성서학자인 폰 라드 (Gerhard von Rad)도 고대 동방의 역사 서술 후진성을 언급하며, 고대에 실제적이며 독자적으로 역사를 쓴 민족은 그리스인과 히브리인밖에 없다고 하였다.

히브리인의 역사 서술을 빼면 고대 동방의 역사 문헌은 상대적으로 얇고 구술적이다. 그리스 문화가 영향을 미치기 전 고대 동방의 역사 자료들은 단지 연대기나 왕의 목록으로 제한되었고, 어디에도 비평적인 의미는 없었다. 근동의 역사 인식은 절대 군주를 과도하게

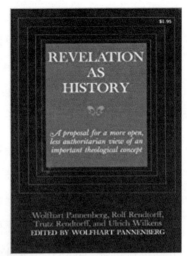

W. Pannenberg

    칭송하고 후세에 전달하려는 의도로써 지배자에게 종속된 역사 인식 방법에 의존하였다.

    심각한 관점과 고도의 상대적 정확성을 가진 역사 서술이 처음 등장한 것은 히브리인에 의해서였다.[4] 그리고 이스라엘인들만 예외로 민족 전체의 종교적, 정치적, 사회경제적 발전 과정을 통한 역사 인식을 지니고 있었으며, 이스라엘 역사 서술의 보편적인 경향은 하나님의 역사 개입이었다.

    히브리인들은 사건 기록보다 더 이상의 것에 흥미를 가졌기 때문

---

4 이집트의 경우 건축물 등 고고학적인 자료들은 가치 있는 것이 보존되었으나 역사 서술은 보존되지 않았다. 후에 그리스의 영향 아래 기록된 것이 유용하다. 바벨론과 앗시리아의 경우에도 체계화된 기록은 찾아보기 힘들지만, 함무라비법전은 법사나 사회사에 유용한 자료이다. 앗시리아의 경우 앗수르바니팔(Ashurbanipal, BC 668~626)왕 때에 앗시리아 역사 자료를 많이 갖추었다. BC 745~668의 바벨론 연대기(Babylonian Chronicle)는 어느 정도 가치 있는 서술이다.

에 사건을 하나님과의 관계 안에서 해석하려고 하였다. 그래서 그들의 역사는 하나님의 지배라는 사상으로부터만 이해되는 유신론적 역사관을 갖고 있다. 이스라엘 역사의 핵심은 야훼 신앙이며, 야훼의 예언과 성취의 신앙에 초점 맞추어져 있다. 야훼의 신격은 인격적이기 때문에 제사주의에 사로잡혀 있는 그리스의 신들과는 달리 대화와 훈계와 계약이 필요하며, 민족 내부에 계시고, 초월적 존재이면서, 무소부재(Omnipresent)한 분이다.

이스라엘의 인간 역사는 이러한 야훼 신앙의 전개 과정에서 부산물로 서술된 것이기 때문에 일상 현실의 질서를 세워 주는 기능 속에서 생겨난 그리스의 신관과는 다르다. 그래서 히브리의 역사는 반드시 계시를 받아야만 알 수 있는 야훼의 '숨은 모습'과도 깊은 관계를 맺고 있다. 그러므로 이스라엘의 역사는 신과 인간의 계약에서 시작될 수밖에 없으며, 신과의 계약을 이 세상에서 이행하는 것이 민족적 자랑이 되었던 것이다.

그리스의 신은 인간의 계획을 인정하거나 반대하는 정도의 역사 개입을 하므로 역사의 주체가 되지 못하며, 뚜렷한 일관성 없이 역사 속에 개입하곤 한다. 반면 이스라엘 역사는 신의에 따른 계약 이행에 따라 특별한 이익과 의무 그리고 부담을 주어 인류를 죄에서 구원한다는 구속사적 목적을 분명히 밝히고 있다.

고대 그리스 역사가 헤로도토스는 현대 역사 서술 방법상의 시초가 되는 과학적, 객관적, 인간 중심적 서술 방법과 비판적 사고를 도입한 것 때문에 역사의 아버지라고 불린다. 이에 비교할 때 구약 역사는 철저하게 신 중심의 역사관에 근거한다. 하지만 그 신은 언제나 일관성 있는 경로를 통해 인격적이고 도덕적으로 역사에 관여한다.

Oscar Cullmann

그래서 구약성서는 신화적 역사 서술 속에서도 합리적이고 인격적인 역사의식을 보여주고 있다.

신약성서는 과연 어떤 역사를 우리에게 제시하는가? 신약성서를 근거로 하는 기독교는 구약성서의 역사관을 기초로 삼고, 예수 그리스도라는 정점을 전후로 시간을 계산한다. 쿨만(Oscar Cullmann)의 주장에 따르면 그리스도를 향한 구속사는 아담에서 이스라엘의 백성(The people of Israel)으로, 그다음 단 한 분이신 그리스도(second Adam)로 진보적 감소를 해왔다. 그리고 그 역의 과정에 해당하는 한 분 그리스도에서 다수(The Many)로의 과정이 행해지고 있다. 결국 구약에서는 다수로부터 한 분으로(The Many to the one)의 과정이 진행되는 것이고, 신약에서는 한 분에서부터 다수(The one to the Many)로의 과정이 진행되는 것이다.5

---

5 오스카 쿨만(1902~1999)은 구속사의 입장에서 역사를 이해하려는 대표적인 신학자이다. 이에 관하여 *Salvation in History*(Heil als Geschichte)라는 책을 출판하였다.

2. 교회사 연구 방법

교회사의 연구 대상은 말 그대로 교회(敎會)이다. 교회란 신앙의 신비로운 집단인데 그리스도의 몸으로 일컬어진다. 이 말은 그리스도의 가르침과 삶을 따라 사는(Nachfolge Christi) 사람들의 모임을 의미한다. 이렇게 본다면 교회사의 연구 대상은 분명히 일반 역사보다 범주가 작으며, 기독교 신학과도 밀접한 관계가 있다. 따라서 교회사 연구는 기본적으로 신학적인 면과 역사적인 면을 포함한다. 일반 역사(세속사)의 시각에서 본다면 교회사란 마치 정치사, 경제사 또는 과학사처럼 특정한 역사일 뿐이다.

그러나 교회사를 세속사의 넓은 범주 가운데 속한 일부라고 볼 수 없다. 교회사의 범주를 가시적 교회가 설립된 기원후(A.D.)의 시기로 한정한다면 모르거니와 교회와 신앙의 뿌리까지 소급한다면 그 역사는 유대교의 출현 시기로 그 범주가 확장된다. 그뿐만 아니라 유럽의 세속사는 교회사와 뗄 수 없는 관계에 있기 때문에 일반 역사와 교회사는 실제로 상호 보완적인 관계이다. 이것은 고대의 철학사상과 중세의 이성과 인문주의 그리고 근세의 계몽사상과 역사 연구, 더 나아가 다윈주의와 마르크스주의까지 교회사와 신학사에 영향을 끼쳤기 때문이다.

그러므로 교회사의 영역을 교회 안에 한정하는 것은 불가능하기도 한 동시에 부족한 관점이다. 교회사 연구는 신학 연구와 일반 학문과 연결되어 있다. 그리고 비신학적이고 또 비개신교적인 역사가들도 교회 역사를 다루고 있다. 신학 전체의 영역에서 역사적 방법은 모든 연구에 적지 않게 기여했다. 예를 들면 성서학 분야에 필수적인 역사비평 방법은 역사적 연구 방법에서 온 것이며, 신약이나 구약은 고고학의 방법에 도움을 받지 않을 수 없다. 따라서 우리가 관심을 가지는 교회사 연구는 정치, 사회, 문화, 과학, 사상을 포함하는 역사적 관점을 수반할 때 교회사의 의미를 정확하게 밝혀낼 수 있다.

마찬가지로 여러 가지 신학 논쟁들도 그 배경을 역사적으로 관찰할 때 그 전모를 분명하게 드러낸다. 그러므로 여기에서 우리는 한 가지 중요한 연구의 전제 조건을 확립하여야 한다고 생각한다. 교회사 연구가 역사적 사고와 신학적 사고를 동시에 필요로 하듯이 진정한 교회사 연구는 일반 역사 연구의 풍요로운 연구 방법과 객관적인 사실(史實)에 대한 열정을 교회사 연구의 방법에 이용하여야 한다는 것이다.

3. 교회사의 정의

세계적인 교회사학자들의 교회사에 대한 정의는 독특하다. 뢰베니히(Walter v. Löwenich)는 교회사를 "말씀의 역사"로 이해하였고, 슈미트(K. D. Schmidt)는 "그리스도의 역사"로 그리고 에벨링(G. Ebeling, 1912~2001)은 "성서 해석의 역사"라고 하였다. 제각각 자신이 강조하고자 하는 내용에 따라 다르게 표현된 것이지만, 그 속에는 공통점이 있다. 교회사적인 작업은 세상의 어떠한 다른 집단이 아니라 교회만의 특수한 본질이 그 연구의 대상에 포함된다는 사실이다.

그러므로 우리 그리스도인들이 교회사를 보는 시각은 일반 역사의 관점과는 달리 하나님께서 활동하시는 모든 영역에서 일어나는 일에 관하여 탐구하는 일에 집중되어 있다. 이것을 구속사(救贖史)라고 한

Gerhard Ebeling

다. 교회사 연구는 가시적인 교회의 등장부터 다루지만, 마음속에는 하나님의 구속 역사를 늘 염두에 두고 있다는 뜻이다. 필자의 생각에 교회사는 비록 세계사 가운데 포함되는 것이지만, 신앙의 역사는 세계사의 범위를 넘어서는 것이라고 고백할 수 있어야 한다.

종교개혁자 루터 연구로 유명한 보른캄(H. Bornkamm)은 교회사를 "복음과 복음이 세상에서 발휘하는 역사"라고 부른다. 따라서 교회사의 과제는 교회의 표지를 지키는 하나님의 백성의 역사를 묘사하는 것이다. 그러므로 교회사 서술은 역사의 주관자가 하나님이심을 고려하는 역사 서술이다. "하나님이 역사를 주관한다"는 표현은 신앙고백이다. 이 신앙고백에 따라 우리는 창조와 구속의 하나님을 역사 연구의 중심에 세우는 것이다.

신앙적 교회사 서술은 사실을 나열하는(narrative) 수준을 넘어서 "신앙인의 눈으로 역사를 서술하는"(historiography) 단계에 이른다. 물론 이렇게 말하면 일반 역사가들은 "교회사는 역사의 객관성을 무시하는 주관주의의 산물"이라고 비판할 수도 있을 것이다. 그러나 역사 서술에서의 주관성을 완전히 배제할 수 없다는 점을 고려한다면 스스로 어느 정도의 주관적인 관점이 포함되었음을 인정하는 교회사 서술은 일반 역사가도 인정할 수 있을 것이다.

객관적인 역사 서술은 역사학의 기본이다. 하지만 완벽한 객관성은 실현될 수 없다. 반면에 교회사 연구가 자신의 주관성을 감추려고 한다면 역사학이 추구하는 객관성에서 더 멀어질 수밖에 없다. 일반 역사가 역사 서술의 주관성을 최소화하려고 노력한다면 교회사 서술은 역사 서술의 객관성을 최대화하는 서술을 추구해야 교회사 서술과 일반 역사 서술의 거리가 가까워질 수 있다.

계몽주의자 볼테르에 따르면 기독교는 구속과 현현의 특수 역사를 너무 강조한 나머지 세속적인 일반 역사를 제거하는 실수를 하였다고 한다. 그래서 세속 역사가들은 기독교 사가들의 역사 서술은 역사 서술과 해석의 원칙을 전혀 고려하지 않고 있다고 주장한다. 하지만 뢰비트(Karl Löwith)는 세속사를 끌어안는 구속사의 입장을 다음과 같이 제시하였다.

"구속사가 다른 모든 역사를 포함하고 있다. 그렇지 않으면 세속 사건은 세속적으로 그대로 남아 있게 된다. 세속 사건들은 은유적이고 유형론적인 해석에 열려 있으며, 구속사의 입장에서 보면 세속사는 감추어진 것을 벗겨내야 하는 비유(parable)인 것이다."

따라서 필자는 세속사의 범위까지도 구속사의 시각에서 해석하려는 모든 시도가 일반 역사가들에게도 설득력 있게 보이려면, 먼저 교회 역사가들이 세속사 연구 방법론을 충분히 수용하여야 한다고 생각한다. 마치 만나지 못할 것 같은 평행선을 달리고 있는 것 같은 세속사와 교회사의 방법들이 어느 정도나마 조우할 수 있는 길은 서로의 영역을 인정하고 서로의 발전된 점을 수용하는 일이라고 본다.

4. 교회사의 영역들

교회사를 공부하다 보면 교회사와 유사한 연구 영역이 있는 것을 알게 된다. 예를 들면 앞에서 언급한 역사신학(historical Theology)이라는 영역도 교회사와 유사한 영역에 해당된다. 그래서 교회사를 다음과 같이 분류하면 이해하기 쉽다.

첫째, 교회의 외적 형성 과정을 중심으로 한 제도적이고 정치적인 교회의 역사는 "좁은 의미의 교회사"라고 부른다.

둘째, 교회의 가르침에 해당하는 정신사와 철학사를 "신학사"(Theologiegeschichte)라고 한다.

셋째, 19세기에 들어서 생긴 분과로 교회의 전통적인 교리를 연구 대상으로 삼는 "교리사"(Dogmengeschichte)가 있다.

하지만 이런 분류는 일종의 구분일 뿐이다. 만일 교회사와 신학사 그리고 교리사를 분업하면, 역사적 배경을 고려하지 않은 교리와 신학 연구로 교회사의 역사성이 사라질 위험이 있기 때문이다. 반대로 교리와 신학을 고려하지 않은 교회사 서술이 불러올 신학적 무지와 구속사의 특성을 무시한 나열식의 역사 서술도 경계하여야 한다.

하지만 교회사 연구 과정에서 중심적인 관점을 설정하는 것은 중요하다. 사상적인 관점, 신학적인 관점, 교리적인 관점, 역사적인 관점 등 무엇을 선택하여 서술하는지 염두에 두어야 분명한 서술이 가능하다.

5. 교회의 의의

교회사의 또 다른 이름은 역사신학이다. 그래서 교회사의 신학적 의의를 찾아야 한다. 앞에서 교회사가 신학 연구에 주는 유익에 대하여 언급하였지만, 반대로 신학의 한 분과로서 교회사가 진정으로 추구하는 목표가 무엇인지 생각해야 한다.

신학의 한 영역인 교회사의 역할은 일반 역사가 인문학 연구에 끼치는 영향과 마찬가지라고 생각한다. 교회사 공부는 신학의 연구 실체인 '교회'가 어떤 경험을 했는지 "시대를 뛰어넘어서 공감"하겠다는 일차적인 목표를 가졌다.

두 번째 목표는 올바른 교회 개념에 대한 정의이다. 2,000년 교회사의 변혁기마다 등장했던 질문이 "올바른 교회 개념과 실제 형태가 어떤 것이냐?"는 질문이었다. 성서적 교회상과 역사 속의 조직체로서의 교회상 사이에는 언제나 긴장 관계가 형성되어 있다. 더구나 2,000년 전 원시교회의 교회상을 현재로 똑같이 옮겨 올 수는 없다. 그렇다면 성서적 교회상의 본질이 우리의 시대에 어떻게 구현되어야 할지 교회사는 역사적 전망을 제시하여야 한다.

복음을 믿는 신앙은 본질상 불변이지만, 신앙의 행동은 언제나 변화가 진행 중이다. 그러므로 교회상도 그 시대에 완성되는 것이 아니라 복음의 본질에 합당한 교회상으로 변화하는 진행형이어야 한다. 따라서 교회사의 신학적 목표는 "하나님이 원하는 모습의 교회"를 찾아가는 일과 같다.

2,000년 기독교회의 역사는 또한 성서의 역사와 다르지 않다. 그 진행되는 틀이 비슷하다는 뜻이다. 인간은 시간이 지나면 지날수록 본래의 마음 자세가 점차 흐트러지게 마련인가 보다. 성서의 역사든지 교회의 역사든지 제일 먼저 인식할 수 있는 것이 본질에서 멀어져 가는 인간의 모습이다. 교회의 역사도 본질보다는 제도와 외형적인 일에 몰두해 왔음을 쉽게 인지할 수 있다. 그럴 때마다 등장하는 것이 "개혁의 목소리"이다.

성서에서 예언자가 등장하는 것처럼 교회사 가운데에는 언제나 "교회 개혁"의 외침이 있었다. 그래서 필자는 교회의 역사를 "개혁의 역사"라고 정의하고 싶다. 예수 그리스도의 개혁 정신, 사도 바울의 개혁적인 사상, 아우구스티누스의 사상, 교회 개혁을 향한 수도사들의 노력, 위대한 종교개혁자들, 경건주의자들의 신앙 개혁 등등 모두가 교회사를 구성하는 중요한 내용들이다. 이러한 사람들의 신앙 여정을 탐구하는 뜻은 과거의 잘못을 오늘 다시 반복하지 않으려 함이요, 오늘 교회의 모습을 진단하고 참 교회상을 추구하자는 데 있다. 바로 이것이 우리가 교회사를 공부하는 세 번째 신학적 의미이다.

3장

교회의 역사 둘러보기

    프로테스탄트 신앙을 본격적으로 상술하기에 앞서서 전체 교회 역사를 둘러보는 시간을 가지려고 한다. 물론 몇 페이지 분량으로 교회사를 다 둘러볼 수는 없지만, 적어도 교회사를 이해하는 시각을 확보할 수는 있다. 프로테스탄트교회가 등장하기까지 교회는 어떤 역사를 살아왔는지 이해하는 것이 도움이 된다.

    교회사 역시 시대 구분이 필요하다. 역사의 시대를 구분한다는 것은 역사가의 관점이 반영된다는 의미이다. 일반 역사의 3시대 구분법인 고대, 중세, 근세를 교회사에서는 조금 더 세분하여 중세와 근세 사이에 종교개혁 시대를 끼워 넣었다. 물론 이런 구분은 개신교 역사가들의 구분이며, 가톨릭의 경우는 매우 에큐메니컬적 입장인 학자들이 이런 구분을 수용한다.

    실제로 시대 구분이란 패러다임(Paradigm)전환을 뜻한다.[1] 교회

Hans Küng

사를 패러다임 전환으로 설명한 탁월한 학자는 한스 큉(Hans Küng, 1928~2021)이다. 조직신학자이면서도 탁월한 역사 이해를 지닌 그의 저술 가운데 필자가 가장 사랑하는 저술은 *Das Christentum. Wesen und Geschichte*(『그리스도교. 본질과 역사』)이며, 신학에 관심이 있는 모든 분들에게 필독을 권한다.

교회사가들은 근세사를 둘로 나누어서 근대와 현대로 구분한다. 물론 이것은 일반 역사에서도 사용하는 방법이다. 현대라는 말은 동시대사(Contemporary History)를 의미한다. 이렇게 5개의 시기, 고대, 중세, 종교개혁, 근세, 현대로 구분하여 교회의 역사를 둘러보자. 다음의 서술을 통하여 필자가 강조하고 싶은 것은 중세의 특징이다. 고대에서 어떻게 변화하여 중세가 진행되었고, 종교개혁에 의하여 어떤 비판을 중세가 받게 되었는지 알아가는 동안 프로테스탄트 신

---

1 한스 큉/이종한 옮김, 『그리스도교. 본질과 역사』(분도출판사, 2002).

앙의 가치와 중요성을 이해하게 될 것이다.

동시에 프로테스탄트 신앙 역시 계속적인 개혁이 필요했다는 사실을 근세 교회사를 통하여 보게 될 것이다. 이런 과정은 "교회사 둘러보기"가 오늘 현재의 교회를 진단하는 데 매우 중요한 역할을 한다는 것을 깨닫게 한다.

I. 고대 교회사

고대 교회사의 중요한 주제들을 중심으로 살펴보자. 고대 교회라고 하면 처음의 교회 설립으로부터 시작하여 소위 중세적인 모습이 시작되는 때까지의 기간을 말한다. 따라서 그 시작과 끝을 설정하는 데 적지 않은 어려움이 따른다. 필자는 처음 교회의 시작 가운데 성서 시대에 해당하는 부분은 신약사에 넘기기로 하고, 초대교회의 교부들로부터 시작하려고 한다. 중세의 시작도 정치사적으로 보느냐 정신사적으로 보느냐에 따라 그 출발점이 달라지는데, 여기서는 중세의 대표적인 개념인 교황권이 힘과 위용을 제대로 갖추게 되는 그레고리 1세 교황(590~604) 때부터를 중세의 시작으로 삼기로 한다.

고대 교회사의 연구 주제들은 원시 기독교와 초대교회의 경계에 대한 연구, 고대 교회의 정통과 이단 논쟁 연구, 고대 세계와 기독교 간의 비교 연구, 고대 교회의 신학과 교부 연구 등등이다. 이러한 연구 주제들과 동시에 다음의 내용들이 중요하다.

헬라-로마(Greco-Roman) 고대 세계 속에서 기독교의 역사가 비로소 시작되는 1~2세기의 기간에 활동한 교부들을 사도 교부

St. Clement Shutterstock   St. Ignatius Wikimedia commons   St. Polycarp Wikimedia commons   St. Justin Wikimedia commons

사도 교부들

(apostolic fathers)라고 부르는데, 이들은 고대 기독교의 속(續)사도적 시기(post apostolic age)에 저술들을 내놓은 사람들이다. 그 저술들은 신약 정경과 여러 면에서 밀착되어 있지만, 정경 가운데는 포함되지 못한 것들이다.

사도 교부들이 지닌 의미는 고대 기독교 공동체의 삶의 양식을 우리에게 잘 보여주고 있다는 데 있으며, 사도 교부들은 신앙과 삶과 초대교회의 관습에 대하여 우리에게 유익한 정보를 제공한다. 또한 이 시대는 기독교의 전파가 두드러진 시대였다. 로마제국의 광활함, 각 지방 간의 활발한 교통, 헬라 문화와 언어적인 통일성 등등은 로마제국 지배자의 종교 관용과 연관되어서 기독교가 널리 전파되는 원인이 되었다.

사도 교부들의 중요한 저술들은 다음과 같다. 클레멘스의 첫 번째 서신(95년경), 이그나티우스의 일곱 서신(115년경), 폴리갑의 서신(110년경), 바나바의 서신(130년경), 클레멘스의 두 번째 서신(140년경), 헤르마스의 목자(150년경), 파피아스의 단편(150년경), 디다케(열두 사도의 교훈) 등이다.

정경(Canon)에 포함되지 못한 까닭은 오히려 역설적이기까지 하다. 정경에 들어가려면 저자의 고대성이 중요한데, 여기 등장한 문서는 그 기록 시기가 다소 뒤지기 때문이다. 하지만 오늘날 신약 정경 가운데에 저자가 불확실한 성경이 포함되어 있는 데 비해 사도 교부 문서는 저자가 분명하다. 아이로니컬하게도 분명하기에 정경에 들어가지 못했다. 내용을 읽어보면 신약성경의 내용과 비슷한 것도 많고, 신약성경이 말해 주지 않는 내용도 나온다. 그래서 고대 교회의 신앙 양식을 엿볼 수 있다. 동시에 이 문서들이 반영하는 시대상과 우리를 비교해 볼 기회도 얻게 된다. 시대에 따라 "다른 모습으로" 신앙생활을 했다는 점, 이것이 이 문서가 주는 교훈이다.

고대 교회에서 우리의 관심을 끄는 것 또 한 가지는 기독교 이단 사상의 등장과 그 영향이다. 그중에 가장 큰 영향을 끼친 것이 영지주의(Gnosticism)이다. 영지(Gnosis)란 일종의 종교적 삶의 양식으로 이미 기독교의 등장 때부터 영향력을 행사해 온 것인데, 후기 헬라주의의 혼합적·종교적 운동이다. 영지주의는 바벨론과 페르시아 종교의 영향을 받았으며 시리아를 거쳐서 유대 지역 및 사마리아 지역에 크게 영향을 끼쳤고, 여기에서 유대적인 요소를 취하였다. 결국 이러한 혼합주의적 운동은 초대 기독교를 자신들의 소용돌이 가운데로 몰아넣는 시도를 하게 되었다.

영지주의자 마르시온(Marcion)은 구약을 무가치한 것으로 여겼으며, 알레고리나 약속 또는 신약에서의 성취로 이해하지 않고 문자적으로 이해하였다. 구약의 창조주 하나님은 예수 그리스도의 아버지와는 완전히 다른 분으로 이해하였고, 세상을 악한 것으로 여겨 창조 신앙을 거부하였다. 몬타니즘(Montanism)은 2세기 중엽 소아시아 지역의 예언적이고 종말적인 운동이었다. 몬타누스파는 당시 거

대해져 가고 있던 교회를 반대하였고, 사도 교부들과 변증가들의 신학에 반대하였다.

이단(異端)이란 영어 heresy의 번역인데, 이 말은 그리스어 하이레시스(αἵρεσις)에서 나왔다. 이 말은 그리스 철학에서 원래 '학파'(school)라는 의미로 사용되던 것이며 유대교 분파들인 바리새파 또는 사두개파 등등이 이에 해당한다. 그런데 신약성경에서 "교회의 통일성을 위협하는 분열"이라는 의미로 사용되었다(갈 5:20).

사실 고대 교회 시대에는 아직 공인된 신앙 규칙이 없었고, 정경도 형성되는 중에 있었다. 그리고 예루살렘의 교회와 바울은 할례 문제에 관하여 서로 다른 입장에 설 정도로 지역마다 생각이 달랐으며, 중앙집권적 감독 체계도 존재하지 않았다. 그러므로 고대 교회의 '이단'은 후대의 '정통 신앙'과 공존의 관계였고, 일종의 '다른 가르침'이었다. 이런 점에서 영지주의는 기독교 세계에 매우 강력한 영향을 끼친 사상인 동시에 기독교가 배격하는데 가장 애썼던 '이단'이었다.

고대 가톨릭교회 형성 과정을 가속화 한 것은 이단 사상의 출현에 대한 반작용으로 정경과 신앙 정식을 확립한 일이기도 하지만, 교회와 로마제국 간의 관계 변화도 중요한 역할을 하였다. 313년 밀라노 칙령으로 그동안 박해를 받아오던 기독교가 공인을 받았고, 몇십 년 지나지 않아 기독교는 로마제국의 국교가 되었다. 이러한 과정을 콘스탄티누스 황제의 전환이라고 하며, 이를 통해 기독교회는 국가 교회로서의 기초를 다지게 되었다. 하지만 신조의 결정 과정에 당연히 황제의 입김이 작용할 수밖에 없었다. 콘스탄티누스 황제는 기독교를 받아들였지만, 그로 인해 기독교는 콘스탄티누스적 기독교가 되기 시작한 것이다.[2]

기독교 박해의 시대를 끝내고
이제 조직과 세력을 겸비한 기독
교는 그 외적인 면에서는 전성기
를 구가하게 되었지만, 고대 교회
본래의 모습과는 멀어진 교회 형
태로 나아갈 수밖에 없는 형편이
었다. 교회는 혜택을 받는 만큼 그
반대급부로 황제의 간섭을 받게
되었다. 이 시대에 진행된 에큐메
니컬 공의회들도 황제의 소집에
의한 것이었다.

Alistair Kee

　　고대 교회에서 논란 끝에 결정
된 중요한 신학 사상이 삼위일체론과 기독론이다. 니케아(325), 콘
스탄티노플(381), 에베소(431), 칼케돈(451)에서 열린 4대 에큐메니컬
공의회를 통해 "아들 예수 그리스도는 아버지와 동일본질"(*homoousios*)
이며 "그리스도는 완전한 신인 동시에 완전한 인간"(*vere deus vere
homo*)임이 확정되었다. 니케아공의회부터 칼케돈공의회에 이르기
까지 많은 인물이 등장하였고, 수많은 우여곡절과 혼란이 있었다. 예
수 그리스도의 인성만을 너무 강조하거나 반대로 신성만을 너무 강
조한 집단은 모두 이단으로 정죄를 받았다. 그리고 이 회의를 거치는
동안 "한 본체에 세 위격"(*uno substantia tres persona*)이라는 삼위일체
론도 확립되어서 성령의 위치를 확립하게 되었다.

---

2 Alistair Kee, *Constantine versus Christ: The Triumph of ideology*, 이승식 옮김,
　『콘스탄틴 대 그리스도』(한국신학연구소, 1988), 12.

이러한 결과는 모두 니케아-콘스탄티노플 신조 그리고 칼케돈 신조에 집약되어 있다. 이러한 형성 과정의 역사를 살펴보는 동안 한 가지 유념해야 할 점은 교회에 대한 국가의 지나친 간섭이 있었다는 사실이다. 콘스탄티누스 황제는 니케아 회의의 결정을 수차례 번복하였다. 그래서 그리스도를 하나님보다 아래에 위치시켜서 정죄 받았던 아리우스파를 복권시켰다가 다시 유배시키기를 반복했던 것이다.

교회와 국가의 문제, 즉 신앙의 영역에 대한 세속 통치권의 간섭은 2,000년이 지나는 동안 계속되는 논제였다. 과연 세속 사회와 교회의 올바른 관계는 어떠한 것인지 생각해 보아야 할 것이다.

교회의 위치가 확고해질수록 교회는 조직화 되고 거대 기구화되어가기 시작하였다. 심지어 교회는 특권을 소유하였고, 세속적인 일에서도 이권을 다투기 시작하였다. 이 문제를 놓고 가장 민감하게 반응한 사람들이 사막으로 들어간 수도사들이었다.

원시 기독교 이래로 고대 기독교적인 금욕 사상은 기독교 안에 존재해 왔다. 수도원주의는 대체로 이러한 금욕 사상의 새로운 한 형태로 이해될 수 있다. 사회적인 단체로부터 나와서 혼자 완전한 고독 속으로 자신을 밀어 넣는다는 점이 새로운 것이다. 비록 수도원주의가 제도화된 신앙의 모습에 반대하여 등장한 운동이었지만, 콘스탄티누스 시대의 교회는 수도원주의를 완전히 수용하였다. 결국 수도원은 교회 내부의 한 기관이 되었다.

고대 교회사 가운데 속해 있으면서도 그의 사상은 중세를 넘어 종교개혁에 이르기까지 전파되었던 한 위대한 사상가를 언급하지 않을 수 없다. 그는 바로 아우구스티누스(Augustinus, 354~430)이다.

그는 젊고 뛰어난 두뇌의 소유자였지만, 어머니 모니카의 신앙 유산을 마다하고 마니교에 입문하였다.

마니교는 3세기 지금의 이란 지역에서 발생한 종교로서 유대교와 기독교, 원시적인 미신과 철학적 사변들을 결합하였다. 아우구스티누스는 그들의 이원론과 강요 없는 신앙이라는 점에 매력을 느꼈다. 하지만 그는 밀라노 대학의 교수가 된 후 처음 밀라노의 주교인 암브로시우스를 만나 그리스도인의 인격과 교회 공동체의 모습에 매료되었고, 소명의 체험을 거쳐서 회심하게 되었다. 그리고 북아프리카 힙포를 방문하던 중 감독의 직분을 수행하게 되어서 죽을 때까지 힙포에서 활동하였다.

그의 사상을 잘 알려주는 두 작품이 『고백록』과 『신의 도성』이다. 또한 인간의 자유의지에 강조를 두는 펠라기우스(Pelagius)와의 논쟁을 통하여 하나님의 예정과 악의 기원을 밝혀주었는데, 이에 대한 아우구스티누스의 사상은 오늘날까지 기독교의 중요한 사상으로 자리 잡고 있다.

II. 중세 교회사

중세의 특징은 한 마디로 교황권과 세속권의 투쟁의 역사라고 할 수 있다. 중세는 중세로의 이행기(590~1000)를 거쳐 중세 초기(1000~1200), 중세 융성기(1200~1300) 그리고 후기 중세(1300~1450)로 나눌 수 있다. 이 시대 로마 가톨릭교회는 그 지배력을 온 세계에 떨쳤다. 교회의 신학이 최고조에 달하였고, 교황의 권위도 그 최고에

Karl 대제

달했던 시대였다. 고대 세계의 로마제국은 동-서 로마로 나누어졌고 서로마는 이미 게르만족에 의하여 멸망(476)해 버려서 이제 중세는 게르만족의 시대가 되었던 것이다. 따라서 이 시대의 역사와 신학은 게르만족이 기독교화되고 또 교회는 게르만족의 문화를 수용하는 토착화의 과정에서 출발하였다.

구 로마제국의 곳곳에 자리를 잡고 지배력을 과시하던 게르만족의 영향력은 800년 칼(Karl, 샤를마뉴) 대제가 프랑크 왕국을 확장하고, 교황으로부터 서로마제국의 황제직을 수임받으면서 절정에 오르기 시작하였다. 따라서 중세 시대 교황권과 황제권 사이의 권력 투쟁은 이미 예견된 일이었다.

그중 대표적인 사건이 주교 임명권을 둘러싼 논쟁이다. 황제가 교황권에 간섭하고 주교를 임명하는 일에 세속 통치권자의 간섭이 심화되자 교황청에서는 이시도르(Isidor) 문서라는 거짓 문서를 만들었다. 내용인즉 지방의 세속영주로부터 주교의 독립성을 보장한

카노사(Canossa)의 굴욕

다는 7세기 성인의 이름을 빌린 거짓 문서였다.

이러한 서임권 논쟁의 절정은 소위 카노사(Canossa)의 굴욕이라는 유명한 사건을 낳았다. 이것은 독일 국왕으로 신성로마제국 황제로 선출된 하인리히 4세와 교황 그레고리 7세(1073~1085) 사이의 성직 임명권 논쟁에서 야기된 문제였다.

교황은 1075년 "세속 통치자는 주교를 서임할 수 없다"는 내용과 "교황은 누구에 의해서도 심판받을 수 없으며 황제를 폐위시킬 수도 있다"는 내용의 교령을 발표하였다. 황제 하인리히 4세는 이에 반발하였고, 독일 주교회의를 소집하여 교황의 처사를 비난하였다. 하인리히는 그 결과 교황으로부터 파문을 당하였고, 독일 내의 제후들은 각자의 정치적 이익을 따라 하인리히의 주변에서 멀어졌다. 하인리히는 카노사에서 휴식 중인 교황을 찾아가 눈밭에 서서 3일을 사죄한 끝에 파문 취소 결정을 얻어 내었다.

이 사건이 의미하는 바는 교황권과 황제권 사이의 치열한 세력

Thomas Aquinas

다툼이 중세를 지배했었다는 것 이외에도 민족주의가 싹트기 시작
하였다는 것이다. 과거에는 로마제국이라는 통일된 정치 영역 아래
에 굴복했다면, 이제는 신성로마제국 아래에 속해 있어도 지역 국가
들은 나름대로의 이익을 추구하고 있다는 것이다. 이것은 훗날 종교
개혁 진행의 중요한 원인으로 작용하게 되었다.

중세 시대에서 빼놓을 수 없는 것이 스콜라주의 신학이다. 스콜
라주의(Scholasticism)는 그 이름대로 학교의 신학으로, 현실 생활과
는 거리가 있는 신학 방법론을 제공하였다. 한 마디로 스콜라주의는
이성을 중심으로 한 아리스토텔레스 철학, 초자연주의적 세계관에
근거하여 신앙을 강조하는 기독교 신학 사이의 대립 양상 가운데 다
리를 놓는 신학 사조였다. 이 위대한 종합을 가장 잘 수행한 사람이
도미니크파 수도사 학자인 토마스 아퀴나스(Thomas Aquinas, 1224~
1274)이다.

스콜라주의의 논리는 권위(*auctoritas*)를 이성(*ratio*)으로 설명하려는 것이다. 따라서 세부적인 방법으로는 변증법을 사용하였다. 스콜라주의 가운데 유명론과 실재론 사이의 논쟁이 유명한데, 보편자를 중시하는 중세의 이념 가운데 개별자의 가치를 존중하는 사상이 싹트기 시작하였다는 데에 그 의의가 있다. 여기서 신앙과 이성의 관계를 어떻게 받아들이는가에 따라 당시의 사상적 조류를 대별하여 보자.

신 존재 증명으로 유명한 캔터베리의 대주교 안셀름(1033~1109)은 "먼저 신앙에 들어가고, 앎을 통하여 확고히 한다"라고 주장하였다. 이 말은 보통 우리가 많이 알고 있는 "나는 알기 위하여 믿는다"(*credo ut intelligam*)라는 말보다 정확한 표현이다. 이것을 놓고 보수적인 프란치스코파는 신앙이 최종적으로 앎을 확증해 준다고 하였다.

반대로 도미니크파는 지식과 신앙을 구별하고 조화를 이룬다고 하였다. 신비주의자들은 아예 묻지 않고도 믿게 하는 의지를 추구하여서 "확고한 신앙이 스콜라주의라면, 경험하는 신앙이 신비주의"라고 하였다. 결국 중세의 이성과 신앙 사이의 논쟁은 "먼저 알아라, 그러면 믿게 될 것이다"라는 주장과 "먼저 믿어라, 그러면 알게 될 것이다"라는 주장 사이에서 어느 편에 가까이 설 것인가의 논쟁이었던 것이다.

후기 중세는 중세의 가을이다. 교황권은 "교황은 태양이요, 황제는 달이다"(이노센트 3세 교황)라고 외쳐보기도 하고, 보니파키우스 8세는 〈우남 상탐〉(*Unam Sanctam*)이라는 교서를 발표하여 교회권과 세속권 모두 하나님이 교황에게 맡겨주신 두 자루의 검과 같다고 주장하기도 하였다.[3] 그러나 이제 교황청은 아비뇽으로 자리를 옮기게 되어 소위

교황의 교서 *Unam Sanctam* (1302)

"교황청의 바벨론 포로 시대"를 맞게 되었다(1309~1376). 이제는 교황이 프랑스의 지배하에 놓이게 된 것이다.

프랑스에서는 이제 프랑스인으로 교황을 임명하기 시작하였다. 교황이 다시 로마로 되돌아오게 되었을 때 결국 교황청은 로마 교황청과 아비뇽 교황청으로 분열하였다. 1378년에서 1415년까지 교황은 로마와 아비뇽에 각각 한 명씩 있었고, 양자의 중재를 피사공의회가 시도한 결과 폐위되기를 거부한 두 교황과 새로 임명된 통합 교황까지 교황이 3명이 되었던 3교황시대(1409~1415)도 있었다.

이제 중세는 그 막을 내리고 있었다. 사상적으로도 점차 개인의 문제에 대한 관심이 높아지고, 경제적으로도 영지 중심의 장원 경제는 붕괴되고 있었다. 교황청의 우주적인 지배 체제도 흔들리고 있었고, 다양한 신학의 등장으로 신학적 통일성도 논란거리였다. 오랫동

---

3 〈우남 상탐〉이라는 이름의 교서는 1302년 11월 18일 교황의 권세가 세속 권세 앞에 자신의 입지를 강화하려고 발표한 교황 교서이다. 우남 상탐(*Unam Sanctam*)이란 교서의 맨 처음 두 글자를 딴 것인데, "하나의 거룩한 보편적 사도적 교회…"라는 말로 교서가 시작한다. 누가복음 22장 38절에 나오는 "두 자루의 검"에 대하여 예수가 "족하다"라고 하신 말씀을 근거로, 〈우남 상탐〉은 영적인 권세와 세속적인 권세 모두가 가톨릭교회의 소유임을 주장하였다. 이 교서는 결국 교황권의 몰락을 자초하여 몇 년 후 "교황청의 바벨론 포로"라고 불리는 프랑스 아비뇽 교황청 시대가 열린다. 이것은 교회가 만일 오늘날에도 세속적인 권세를 탐하면 어떻게 되는지 보여주는 역사적 교훈이다.

안 진행된 십자군 전쟁으로 무너진 장원 중심의 사회 구조나 흑사병의 창궐로 인한 불안감은 일반 백성들의 미신적인 종교심을 부추겼다. 더구나 농민들의 상황은 비참해서 여기저기에서 농민봉기가 진행되고 있었다. 그리고 지리상의 발견이나 과학의 발전, 인쇄술의 발달 등 인류가 예측하지 못했던 일들이 벌어지기 시작하였다. 이제는 시대를 다른 이름으로 불러야 할 때가 되었다.

III. 종교개혁사

사실 일반 역사에는 종교개혁사라는 시대 구분은 없다. 오직 교회사 속에만 존재한다. 그것도 가톨릭 측에서는 환영받지 못하는 시대 구분이다. 그래서 종교개혁의 시대는 근세에 속한다고 보기도 한다. 하지만 종교개혁의 시대에도 부분적으로는 중세적인 요소가 많이 남아 있어서 어떤 이들은 종교개혁 시대를 근세에 포함시키지 않는다. 그러나 교회사적으로 볼 때 르네상스 휴머니즘에 의하여 진행된 교회개혁은 충분히 그 가치를 인정받아야 마땅하다.

한 걸음 더 나아가 필자는 종교개혁사야말로 교회사의 백미라고 표현하고 싶다. 앞에서 언급하였지만, 전체 교회사에서 개혁의 역사를 제거하면 남는 것이 없을 정도로 개혁의 역사는 중요하다. 또한 개혁은 교회의 모습을 규정하는 개념이기 때문에 우리는 종교개혁사를 통하여 오늘의 교회상을 정립하여야 한다.

종교개혁은 독일의 어거스틴 엄수파 수도사 출신인 성서학 교수 루터(Martin Luther, 1483~1546)의 95개조 면죄부 비판에서부터 시작되었다고 말한다. 그러나 우리는 그 이전에 이미 역사 속에는 종교개혁의 기운이 감돌고 있었다는 사실을 기억해야 한다. 후기 중세의 교회는 정치적인 면과 경제적인 면에서 그리고 사회적인 면과 신앙적인 면에서도 개혁을 필요로 하던 시대였다. 교회를 개혁하자는 목소리는 그 이전에도 있었다. 영국의 위클리프와 보헤미아의 후스가 그들이다.

교회를 향한 그들의 비판은 교황청의 성직매매에 초점을 맞추고 있었다. 위클리프는 이미 사망한 후에 묘지에서 파내진 시신이 화형에 처해졌고, 후스는 콘스탄츠공의회에 참석하여 자신의 정당성을 변호하라는 부름에 응답하였다가 1415년 화형대 위에서 처형당했다. 후스의 교회개혁 시도는 꼭 100년 후에 루터에 의하여 다시 진행되었다.

100년 전에는 실패로 끝난 운동이 커다란 반응과 함께 당시 교회와 사회 속에 메아리쳐진 것은 결코 우연한 일이 아니다. 이제는 시대가 달라져서 변화되고 개선되어야 한다는 공감대가 형성되었으며, 루터의 개혁 운동을 도와줄 만한 사람들도 그의 주변에 많이 모여들었다.

필자는 이러한 변화된 주변 여건을 민족주의라고 부른다. 로마교황에게 면죄부 판매를 통하여 흘러 들어가는 물질은 독일의 경제적 상황을 나쁘게 만들었기 때문이다. 그리고 위클리프나 후스 때와 또 다른 것이 루터에게 있는데, 그것은 복음을 재발견한 일이다. 위클리프나 후스도 성서의 권위를 소중하게 여겼고 신자들에게 자국어 번역 성경을 제공하였지만, 그들에게 성경은 아직 율법적 성격이 강했다. 따라서 "믿음으로 말미암아 구원을 얻는다"는 복음의 재

면죄부 효능을 반박한 루터의 95개 조항

발견은 연옥과 징벌에 대한 두려움으로 파생한 미신적 신앙 행위를 완전히 뒤흔들어 놓았다. 면죄부 판매는 사실 교황청의 부패 그리고 사치와 연관이 있다. 부족한 교황청 유지비를 충당하느라고 성직을 매매하였고, 성직 매수자는 빌린 매수 대금을 갚기 위하여 대대적인 면죄부 판매를 이용하였다.

면죄부를 사면 연옥에 있는 부모의 영혼이 즉시 천국으로 간다는 말에 그 판매량은 급증하였다. 면죄부 판매에 대한 중세신학적 근거는 잉여공로설이다. 그리스도와 성자들의 남는 공로를 관리할 권한이 교황에게 있으며, 교황은 그 공로를 비축한 보물창고(*Thesaurus ecclesiae*)의 열쇠를 가지고 있다는 스콜라주의의 이론이다. 루터는 1517년 10월 31일 자신이 교수로 봉직하던 비텐베르크 대학교회 문에 95개조의 면죄부 반박문을 써 붙였다. 이것은 한편으로는 신학적인 토론을 원하는 것이기도 하였지만, 독일 민족에게는 자국의 목소리를 높일 수 있는 더없이 좋은 기회가 된 셈이었다.

루터의 종교개혁은 성서를 탐구한 데에서부터 비롯되었다. 성서가 흔하지 않던 시절, 수도사였던 루터는 비텐베르크 대학에서 성서 학위를 받고 신학 박사가 되었다. 그 후 스승 슈타우피츠의 추천으로 비텐베르크 대학 교수가 된 루터는 시편, 로마서, 갈라디아, 히브리서 강의를 진행하면서 "하나님의 의"(*iustitia Dei*)가 의미하는 바를 깨달았다.

그 초기 성서 강의 마지막인 히브리서를 강의하던 중에 발표한 문서가 "면죄부 효능에 대한 95개 조항의 토론문"이었고, 그 이전에 강의한 로마서와 갈라디아서 연구는 인간이 어떻게 하나님의 의를 받을 수 있는지를 깨닫게 하였다. 여기에서 저 유명한 이신칭의(以信稱義), 즉 "믿음을 통하여 은총에 의하여 의롭다 칭함을 받는다"(Justification by grace through faith)라는 신학이 탄생하였다.

루터 종교개혁의 구체적인 형태는 1520년 세 편의 논문을 통하여 세상에 공표되었다. 로마 교황을 하나님의 대리자 자리에서 끌어내리고, 그 대신 그리스도를 교회의 머리로 회복시켜야 한다는 주장이 바로 그가 한 일이다. 인간의 노력만으로 의에 도달하려 하는 모든 시도를 중지하고 하나님이 하나님 되시도록(Let God be God) 하자는 것이 그의 주장이다. 그래서 루터는 성례전의 시행 효과가 성례전 그 자체나 그것을 시행하는 사제에 근거한 것이 아니라 내 백성을 구원하시겠다는 하나님의 제정 말씀에 근거한다고 주장하여 "말씀의 신학"의 창시자가 되었다.

종교개혁 운동은 독일 지역에만 머물지 않고 전 유럽으로 퍼져나갔다. 부분적으로 루터의 영향이 작용하여 스위스의 취리히에서는 츠빙글리(Zwingli)를 중심으로 종교개혁이 진행되었고, 스위스의 불어권인 제네바에서는 1536년부터 칼빈이 개혁을 주도하였다. 영국에서는 영국 국교회가 탄생하였고 스코틀랜드, 네덜란드, 프랑스의 일부 그리고 동유럽의 전역에 개신교가 퍼져나갔다.

종교개혁은 결과적으로 로마 가톨릭과의 결별이 되었다. 처음에 루터가 시도하였던 것은 단지 부패한 로마교회의 개혁과 신학적 갱신 운동이었지만, 예수 그리스도가 유대교를 비판하였던 것이 결국에는 기독교회 설립의 기초가 되었듯이 루터의 개혁 운동은 이제 프로테스탄트(protestant, 항의자)라 불리는 집단을 형성한 것이다.

사실 개신교라고 번역되는 이 말은 신앙적인 경향을 종합적으로 칭하는 말이지 특정 종파를 구분하는 말은 아니다. 종교개혁이 진행되기 시작하자 시간이 갈수록 개혁자들 내부에서도 구별이 진행되었던 것이다. 그래서 루터교회와 개혁교회, 영국 성공회가 등장하였고, 나중에 영국 성공회에서 분리되어 청교도 운동과 장로교회 그리고 감리교가 등장하였다.

보통 종교개혁은 루터파, 개혁파, 성공회 그리고 래디컬로 구분하곤 하는데 여기에 가톨릭의 종교개혁도 추가할 수 있다. 종교개혁 운동은 결국 종교전쟁을 불렀다. 가톨릭을 지지하는 영주와 개신교를 지지하는 영주 사이의 길고 지루한 전쟁은 결정적으로 30년 전쟁(1618~1648)을 통하여 독일의 인구를 삼분의 일로 감소시켜 놓고 나서야 그 막을 내렸다.

베스트팔렌조약은 가톨릭과 루터파와 개혁파의 존재를 상호 인정하였고, 종교를 선택할 수 있는 자유를 주었다. 16세기 종교개혁 운동은 교리화와 조직화 속에서 생동감을 잃어가고 있는 중세 교회에 경종을 울린 사건이었다. 이 사건을 보는 우리는 이제 그 의미를 발굴해 내야 한다. 의미를 찾고 우리의 신앙생활과 교회의 모습에 비추어 보는 것은 우리 신학도와 모든 신앙인의 의무이다.

IV. 근세 교회사

근세 교회사에서는 주로 세 가지의 사상적 또는 신앙적인 경향을 중심으로 다룬다. 하나는 정통주의 신학이고, 또 하나는 계몽주의 사조이며, 다른 하나는 경건주의 운동이다. 이 세 가지 사조들은 약간의 시간적인 차이를 두고 등장하였지만 공존하면서 그 시대를 이끌었다. 따라서 그 상호관계 속에서 그 시대를 파악하는 것이 중요하다고 생각한다.

정통주의는 개신교 각 교파가 자신의 교리를 강력하게 확정하던 시대를 의미한다. 루터파는 루터파대로 신조의 확정을 통하여 루터교 정통주의 신학을 확립하였고, 칼빈주의 신학도 이때 확립되었다. 그러나 정통주의는 교리논쟁에 너무 몰두한 나머지 다시금 중세의 스콜라주의 시대로 복귀하고 말았다. 그래서 이 시대를 개신교 스콜라주의(Protestant Scholasticism) 시대라고도 부른다.

이미 우리가 교회사를 통하여 얻은 교훈에 따르면 심한 교리화는 반드시 반작용을 불러일으킨다. 정통주의에 실망한 사람들은 점점 신앙에서 멀어지게 되었다. 그리고 자연과학과 철학의 발달은 유럽에 자연주의와 경험주의, 합리주의의 바람을 불게 하였다. 프란시스 베이컨, 르네 데카르트, 스피노자, 존 로크, 라이프니츠 등의 위대한 사상가들이 활동한 이 시대를 우리는 계몽주의 시대라고 부른다. 이들은 종교전쟁에 대한 정치적 회의와 정통주의의 교리 중심에 대한 종교적 회의를 겪으면서 계시 대신에 이성을 중요시하고, 종교 대신에 철학으로 대치하고, 이성으로 종교의 근본을 규명할 수 있다고 믿었다.

이러한 상황 속에서 독일을 중심으로 등장한 것이 경건주의 운동이다. 경건주의는 죽은 정통에 대한 반작용으로써 등장한 합리주의적 사조와 방법에도 반대하였다. 그들은 교리 대신 이성을 대치하여도 생동감 있는 신앙을 회복할 수 없다는 신념을 지녔다. 필립 야곱 슈페너와 아우구스트 헤르만 프랑케 그리고 친첸도르프로 대표되는 경건주의자들은 루터 종교개혁 정신에 충실한 신앙을 소망하였다.

헤른후트 친첸도르프 백작의 성

동시에 경건주의 신앙은 실천을 반드시 수반하는 신앙이었다. 경건
주의자들의 활동으로 빈민을 구제하는 사회 선교의 개념이 등장하
였고, 세계 선교가 활발하게 진행되기 시작하였다.

결국 경건주의는 기독교적인 체험을 강조하고 감정을 우월하게
여기며 금욕 등을 통한 기독교의 엄격한 생활 모범을 제시하였다. 후
반기의 경건주의 운동은 비록 신앙의 지적인 요소를 무시하고 지나
친 금욕을 강조하면서 경건주의에 동참하지 않는 자들을 비신앙인
으로 규정하는 편협성의 문제를 가지고 있지만, 신앙의 생동감을 회
복하려 하였다는 점은 큰 의의가 있다. 그들은 교직자 훈련을 성실하
게 하여 목회자의 수준을 높였으며 성서 연구 열기를 고조시켰고 선
교 활동에 크게 기여하였다.

친첸도르프가 자신의 영지에 세운 헤른후트(Herrnhut) 공동체는

지금도 존재한다. 18세기 종교적 난민들을 수용하고 보호하며 세운 보헤미아와 모라비아 출신의 난민들이 세계 선교에 남긴 영향력은 반드시 기억해야 한다. 성공회 내에서 감리교 운동을 이끈 웨슬리(J. Wesley)도 이들의 영향을 받았다.

V. 현대 교회사

1789년 프랑스 대혁명을 기점으로 하여 현대 교회사라고 부를만 하다. 하지만 현대라는 개념은 사실 근세와 구별하여 부른다면 "동시대"(comtemporary)라고 부르는 것이 마땅하며, 이런 구별로 볼 때 프랑스 대혁명은 동시대에서 매우 멀리 있다. 그럼에도 불구하고 프랑스 대혁명을 기점으로 삼는 이유는 근본적인 가치관의 변화 때문이다. 사실 종교개혁이 중세의 종교관을 뒤흔든 신앙적 혁명이었다면, 프랑스 대혁명은 절대주의와 종교적 지배계층 양자에 대한 사회적 혁명으로 그 시대를 변혁하였다.

프랑스 대혁명이 종교개혁과 비교되어야 할 만한 이유가 있다. 독일 종교개혁으로 등장한 개신교는 종교개혁을 받아들인 모든 도시와 지역에 새로운 변화를 가져다주었다. 불행하게도 프랑스에서는 위그노(Huguenot) 종교개혁 운동이 잠깐의 자유를 누리고 소멸되었다. 그래서 프랑스 종교개혁의 실패를 가톨릭교회로 하여금 프랑스 대혁명의 개혁 대상으로 전락하게 만든 결정적인 원인이라고 볼 수도 있다. 교회사적인 관점으로 볼 때 프랑스 대혁명은 구시대의 종교관을 완전히 갈아엎어 버린 운동이다. 그 점에서 동시대사의 시작은 프랑스 대혁명이라고 할 수 있을 것이다.

Friedrich Daniel Ernst Schleiermacher

프랑스 대혁명이 자유와 인권을 의미한 것처럼 현대의 교회는 다양한 신학 사상이 출현하고 있는 시대이고, 교회의 역사도 더 이상 유럽이 중심이 될 수 없는 시대인 것이다. 19세기를 여는 시점에 신학과 철학은 대단히 발전하였다. 진보적인 낙관론이 사회의 분위기를 주도하였고, 사람들은 인간의 이성에 크게 기대하였다. 찰스 다윈의 진화론이 등장한 것도 이때이며, 헤겔 철학이 전 유럽을 뒤흔든 것도 이때의 일이다. 반면에 자유방임주의에 반대하는 사회주의도 이때 등장하여 독일의 마르크스와 영국의 엥겔스도 활동하였다.

신학에서는 무엇보다도 슐라이에르마허(Friedrich Daniel Ernst Schleiermacher, 1768~1834)를 빼놓을 수 없다. 새로 설립된 베를린 대학 철학부에서 헤겔이 교수할 때 슐라이에르마허는 신학부 학장으로 그에 맞서서 신학의 독립성을 지키느라고 노력하였다. 슐라이에르마허의 신학을 "감정의 신학"이라고 하는데, 하나님에 대한 절대 의존의 감정을 뜻한다. 슐라이에르마허의 신학적인 의의는 19세기 낙관론의 조류 속에서 표류하고 있던 교회에 방향을 제시했다는 점에서 찾을 수 있다. 종교의 몰락 시대에 슐라이에르마허는 사람이 종교를 가져야 하는 이유를 분명히 밝혔던 것이다.

19세기에 대한 낙관적인 기대는 20세기 초 제1차 세계대전으로 말미암아 산산조각나고 말았다. 제1차 세계대전이 등장하기 전 독일의 신학은 초기 교회의 전통으로 돌아가서 교리를 지키자는 복구 신학과 당시의 시대 정신에 따라 교리들을 포기하자는 자유주의 신학의 두 가지 운동 방향으로 대립하였다. 따라서 성서의 출판 및 보급 그리고 선교 활동이 대내외적으로 활발하였던 반면에 신학적으로는 알브레히트 리츨과 그의 제자들을 중심으로 한 자유주의 신학이 발달하였다. 교회사에서, 특히 교리사에서 이름을 떨친 하르낙(Adolf von Harnack, 1851~1930)도 이때의 인물이다.

Adolf von Harnack

기독교의 발전 과정을 역사적·지리적 환경에 맞추어 연구하기 시작한 종교사학파의 거장 에른스트 트뢸치(1865~1923)는 자유주의 신학이 도달한 막다른 골목의 모습을 보여주었다. 성서학자들도 종교사적인 방법론을 성서 연구에 적용하여 비평적 성서 연구가 등장하였고, 벨하우젠이나 헤르만 궁켈 같은 학자들이 등장하였다. 자유주의 신학의 등장은 따지고 보면 그 시대적인 산물이었다. 이성주의의 위기 가운데서 이성에 반대하지 않고 기독교를 설명해 보려는 시도라고 할 수 있다.

제2차 세계대전은 자유주의적인 낙관주의의 종언을 고하는 전쟁

Karl Barth

이었다. 이제는 유럽 개신교에서는 회의주의가 등장하였고, 악의 세력에 대하여 새로운 자각을 하는 시대가 되었다. 그 기간에 신학의 새로운 지평을 연 사람이 바르트(Karl Barth, 1886~1968)이다. 그는 전쟁을 목도하고 자유주의적 낙관주의는 분명한 오류라고 생각하였다. 그의 로마서 주석 초판은 이성과 주관주의에 반대하는 성서 중심적인 신학을 시도하였다.

우리는 그의 신학을 신과 인간의 관계가 위기의 관계라는 데서 착안하여 "위기의 신학"이라고 부르기도 하고, 성서 중심적인 신학이어서 "말씀의 신학"이라고도 한다. 혹은 자유주의에 반대하여 정통으로의 회귀를 내포하고 있다고 하여 "신정통주의 신학"이며, 동시에 신앙과 이성의 관계 속에서 땀 흘리는 "변증법적 신학"이라고들 한다. 당시에 바르트주의자를 자처하는 사람들이 많았다. 그래서 그는 자신은 바르트주의자가 아니라고 말함으로써 유행에 민감한 신학자들을 부끄럽게 하였다.

19~20세기의 교회사는 지역 교회사이어야 한다. 이 말은 선교역사(Missionsgeschichte)를 언급해야 할 시기가 되었다는 뜻이기도 하다. 19~20세기 선교의 역사는 정치적으로 식민지주의 발흥의 역사와 시대적으로 맞물려 있어서 많은 오해를 불러일으키기도 하였다. 1620년 영국 국교의 박해를 피해 청교도들이 신대륙으로 이주한 이후 미국의 기독교는 발전하였고, 그들의 선교 열정이 우리나라에도 전해졌다. 이뿐만 아니라 미국과 유럽은 전 세계에 기독교(가톨릭과 개신교)를 전파하였다.

이제는 각 지역의 교회가 서로의 신앙 경험을 나누는 시대가 되었다. 서구와 남미와 아프리카와 아시아의 신학적 정황이 어떻게 다른지, 서로 다른 상황 속에서 복음은 어떠한 공통된 경험을 보여주는지를 논의해야 하는 시대가 되었다. 동시에 냉전 시대의 동유럽 국가들 속에서 기독교의 존재와 역할에 대해서도 관심을 가져야 한다. 기독교 신앙은 사회주의 국가 내에서 어떤 모습으로 존속했는지를 보여주는 체코의 신학자 흐로마드카(Josef L. Hromadka)에 대한 연구가 소개되고 있다.[4]

사실 이러한 작업은 이미 에큐메니컬 운동을 통하여 오랫동안 진행되어왔으며, 지금도 세계의 교회는 교파와 신앙고백의 차이를 넘어서 서로 대화하고 세계 평화를 위해 협력하고 있다.

지금도 하나님은 교회를 통하여 활동하고 계신다. 변화된 세계, 21세기가 이미 시작된 초현대 세계 속에서 우리 신학도들과 그리스도인들이 담당해야 할 역사적인 사명들은 새로운 것들이 아니다. 비

---

4 Josef Smolik/이종실 옮김, 『체코의 에큐메니칼 신학자 요세프 흐로마드카』 (동연, 2018).

Josef L. Hromadka

록 세상은 변하고 있지만, 교회의 역사는 "해 아래 새것이 없다"라는
교훈을 우리에게 전해 주고 있다.

　지나간 과거의 역사를 열린 눈과 열린 마음을 통하여 받아들이
는 사람은 역사가 주는 교훈을 깨달을 수 있다. 과거 2,000년 교회의
역사 속 하나님의 뜻과 말씀을 가린 인간의 행위가 무엇이었는지를
밝혀내는 일은 우리에게 맡겨진 시대적 사명이다. 이 사명을 잘 감
당하기 위하여 역사와 친숙한 신앙인과 신학도의 자세를 기대한다.

4장

종교개혁과 신앙

I. 신앙이란?

교회사를 전공으로 하는 역사신학자의 처지에서 본다면 신앙은 "역사라는 그릇에 담겨 있는 물"과 같다고도 할 수 있다. 이렇게 표현하는 이유는 물과 그릇의 관계성 때문이다. 누구나 물을 마시려고 그릇에 담지 그릇을 보려고 담지는 않는다. 그러므로 물은 물의 신선도로 평가받는 것이고, 그릇은 그릇의 모양이나 아름다움 그리고 단단함으로 평가받는 것이다. 물을 먹기 위함이라면 물만 있으면 될 일이지만 그릇이 필요한 이유는 바로 그 그릇에 의하여 물은 흩어지지 않고 그 모양을 간직할 수 있게 되며, 그릇이 어떤 역할을 하느냐에 따라 물 마시는 사람의 기분이 달라지기 때문이다.

우리는 "신앙이란 불변하는 그 무엇"이라는 전제를 마음속에 깊이 붙들고 있다. 그러나 정확히 표현한다면 신앙은 그 "본질상 불변"의 것이다. 시간과 공간을 초월하여 서로 다른 그릇에 담겨 있는 신앙을 보면서 모두 다 똑같은 그릇에 담겨 있는 것이야말로 불변의 바른 신앙이라고 믿는 것은 "물과 그릇"의 관계를 망각하고 동시에 "신앙과 역사"의 관계도 무시한 편협한 모습이다. 이런 점에서 신앙의 문제를 다루어 보려고 한다.

II. 신앙 개념의 역사

역사적으로 구분해 볼 때 교회사에서의 신앙의 개념 정의는 약간의 차이와 발전 과정을 겪었다. 고대 교회는 신앙을 진리 인식(Wahrheitserkenntnis)의 한 방법이라고 여겼다. 여기서 "진리"는 "거룩한 전통"을 의미하며, "진리를 인식"한다는 것은 그 "거룩한 전통에 순응"하는 것을 의미한다. 이것이 신앙이었다. 따라서 신앙은 진리와 비(非)진리, 정통과 이단을 구분하는 기준이 되었다.

이러한 신앙 이해는 신약성서의 윤리적이고 종말론적인 신앙 이해에서 한 걸음 더 발전한 것이라고 할 수 있다. 성서는 한편으로 하나님의 명령을 실천하고 덕스러운 삶을 사는 것을 신앙이라고 하지만, 다른 한편으로는 하나님께서 약속하신 것을 포기하지 않고 신뢰하는 것을 신앙이라고 부른다. 고대 교회 교부들은 신앙을 보다 세분화하여 이해하였다.

신앙의 첫 단계는 "추측하는 신앙"($\pi\iota\sigma\tau\iota\varsigma\ \delta o\xi\alpha\sigma\tau\iota\kappa\eta$)이다. 이것은 보다 높은 단계인 "이해하는 신앙"($\pi\iota\sigma\tau\iota\varsigma\ \acute{\epsilon}\pi\iota\sigma\tau\eta\mu o\nu\iota\kappa\eta$)과 구별되었

다. 문자 그대로 추측에 머무르는 신앙(meinen)과 확고히 아는 신앙(wissen)을 구별하자는 것이다. 하나님의 계시를 받아들이고 권위에 대하여 복종하는 것이 신앙이다. 그 신앙은 이성으로 검증하려는 노력을 수반해야 하며, 나아가 삶 속에서 참된 실천으로 연결되어야 한다.

고대 교회의 교부 가운데 큰 획을 긋는 아우구스티누스(Aurelius Augustinus, 354~430)는 고대 교회의 신앙론을 종합하였다. 신앙이란 인간이 그리스도를 통하여 하늘의 것을 인지하는 것이며, 동시에 기독교의 사랑과 하나님의 율법에 대하여 지적으로 그리고 도덕적으로 인식하는 것이다. 그리고 이 모든 것을 가능케 하는 언약에 대한 신뢰이다. 그는 인간 영혼이 본성적인 신앙을 가지고 있다고 본다. 비록 본성적 인간은 죄와 사망을 향하여 가고 있을지라도 인간은 자신들의 역사를 '관찰하고', '감각적으로 느끼고' 있다. 동시에 진리의 이성적 증거 앞에서 '회의'한다. 마음으로는 그리스도의 삶을 따르기 원하며 그리스도를 '동경하는' 본성을 지니고 있다는 말이다.

공적인 교회의 위치를 확고히 다진 그레고리 1세 교황(590~604)은 신앙을 교회의 신앙이라고 정의하였다. 그러므로 중세 교회는 진리 인식으로써의 신앙이 아니라 교회가 지시하는 신앙으로 바꾸어 놓았다. 고대 교회의 정의대로 표현한다면 하나님의 계시를 받아들이고 또 복종해야 하는데, 이런 과정의 권위를 교회가 소유한 것이다. 그래서 교회는 이제 신앙의 외적 조건에 관여할 수 있는 공적인 기구가 되었다.

중세 교회는 은총의 작용으로 세례를 받을 때 신앙이 생긴다고 하며, 겸손을 그 증거로 제시하도록 하였다. 이렇게 하여 얻은 신앙을 소위 "획득된 신앙"(fides acquisita)이라고 부른다. 겸손(humilitas)

이란 중세 신학에 있어 매우 중요한 개념 중에 한가지였다. 하나님의 은총을 받아들이기 위하여 인간의 영혼이 철저히 황폐해진 상태가 되어야 하는데, 이것이 겸손이다. 죄의 고백이나 고해성사 그리고 여러 가지 고행 실천 등등 모두가 사실은 인간이 겸손의 상태에 잘 도달하게 하는 도우미였다고 할 수 있다.

그러나 문제는 자신의 비천함을 인지하고 겸손함을 느끼는 것이 '자신의 공로'로 되는 것인지 아니면 '하나님의 선물'로 되는 것인지의 문제가 여전히 남아 있었다. 중세 교회의 신학적인 특징 가운데 성례전 신학이 발달하게 된 것은 바로 교회가 하나님과 인간 사이에서 신앙의 문제를 중재하는 역할을 분명하게 선언한 것과 다름이 없다. 그리고 교회는 신앙의 중재자 역할을 하면서 '물'보다는 '그릇'에 더 깊은 관심을 기울였다. 신앙 그 자체보다는 그 신앙을 담고 있는 외형적인 조건들이 마치 신앙의 본질인 것처럼 오해하기 시작하였다는 뜻이다. 교회 밖에서 산다는 것은 더 이상 상상할 수조차도 없는 중세의 교회 속에서 신앙이란 진리를 인식하고, 그 진리에 따라 실천하는 것이 아니라 제도화된 신앙의 외적 조건들을 따르는 것뿐이다. 교회는 점점 더 거대한 기구로 자리를 잡아가고 있었다.

중세 교회 안에서 그리스도인 개인은 정말 보잘것없는 위치에 있었다. 그리스도를 주님으로 고백하는 사람들이 아무리 많이 모여 있어도 거기에 사제가 함께하지 않으면 아무것도 할 수 없는 시대가 바로 중세였다. 그러므로 사제 없이는 성례전도 없고, 성례전 없이는 교회도 없고, 신앙도 성립될 수 없다는 논리가 중세를 지배하였다. 그래서 후기 중세는 '반 성직자 중심주의'(anti-clericalism)가 등장하여 사제 중심의 신앙관을 깨뜨리려는 운동들이 여러 각도에서 일어나게 되었다.

신앙의 본질보다는 외형에 집착하는 중세기 교회의 양상은 한마디로 '공로주의' 신앙관이다. 공로주의 신앙이란 신앙의 외형적 조건 충족에 집착하여 신앙을 교회가 제정한 양식에 따라서 점수화하는 것이라고 풀 수 있다. 예를 들어 미사를 더 많이 드리면 더 드릴수록 그 공로가 쌓인다는 생각이 그 대표적인 경우이다. 사제들이 평생에 한 번만이라도 로마로 여행하여 교황을 알현하고, 로마에 있는 여러 성지에 가서 미사 드리는 것을 생의 목표로 삼았던 것만 보아도 신앙의 뒤틀림이 얼마나 심각하였는지를 알 수 있다.

후기 중세에는 모든 그리스도인을 덮고도 남을 만큼 수많은 성물이 넘쳐났으며, 성유물 숭배와 폭증하는 양초와 묵주의 사용들은 결국 중세 교회의 신앙을 면죄부 판매라는 사건으로 얼룩지게 하고야 말았다. 면죄부 판매의 신학적 이면을 들여다보면 공로주의의 심각성이 자세히 드러난다.

면죄부란 말 그대로 사람이 지은 죄를 일정한 값을 치르고 용서받

면죄부

는 표를 의미한다. 원래 개념은 죄에 대한 벌인 연옥 체류의 기간을 감면해 주는 것이어서 '면죄부'보다는 '면벌부'라고 번역해야 한다는 주장도 있다.

이로써 신앙은 설 자리를 잃고 말았다. 이 시대의 신앙은 교황 중심의 교회가 만든 성례전에 참여하는 것뿐이다. 죄의 용서나 구원의 확신을 갖게 하는 데에 신앙은 아무런 역할도 하지 못했다.

중세의 수도원 운동이나 신비주의 운동 그리고 근대적 경건 운동 (*devotio moderna*) 같은 것들이 등장하게 된 것은 모두가 교황과 사제 중심의 기계적 신앙관에서 탈피하여 하나님을 만나고픈 갈망에서 비롯되었다. 그들은 물 한 방울 들어 있지 않은 그릇을 들고 한탄하던 진실한 신앙인들이었으며, 물이라고 하면서 제공된 것이 참맛을 느낄 수 없는 썩은 물이었음을 느끼고 생수를 갈망하여 떠난 사람들이었다.

III. 하나님의 말씀과 신앙

후기 중세 교회가 잊어버린 것이 무엇이었을까? 그 당시 참된 신앙에 목말라 하던 사람들이 진정으로 찾고자 하던 것이 무엇이었을까? 우리가 지닌 신앙의 그릇에 담겨 있어야 할 것은 과연 무엇일까? 나는 그것이 "하나님의 말씀"이라고 확신한다.

어쩌면 진부한 말처럼 들릴지 모르지만, '살아 있는 말씀'과 '죽은 말씀'을 구별하여야 한다. 아무리 많은 사람들이 '말씀 중심의 신앙', '말씀 중심의 교회' 그리고 '말씀 중심의 예배와 설교'를 외쳐도 그것이 죽은 말씀이라면 소용이 없다. 은혜로운 설교를 했더라도 거기에 하나님의 뜻이 결여되어 있다면 그 말씀은 죽은 말씀이다. 성경을 거룩하게 낭독하고 강해한들 그 말씀의 참뜻을 곡해하는 것이다. 그리고 하나님의 말씀을 읽고, 듣고, 찔림을 받았음에도 내 속에서 그 말씀의 가치를 무시하고 자신의 삶으로 표현하지 않는다면 그 말씀 또한 죽은 말씀이다.

중세 교회는 "말씀을 위하여 교회가 존재한 것이 아니라 교회를 위하여 말씀이 존재한 시대"였다. 교회와 교황의 생각과 결정 사항을 확증하는 도구로 성서를 사용하였고 그래서 히브리어나 헬라어가 아닌 라틴어 불가타 성경만 인정하였다. 불가타 성경은 많은 부분을 왜곡되게 번역하였으며, 성서는 소수의 전유물로 전락하고 말았다.

중세 교회는 신앙의 그릇에서 말씀을 빼고 그 대신 성례전을 채워 넣었다. 말씀을 직접 읽을 수 있는 능력도 없고 또 읽는다고 해도 그 본래적인 의미를 진정으로 해석할 수도 없는 신자에게 말씀 대신 주입시킨 것은 이런 것들이다.

① 교회의 미사에 부지런히 참석하고
② 고해성사와 성체 성사에 빠지지 않으며
③ 수호성인에게 기도하고
④ 교회와 사제에게 복종하라는 것이었다.

이것이 신앙의 본질이라면, 그 신앙은 참 신앙이 아니다. 사실 중세 가톨릭교회의 그릇된 신앙관을 비판하는 이 대목에서 개신교인 신학자로서 큰 부끄러움을 느낀다. 오늘날 한국의 프로테스탄트 교회도 이와 비슷한 신앙생활을 여전히 강조하고 있지 않은가?

불가타 (*Vulgate*) 성경과 번역자 제롬

사도 바울은 로마서 10장에서 '만민이 구원에 이르는 과정'을 설파하고 있다. 계속되는 논의의 핵심은 율법적인 신앙과 복음적인 신앙 사이의 갈등을 어떻게 극복해야 하는지의 문제였다. 율법적인 신앙이란 유대인의 율법을 외형대로 준수하는 것이다. 하지만 바울의 생각은 달랐다. 율법은 완전하게 준수할 수 없는 것이다. 그러니 그런 방식으로는 구원에 이를 수 없다.

바울의 주장은 '하나님의 말씀'을 '들음'으로써 오는 복음적 신앙을 붙들자는 것이었다. 하지만 중세 후기 교황 중심의 교회는 신약성서에 나오는 바울의 가르침을 잊고 교회의 뿌리를 상실하고 말았다. 그래서 신앙은 형식적인 신앙이 되었으며, 신앙의 본질과 신앙의 외형을 구분하지 못했다.

16세기 종교개혁자들이 교회를 개혁하려고 하였을 때 그들이 가장 중요하게 여긴 것은 바로 신앙과 하나님의 말씀을 연결시킴으로

써 참 신앙의 모습을 회복하는 일이었다. 그래서 구약과 신약성서를 원어로 연구하고, 초대교회 교부들의 글을 읽었으며, 하나님의 말씀인 성서를 자국어로 번역하여 일반 신자들이 읽을 수 있게 해 주었다.

"그러므로 믿음은 들음에서(*fides ex auditu*) 나며, 들음은 그리스도의 말씀으로 말미암았느니라"(롬 10:17)라는 사도 바울의 증언대로 하나님의 말씀이 바르게 선포되지 않는다면(또는 하나님의 말씀이 외국어로 되어서 읽을 수 없다면) 말씀을 읽고 듣지 못하는 사람 안에 바른 믿음이 자리 잡을 수 없다고 하였다.

종교개혁의 전통을 이어받은 프로테스탄트교회는 당연히 우리의 신앙을 "하나님 말씀 안에서 자리 잡은 신앙"이라고 불러야 한다. 우리가 신앙의 길로 스스로 들어선 것이 아니라 하나님의 말씀이 우리를 신앙의 길로 초대한 것이기 때문이다. 그래서 하나님의 말씀과 신앙은 본질상 일체를 이룬다. 하나님의 말씀인 성서가 우리 신앙의 기준이 되어야 한다. 물론 여기에는 성서를 읽는 것과 함께 바르게 이해하는 일도 중요하다.

후기 중세 교회 안에서 개혁을 갈망하였던 인물들은 하나같이 성서에 무지하였다가 성서를 접하고 나서 변한 사람들이다. 루터보다 100년 전에 화형당한 프라하의 종교개혁자 후스(Jan Hus)는 이런 말을 남겼다. "나는 자신의 악한 욕망 때문에, 어렸을 때 빨리 사제가 되어 좋은 집에 살며 화려한 옷을 입고 사람들의 존경을 받으려고 했다. 그러나 성경을 알게 되면서 그것이 악한 욕망임을 알았다"라고 말이다.[1]

---

1 루터의 종교개혁보다 100년 전에 체코 프라하의 후스(Jan Hus, 1371~1415)는 성직매매를 비판하며 교회개혁을 주장하다가 화형당하였다. 최근 들어서 우리나라에도 후스의 전기가 번역되어 소개되고 있다; 토마시 부타/이종실 옮김, 『체코 종교개혁자 얀 후스를 만나다』(동연, 2015). 이 책은 후스가 남긴 기록들을 재구

Jan Hus

　종교개혁자들은 성서 대신 교황 중심의 교회, 성례전 중심의 교회, 미사 중심의 교회가 신앙의 길을 오도하고 있다는 것을 깨달았다. 우리가 잘 아는 독일의 아우구스티누스 수도원 출신 종교개혁자 루터(Martin Luther, 1483~1546) 역시 그런 인물 가운데 한 사람이었다. 그는 아버지의 소망대로 법학자가 되려고 에르푸르트 대학에서 인문학 석사(Magister Artium) 과정을 마치고 법학부에 입학하였다. 인문학 석사였기에 당연히 강의도 담당하고 있었다. 하지만 그는 슈토테른하임(Stotternheim) 벌판에서 벼락 때문에 죽음의 경험을 하고는 수도사가 되기로 결심하였다. 그 이유는 "내가 구원받을 준비가 전혀 되지 않았다"라는 각성이었다.

　그래서 그는 인생의 방향을 수정하여 당시 수도원 가운데에서도

성하여 후스의 종교개혁적 깨달음과 외침을 직접 듣게 도와준다. 그리고 책의 부록으로 번역자 이종실 체코 선교사가 체코 종교개혁사와 프라하의 후스 유적들을 소개한 글을 첨부하였다. 필자는 얀 후스를 "평화를 위한 개혁자"로 소개하고 싶다.

가장 엄격하기로 소문난 아우구스티누스 엄수파 수도원에 입회하였다. 새벽 2시부터 일어나 묵상하고, 미사를 드리고, 끼니때가 되면 구걸하여 먹고, 먹고 나면 고행하는 고단한 수도사의 삶을 살아 보았다. 하지만 지쳐가는 루터가 느낀 것은 "이러한 방법으로는 여전히 구원받을 준비를 할 수 없다"는 깨달음이었다. 당시의 관념대로라면 수도승은 구원에 가장 가까이 서 있는 사람들이었는데 말이다. 어찌하여 루터는 전혀 다른 생각을 하게 된 것일까?

루터는 1505년에 입단하여 1507년 사제로 서품을 받기까지 중세 스콜라주의 신학 공부도 게을리하지 않았다. 그는 엄격한 아우구스티누스 수도원 내에서 명석함과 성실성 그리고 신실함을 인정받아 그 누구보다도 촉망받는 수도사였다. 그러나 그를 가장 괴롭힌 것은 바로 "여전히 자신에게 진노하시는 하나님"이었다. 인간의 모든 행위를 감찰하시고, 고해사제에게 모든 죄를 낱낱이 고백하도록 요구하시고, 지은 죄에 대한 보속의 행위를 일일이 사제의 입을 통하여 지시하시는 하나님은 루터에게는 진노하고 심판하시는 무서운 하나님이었다.

그가 아무리 자주 고해하고 또 고행해도 마음에서 솟아 나오는 죄성을 모두 다 억누를 수는 없다는 깨달음이 그를 괴롭게 하였다. 죄인이 어떻게 선행을 할 수 있는가? 죄인이 아무리 선행을 한다고 하여도 죄짓는 일보다 선행을 더 많이 할 수 있겠는가? 여기에서부터 생겨난 의문이 인간의 구원은 인간의 공로나 행위에 달려 있지 않다는 생각이었다.

종교개혁자들이 제시한 개혁의 원칙을 "오직 신앙으로"(sola fide), "오직 성서로"(sola scriptura), "오직 은총으로"(sola gratia)라는 세 가지 용어로 설명한다. 이 세 가지 원칙은 각각 독립적인 의미를 지니고 있으면서도 동시에 서로 긴밀하게 연결되지 않으면 그 바른 의미를 제대로 전달해 줄 수 없다.

무쇠화로의 세 발을 삼자정립시키는 것이 가장 안정적이듯 이 세가지 원칙은 삼각형의 세 변처럼 상호 밀접하게 연결되어야 한다. 성서 없는 신앙이나 은총 없는 신앙은 미완성의 신앙이라는 뜻이다. 루터는 에르푸르트 대학에서 비텐베르크 대학으로 옮겨 성서학 공부를 하면서 신앙과 성서의 관계에 눈뜨기 시작하였다. 그리고 그의 신학적인 소양이 이 두 가지를 하나님의 은총과 연결 지을 수 있도록 도와주었다.

루터는 1512년에 비텐베르크 대학에서 신학 박사 학위를 받고 성서를 강의하기 시작하였다. 그는 시편, 로마서, 갈라디아서, 히브리서를 차례로 강의하면서 "믿음으로 말미암아 구원을 얻는다"라는 말씀의 의미를 분명하게 깨달았다.

"하나님의 의가 복음에 나타나 있으며, 믿음으로 믿음에 이르게 합니다. 이것은 성경에 기록된바 '의인은 믿음으로 살 것이다' 한 것과 같습니다"(롬 1:17)라는 말씀을 통하여 루터가 발견한 것은 복음과 신앙의 진정한 의미였다.

이 말씀에 근거한 그의 주장이 이신칭의론(justification by grace through faith)이다. 신앙을 통하여 은총에 의하여 의롭다는 것은 하나님의 의인 것인가 혹은 인간의 의인 것인가 혼동하는 기독교계에 대하여 인간을 의롭게 하는 것은 인간의 의가 아닌 하나님의 의임을 분명하게 하였다.

중세적 인간은 교회가 만든 제도에 따라 죄로 인한 책벌을 면할 수 있었다. 그러므로 죄의 값을 다 치렀다는 안도감이 그 사람의 마음을 해방시켜 주는 것이 당연했지만, 이상하게도 고행이나 선행 또는 보속 행위로 죄의 짐을 벗었다고 느끼는 순간 엄습해오는 더 큰 불안과 공포 때문에 시달려야 하였다.

인간의 의에 도취해서 스스로를 의롭다고 여기는 동안에는 구원받았다는 안도감에 살았으나 하나님 앞에서 그 감정은 오래 지속될 수가 없었다. 의롭게 되었다고 느끼는 순간, 스스로 의롭다고 여기는 그 순간부터 인간은 다시 한없는 절망의 나락에 떨어지게 된 것이다. 루터가 그랬다.

이와는 반대로 인간 자신의 의를 부정하는 순간부터 하나님의 의가 우리를 의롭게 만든다는 것이 이신칭의의 핵심이다. "하나님의 의가 복음에 나타나 있으며, 이것을 믿는 것이 믿음에 이르게 한다"는 로마서 말씀의 뜻은 우리에게 복음적인 신앙을 가지라는 것이다.

복음적인 신앙이란 "약한 것을 들어서 강하게 하시는 하나님을 소망하는 것"이다. 그리스도가 십자가의 고통에서 다시 부활하시고 인류의 구원자가 되시듯이 우리의 약함을 들어 쓰시겠다는 하나님의 약속을 믿는 것이 바로 신앙의 출발점이다. 그러므로 우리가 영원한 죄인임을 깨닫는 순간 그리고 우리에게 희망이란 하나님께서 그리스도를 통하여 주신 언약을 붙잡는 것뿐임을 느끼는 순간, 죄와 벌의 공포는 우리 속에서 자취를 감추게 된다. 오랜 기간의 성서 연구와 강의를 통하여 루터는 '자기 신앙 공부'를 해낸 것이다. 루터는 심판자 하나님의 모습을 이제는 자비와 사랑의 하나님으로 받아들이게 되었다.

중세 교회의 신앙적 속박에서 벗어나려고 한 루터의 모든 노력을 오늘 우리가 이해하기 쉽게 한마디로 정의해 보라고 한다면 "하나님을 교회의 굴레에서 자유롭게 하는 신앙"이라고 하고 싶다. 중세 교회는 하나님의 권위를 스스로 대신하고도 잘못된 일인 줄 몰랐다. 하나님께서 은총을 통한(through grace) 신앙으로(by faith) 사람을 의롭게 하신다(justification)는 것을 왜곡하며, 교회가 정한 행위의 실천을 통하여(*ex opere operato*) 구원받기에 합당한 신앙을 축적할 수 있다고 여긴 것이다.

이 시기에 인간의 생각으로 하나님을 속박한 것은 로마 가톨릭교회만이 아니었다. 열광주의자들 또한 인간의 상상으로 하나님을 자유롭지 못하게 한 사람들이었다. 그들은 하나님과의 영적인 관계를 기형적으로 강조한 나머지 성서보다 하나님의 직접적인 계시를 우선순위에 두었다. 종교개혁자 마르틴 루터는 로마 가톨릭의 공로주의적 신앙관과 열광주의자들의 성령주의적 신앙관 모두에 대하여 투쟁하였다.

이 두 가지는 사실 매우 극단적인 것이다. 교회의 제도만을 중요시하는 입장과 교회의 제도라면 무조건 무시하는 양극단이다. 즉, 신앙과 구원은 반드시 교회가 정한 규칙을 따라야 한다는 입장 그리고 신앙과 구원은 반드시 하나님과의 직접적인 교류를 통하여야 한다는 입장이다. 그러나 마르틴 루터는 양자에게서 공통점을 발견하였다. 양자 모두가 하나님의 말씀을 무시한다는 것과 신앙의 본질이 무엇인지 착각하고 있다는 점이 일치한다고 하였다.

IV. 신앙의 본질

신앙이 무엇인지를 설명하려면 신앙의 반대가 무엇인지를 설명하는 방법이 유용하다. 마치 정답을 정확히 모를 때에는 확실한 오답을 먼저 걸러내서 정답을 찾을 확률을 높이는 것과 같기 때문이다. 가장 막연한 대답은 "불신앙"이라는 대답이다. 생각 없는 신앙이 생각 없는 답변을 만들기 마련이다.

가장 쉽게 나올 만한 대답이 신앙의 반대말을 "이성"이라고 하는 경우이다. 이것은 신앙을 설명하는 데 도움이 된다. 신앙과 이성은 역사적으로 분명히 상호 대립적인 개념으로 등장하였기 때문이다. 그래서 종종 이성적으로 판단하는 것을 불신앙으로 여기는 경우를 보게 된다. 과연 이성과 신앙은 본질적으로 대립하는 것일까?

우리는 이성과 신앙의 관계를 다음 세 가지로 구분할 수 있다.

① 신앙은 이성과 전적으로 대립된다는 입장
② 신앙은 반드시 이성적으로 검증될 수 있으며 반드시 그렇게 되어야 한다는 입장
③ 신앙과 이성은 상호 보완적이라는 입장

교회의 신앙 역사 가운데 위의 처음 두 가지 입장은 언제나 대립을 그치지 않았다. 그러나 우리가 신앙의 본질을 바르게 확립하려고 한다면 세 번째의 입장을 선택하는 것이 필요하다. 사실 신앙의 영역에는 이성의 힘이 미치지 않는 곳이 있는 것은 분명하다. 그러나 아무리 신앙이라고 해도 전적으로 반이성적이지는 않다는 것도 사실이다. 그러므로 우리가 이성으로 신앙을 설명하려고 하는 노력은 비록 완성할 수 없다고 할지라도 결코 포기해서는 안 되는 작업이다. 이성이란 하나님이 인간에게 선물로 주신 것이기 때문이다.

이성은 동물과 인간을 구별하는 기준이며, 하나님의 말씀을 이해

하게 하는 도구이며, 양심이라는 또 다른 이름으로 인간의 인간됨을 유지시켜 주는 중요한 수단이 된다. 그러나 다른 한편으로 이성은 스스로 간계를 부린다. 타락한 인간 속에서 하나님을 몰아내고 자기 자신을 내세우는 원인이 되기도 한다. 그래서 타락한 이성은 결국 "하나님이 주셨고 나는 받았다"라고 말해야 할 것을 "내가 내 힘으로 하였다"라고 말하게 한다.

여기에서 우리는 잘못된 신앙의 정체를 확인할 수 있다. 우리는 신앙의 원소유자가 자기 자신이라고 착각하는 데에 우리의 이성을 사용한다. 하나님께서 내게 주신 것이 신앙인데 "내가 스스로 믿었다"고 생각하는 경우가 얼마나 많은가? 이것은 '자기 확신'을 신앙이라고 잘못 생각하는 것이다.

인간이 가진 것은 이성이 고작이다. 그리고 그리스도의 십자가 죽음과 부활은 인간 이성으로는 결코 이해될 수 없으며, 오직 믿음의 영역에서만 가능한 일이다. 이성의 한계 안에 있는 인간이 이것을 스스로 믿는다는 것은 불가능하다. 따라서 우리가 스스로 믿는 것이 아니라 하나님이 믿음을 주셨다는 것이 신앙의 본질이다.

"내가 스스로 믿었다"고 확신하면 그것은 자기 이성의 능력을 믿는 것일 뿐이다. 이것은 신앙의 영역에서 보면 교만이다. 신앙의 교만이란 신앙의 주체를 자기 자신으로 여기는 일에서 비롯된다. 여기에서부터 그리스도인과 그리스도인 사이의 신앙을 차별화하는 일이 등장한다.

종교개혁자들은 한결같이 신앙의 등급을 구분하는 것을 경계하였다. 부녀자가 가정에서 성실하게 자신에게 맡겨진 일들을 감당하는 것은 수도사가 되는 것만큼이나 똑같이 신앙적이며 경건한 일이라고 주장한 사람이 한둘이 아니었다. 복수하지 말라는 말씀은 평신도에게 해당하는 말씀이고, 원수를 사랑하라는 말씀은 성직자에게 주어진 말씀이라는 중세 교회의 차별에 대하여 마르틴 루터는 반대하였다. 하나님의 말씀은 누구에게나 똑같이 적용되는 말씀이다.

신앙에는 구별이나 계급이 없다. 평신도와 성직자의 구분도 그렇게 부르신 하나님 편에서 판단한다면 의미 없는 일이며, 동시에 양자 사이에는 직분의 차이가 있을 뿐 신앙의 차이가 있을 수 없다. 그러므로 타락한 이성뿐인 우리가 신앙을 갖게 된 것은 이성으로 이해함도 아니요, 감정으로 체험한 것도 아니다. 신앙은 하나님께서 주신 것이다.

V. 그리스도인의 신앙생활

지금까지 우리가 신앙의 본질에 관하여 말했다면 이제는 신앙의 외적 표지에 대하여 말할 차례이다. 서론에서 표현했던 대로 '물의 의미'를 설명하였으니 이제는 '그릇의 의미'를 따져 보자는 뜻이다.

중세 시대의 문제를 놓고 종교개혁자들의 입을 빌려서 신앙의 문제를 논하곤 했다. 하지만 우리가 살아가는 시대는 바야흐로 현대, 그것도 포스트모던 시대이다. 근세는 과학과 철학 때문에 계몽적 인간 이성과 경건 신앙 사이의 작용과 반작용으로 시작하였다. 하지만 이제는 양자의 대립이나 갈등 구조로는 현대적인 신앙을 정립할 수 없는 시대가 되었다. 지금은 완전히 과학의 시대이기 때문이다. 인간 이성과 신앙이 서로에게 진정한 협조자가 되지 않으면 안 되는 시대가 된 것이다. 동시에 공간적인 변화도 신앙에 도전을 주고 있다. 단일 종교로 성장한 기독교가 다양한 사회 속으로 전이되어서 한국적 기독교의 표지를 요구하는 시대가 되었다는 뜻이다.

나는 신앙을 "하나님의 말씀과 자신이 자웅을 겨루는 것"이라고 정의한다. 하나님의 말씀이 들어와 소용돌이치는 현장이 바로 '나'라는 '그릇'이다. 내 속에는 하나님의 말씀만 들어 있는 것이 아니라 온갖 지식과 논리 그리고 이기심이 자리하고 있다. 그러므로 신앙인이란 고뇌하는 모습일 수밖에 없다. 한편으로는 이기심과 이타심 사이에서 방황하면서 다른 한편으로는 내게는 너무도 낯선 '하나님의 의' 때문에 신앙의 갈등을 겪는 인간이다.

이러한 방황과 갈등은 일회적인 사건이 아니다. 그러므로 우리에게 완성된 신앙이란 존재하지 않는다. 다만 온전한 신앙을 향한 과정 속의 신앙인이 있을 뿐이다. 그 신앙인이 평생을 살면서 하나씩 풀어 놓는 것이 '신앙의 열매'라고 불리는 것들이다. 어차피 우리의 외적인 눈을 통하여서는 신앙보다 신앙의 열매만을 인식할 수 있다. 이 때문에 신앙의 본질과 열매를 혼동하는 일은 어쩌면 그다지 나무랄 일이 되지 못할 것이다.

그러나 중요한 것 한 가지가 있다. 외적으로 나타나는 신앙의 표지 가운데에서도 우리는 그 신앙의 뿌리가 여전히 율법적인 데 있는지 구별할 수 있다는 점이다. 복음적인 신앙은 하나님의 것을 하나님께 맡기고, 자신은 자신의 것을 찾아서 감당하는 신앙을 말한다. 그래서 "하나님을 하나님 되게 하라"(Let God be God)고 외쳤던 종교개혁자 루터의 개혁 신앙이 오늘 현대 그리스도인들에게 다시 한번 회복되기를 소망한다.

5 장

종교개혁과 성경

I. 성경과 신앙

신앙이라는 큰 주제 아래에서 반드시 다루어야 할 것은 성경이 신앙 속에서 어떤 역할을 하는가에 관한 것이다. 필자는 이것을 성경의 교회사적인 의미를 찾아보는 방식으로 설명하고자 한다. 프로테스탄트(개신교) 역사에서는 16세기 종교개혁자들이 성경을 어떻게 생각하였는지를 추적해 보는 것이 매우 중요하다. 그래서 이 글에서는 성경의 의미가 교회의 역사 속에서 어떤 변화를 겪어왔는지 살펴보고, 종교개혁자들이 발견한 성경의 중요성을 오늘 우리 현대의 그리스도인들과 함께 나누어 보려고 한다.

성경의 역사적 의미를 추적하는 것은 교회사라는 학문 분야의 일이기 이전에 이미 구약학과 신약학의 임무이다. 성서학자들은 성서 본문에 관한 연구를 시작하기에 앞서서 반드시 다음과 같은 주제들을 설명한다.

① 성경에 등장하던 인물들이 살던 시대의 역사는 어떠하였는지
② 성경은 어떤 과정을 거쳐서 기록되었는지
③ 성경은 어떻게 오늘날 우리 손에 남겨지게 되었는지
④ 성경은 어떤 번역 과정들을 거쳐서 세계 거의 모든 나라의 언어로 번역되었는지

이 단락에서는 이러한 기본지식을 전제로 하고 종교개혁자들이 발견한 성경의 중요성을 탐구하려고 한다.

II. 교회의 역사 속에서 성경의 의미

사실 성경이 기록되고 '성서'라는 묶음으로 만들어진 것이 매우 오래전인 데 비하여 종교개혁자들의 시대는 약 500년 정도일 뿐이다. 그런데 종교개혁자들이 성경의 중요성을 발견하였다고 말하면, 이것은 종교개혁 이전에는 성경의 중요성을 몰랐다는 엄청난 전제가 숨어 있다는 뜻이 된다. 기독교 성립과 발전 과정 그리고 교리 형성에 있어서 성경의 역할이 얼마나 중요한 것인지를 잘 알고 있는 우리에게 성경의 중요성을 몰랐던 시대가 그렇게 길었다는 것은 충격이 아닐 수 없다.

종교개혁 이전에는 성경의 중요성을 몰랐다고 감히 말할 수 있는

증거가 몇 가지 있다. 후기 중세 로마 가톨릭교회는 성경의 권위를 교회의 권위 아래에 두었다. 개신교인들은 교회가 감히 성경의 권위를 교회의 권위 아래에 둘 수 있는지 의아해하겠지만, 이런 일은 별로 어렵지 않게 발생했다. 신약성서를 27권으로 모아서 성서로 결정한 것이 교회 회의였기 때문이다.

여기저기 흩어진 초대교회의 문서들을 모아서 27권의 '정경'(canon)이라고 한데 묶은 것은 397년 카르타고(Cartage) 회의 때의 결정이었고, 이 결정은 451년 칼케돈 공의회(Council of Chalcedon)에서 추인되었다. 후기 중세 교황 중심의 교회에서는 이것을 곡해하여 정경 목록을 결정한 것이 교회 공의회이므로 성경 보다 교회 또는 교회의 수장인 교황의 권위가 더 위에 있다는 억지 주장을 하였다.

이것이 억지 주장인 이유는 아무런 기준 없이 교회 회의의 결정을 내린 것이 아니기 때문이다. 당시에는 수많은 문서들이 기록되고 읽혀졌는데, 그 가운데는 저자가 불분명하거나 그 내용의 정통성을 의심받는 글들이 다수 포함되어 있었다. 종종 사도들이 직접 기록했던 문서들과 내용상 별로 다를 것이 없는 훌륭한 문서들도 있었다. 하지만 정경 목록을 정하지 않으면 야기될 혼란 때문에 교회는 그때까지 가장 인정받는 문서들을 정경에 포함시킨 것이다.

오늘날 우리에게 전해진 27권의 신약성서 목록은 이미 주후 200년경에 등장한 무라토리(Muratori) 목록과 일치한다(발견한 사람의 이름을 따라 무라토리 정경 목록이라고 부른다). 그래서 교회 공의회는 신앙의 정통성과 진정성을 확립하고자 문서들을 수집하여 사도들과 직결된 문서들을 가려내고, 그 내용이 정통신앙을 표방하고 있는지를 구별하여 정경(正經, Canon)을 결정하기에 이른다.

비록 정경에는 포함되지 못하였어도 저술의 고대성과 정통성 그리고 거룩성을 인정받는 문서들을 우리는 교부(Church Fathers)문서라고 부른다. 사도들의 뒤를 이은 사대인 속사도 시대(Post Apostolic Age)에 나온 사도 교부(Apostolic Fathers)의 저술이다.

정경(Canon)이란 말은 갈대를 의미한다. 이 갈대는 일종의 막대기로 오늘날 길이를 재는 척도의 역할을 하였다. 그러니까 정경이라는 막대기는 모든 결정의 기준이 되는 시금석이라는 뜻을 담고 있다. 정경은 교회 회의나 교황의 권위에 의하여 그 정통성이 인정되는 것이 아니라 정경 그 자체의 정통성으로 그 권위를 스스로 드러내는 것이다.

III. 종교개혁 시대와 성경

교회의 역사가 오래되면 교회를 지탱하는 여러 가지 전통들이 생겨나기 마련이다. 성경이 기록될 때는 존재하지 않았던 문제들이 등장해도 교회는 이것을 교회의 전통으로 해결해야 하기 때문이다.

예를 들어 요단강에서 물로 세례를 주고받은 세례요한이나 예수는 아마도 요단강 물에 몸을 깊이 담갔을 가능성이 매우 높다. 뱁티즘(Baptism)이란 그렇게 시작된 것이다. 하지만 로마의 박해 시절에 그렇게 공개적인 방식으로 세례식을 할 수는 없었을 것이다. 지하 동굴 안에 숨어서 세례를 베풀게 되었다면 침례 방식은 당연히 물을 붓는 관수례(灌水禮)로 바뀔 수밖에 없지 않았을까? 오늘날까지 침례(浸禮)를 주장하는 교파와 관수례를 주장하는 교파가 서로 이 문제를 두고 의견이 일치하지 않고 있다. 어쨌든 교회는 물을 붓거나 뿌리는 세례의 방식으로 뱁티즘 전통을 세웠다.

2,000년 전 신약성서나 그보다 훨씬 더 오래된 구약성서의 기준으로 현대의 삶을 규정하는 일에도 마찬가지의 문제가 따른다. 성경에 모든 답이 기록되어 있지 않기 때문이다. 그래서 교회와 신앙에는 성경에 기록되지 않은 전통들이 계속 추가되거나 등장했다가 사라지는 것이다. 문제는 이런 전통을 세우거나 폐기할 권한을 누가 가지고 있느냐의 문제와 이런 전통을 세우는 기준이 무엇인가 하는 점이다.

교회와 교황의 권세가 가장 높았을 때는 1215년 라테란 공의회가 열릴 즈음으로 볼 수 있다. 이 공의회에서 내린 수많은 결정들이 교회의 전통으로 확립되었고, 이후 후기 중세 교회의 기준이 되었다. 특히 이노센트 3세 교황은 이 회의에서 화체설을 결정하였다. 1302년 보니파키우스 8세 교황은 〈우남 상탐〉(*Unam Sanctam*)이라는 칙령을 발표하는데, 그 내용은 교황에게 세속지배권이 있다는 내용이었다. 주님이 베드로에게 교회권과 세속권 모두를 주었다고 주장하였던 것이다.

사실 보니파키우스 이후 교황의 권세는 하향 곡선을 그렸다. 물론 그 이전부터 교황청은 프랑스의 권세에 휘둘렸던 것은 사실이다. 로마인이 아닌 프랑스인을 교황으로 세우면 그 교황들은 로마에 가지 않고 프랑스 땅에서 집무를 보았다. 그러던 것이 교황 클레멘트 5세(1305~1314) 때에 아예 프랑스 아비뇽(Avignon)으로 교황청을 옮겨버린 것이다. 아비뇽 교황청 시기는 대략 70년간이다. 1378년 선출된 우르반 6세는 다시 로마로 돌아왔고, 프랑스는 대립교황을 세웠다. 이때부터 교황청 대분열 시대(1378~1417)를 겪는다. 온갖

아비뇽 교황청

세속 권력이 개입하는 상황 속에서 교황청은 때로는 교회를 개혁하려고 애쓰기도 하고, 때로는 세속 권력의 힘 아래 굴복하기도 하였다. 하지만 교황청의 재력은 바닥이 났고, 교황은 성직 매매나 면죄부 판매 같은 부당한 짓을 통해 금고를 채울 수밖에 없었다.

이 시기에 성경의 권위를 교황과 교회 보다 앞세운 사람들이 등장하였다. 제일 먼저 언급해야 할 사람은 프랑스 출신의 발도(Waldo)이다. 그는 프랑스 리용 출신의 부유한 상인이었는데, 어느 날 청빈과 가난을 위하여 방랑 설교를 시작하였다(1176년경). 여기서부터 회심한 추종자들이 생겨나자 교황 루키우스 3세(Lucius III, 1181~1185)는 1184년에 발도를 파문하였다. 하지만 이 운동은 북이탈리아와 남부 독일로 퍼져 나갔고, 그들 손에는 쉬운 언어로 번역된 복음서가 있었다. 하나님의 말씀을 읽은 그들은 중세 교회의 비성서적 전통들을 거부하였다.

영국의 신학자인 위클리프(John Wycliff, 1328~1384)와 보헤미아의 후스(Jan Hus, 1371~1415) 역시 자기들의 언어로 성경을 번역하고, 그 말씀에 따라 교회개혁을 주장하였다. 죽은 자를 위한 미사나 연옥설, 면죄부에 대한 반대뿐만 아니라 성자와 성물 숭배, 고해성사를 비판했으며 성만찬의 화체설이나 빵만 주는 일종성찬에도 반대하였다.

교황은 이런 문제들에 대하여 교황권으로 정죄하거나 공의회에서 심판하고 처형하였지만, 신성로마제국의 중심 독일에 등장한 마르틴 루터가 일으킨 개혁의 불길을 막을 수는 없었다.

우리는 마르틴 루터 수도사가 면죄부에 대한 95개조 반박문을 공포한 1517년 10월 31일을 종교개혁의 시점으로 생각한다. 중세 교회의 면죄부 판매가 대표적인 교회 타락상이라고 설명할 만한 근거가 되는 사건이다. 하지만 95개조 면죄부 효능에 관한 반박문을 읽다 보면 그 핵심이 면죄부에만 있지 않다는 것을 곧 알게 된다.

면죄부는 성서적 신앙이 아니라 교회의 자의적인 비성서적 전통에 따라 등장한 하나의 문제일 뿐이다. 95개 조항의 핵심 내용은 인

Peter Waldo

간인 교황의 권위보다 하나님의 말씀인 성서의 권위가 더 우선되어야 한다는 것이다.

교황은 그 성경을 해석할 권한이 오직 교황에게만 있다고 선언하였다. 이러한 권한 선언이 필요했던 이유는 성경 안에는 나오지 않는 후대의 교회 관습들의 정통성을 변호해야만 했기 때문이다. 하지만 루터는 1520년에 쓴 "그리스도인 귀족에게 고함"이라는 논문에서 "교황만이 성경을 오류 없이 해석할 수 있다"는 주장을 반박하였다.

그리고 몇 달 후에 "교회의 바벨론 포로"라는 글을 발표하여 성경에서 성례전이라고 할 수 있는 것은 7가지가 아니라 2가지라고 주장하였다. 그 두 가지 성례전(sacraments)은 세례와 성만찬이다.

중세 교황교회는 7가지의 성례전, 즉 영세성사(유아세례), 견진성사(입교), 고해성사(참회), 성체성사(성만찬), 서품성사(사제서품), 혼배성사(결혼), 종부성사(장례)를 세웠다. 하지만 루터는 이 중에 두 가지 세례와 성만찬만이 예수 그리스도께서 제정한 예식이며, 성경에 근거한다고 하였다. 다시 말하면 교회가 세운 전통을 시행한다고 해도 이것이 마치 하나님의 명령으로 인해 제정된 것처럼 신자들을 혼동시켜서는 안 된다는 것이다.

그래서 루터는 빵과 포도주가 그리스도의 살과 피로 변한다는 화체설도 성서적 근거가 없다고 보았다. 주님께서 빵을 떼어 주시며 "이것은 나의 몸이다"라고 말한 것은 몸이라고 여기라는 것이지 그 순간 빵이 몸으로 변하는 것이 아니기 때문이었다.

결국 '성서적'이라는 것은 성경에 문자적으로 기록된 내용을 따르는 것을 넘어서서 성서 해석의 문제까지 포함한다. 과거에는 교황과 교회 회의가 성서 해석의 권한을 독점했었다면, 이제는 성서를 그 의

Desiderius Erasmus

미대로 해석해야 할 시기가 도래한 것이었다. 루터는 이렇게 말했다. "성서는 성서 그 스스로 해석자이다."

그다음 단계에서 문제로 등장한 것은 라틴어로 번역된 성경 불가타(*Vulgate*)였다. 불가타는 382년 교황 다마수스 1세의 지시로 히에로니무스가 시작한 번역 작업으로부터 나온 성경이다. 처음에 구약을 70인 역 헬라어 구약성경에서 번역했다가 다시 히브리어 원전 번역으로 변경하고, 여기에 헬라어 신약성경을 다시 라틴어로 번역한 역작이었다.

하지만 이후 필사본 성경 제작 과정에서의 실수와 개정 작업에 반영된 의도적 오류로 인하여 원래의 번역이 손상되었다. 이러한 문제점들을 발견한 학자들이 바로 르네상스-인문주의 운동에 동참했던 학자들이다.

르네상스-인문주의는 이탈리아에서 발원하여 알프스산맥을 건너 북으로 올라오면서 '기독교 인문주의' 또는 '성서적 인문주의'의 성격으로 변화하였다. 다시 말하면 고대의 고전 탐구를 목표로 시작한 운동이 이제는 성경 원어 연구로 바뀌었다는 것이다. 이 운동의 거장이 에라스무스(Desiderius Erasmus, 1466?~1536)였다. 그는 우리에게 『우신예찬』이라는 당시의 베스트셀러로 유명한 인물인데, 신학적으로는 헬라어 신약성경(*novum instrumentu omne*, 1516)을 편찬하여 불가타 성경의 왜곡 번역을 바로잡은 것으로 알려져 있는 인물이다.

그는 헬라어 성경을 편찬하며, 에베소서 5장 32절 말씀에서 결혼을 "비밀"(*μυστηριον*)이라고 번역하지 않고 "성례"(sacramentum)라고 번역한 불가타 성경의 오류를 지적하였다. 이것은 인문주의자들이 발견한 오류, 즉 "혼배성사"를 지지하기 위한 대표적인 왜곡 번역의 사례였다. 또한 마태복음 4장 17절 예수께서 "회개하라"(*Μετανοει τε*)고 하신 말씀도 불가타의 라틴어로는 "회개를 행하라"(*poenitentiam agite*)라고 잘못 번역된 것을 바로잡았다. 이로써 마치 회개는 마음이 참회의 상태로 돌이키는 것으로는 충분치 않고, 고해성사 때에 사제로부터 주어지는 보속의 명령까지 행동에 옮겨야만 회개가 이루어진다는 오해와 왜곡을 피할 수 있었다.

인문주의자들의 노력을 통해 번역에 반영한 당시의 또 한 가지 오류는 누가복음 1장 28절에서 가브리엘 천사가 마리아를 부른 것을 "은총이 가득한 자여"(*gratia plena*)라고 번역한 것이었다. 로마 가톨릭교회는 이 번역을 토대로 "마리아가 하나님의 은총을 저장하고 나누어 줄 수 있다"는 주장을 하였지만, 올바른 번역은 "은총을 받은 자"(*κεχαριτωμενη*) 또는 "은총을 입은 자"라고 해야 마땅하다.

IV. 루터와 성경

성경을 자국어로 번역한다는 것은 엄청나게 중요한 일인 동시에 매우 어려운 작업이다. 헬라어와 라틴어 사이의 문화적 차이 때문에 언어 간의 번역에도 오해가 생긴다. 아주 다른 문화권으로 건너간 번역은 번역자의 수고만큼이나 번역자의 의도가 깊이 반영된다. 여기서 우리는 성경을 원문의 의미대로 번역하는 일이 어떤 의미인지 깨닫게 된다.

독일어 루터 성경은 지금까지도 독일 개신교회에서 어법만 바꾸어 사용하는 매우 사랑받는 번역이다. 그는 에라스무스가 편찬한 헬라어 신약성경을 독일어로 옮겼다. 루터판 신약은 1521년에 번역하여 1522년 9월에 출판한 소위 '9월 성경'이다. 이후 구약성경까지 완성하여 1534년에 독일어 신구약 성경이 완성되었다.

루터의 독일어 번역 성경은 당시 발달하기 시작한 인쇄술의 덕을 톡톡히 보았다. 과거의 인쇄술로는 저렴한 가격에 수많은 성경을 반포할 수 없었을 터였지만, 발달한 인쇄술과 종이 덕분에 루터 성경은 널리 퍼질 수 있었다. 중요한 것은 독일어를 읽지 못하면 번역 성경도 무용지물이라는 점이다. 루터의 독일어 성경은 성경이기 이전에 독일어 문법과 표현법 그리고 어휘까지 정리한 매우 훌륭한 독일어 교과서 역할도 하였다. 귀로 들어도 이해 못 하던 하나님의 말씀을 듣고 이해할 수 있게, 더 나아가서 눈으로 읽고 이해할 수 있도록 시작한 이가 바로 종교개혁자 루터이다.

당시의 라틴어 성경전서를 한번 대면해 보면, 그 크기에 놀라고 또 그 화려한 장식에 더 놀란다. 이전까지 라틴어로 필사된 성경은 희귀하기도 하고 또 이해하지 못할 학문적 언어로 되어 있어서 일반 신자들에게는 접하기 어려운 책이었다. 심지어 사제서품을 받은 사람들 중에도 성경을 제대로 읽어보지 못한 경우가 허다하였다. 성경은 필수 과목이 아니었을 뿐만 아니라, 사제가 되려는 자에게 우선적으로 부과된 과제는 교회의 기본적 신학 입장과 교회의 예전 집례 방법을 배우는 것이었기 때문이다.

학생들은 어릴 적부터 성당 부속 학교에서 라틴어를 배우고 대학에 입학하여 문법, 수사, 논리의 3학(*trivium*)과 산술, 기하, 천문, 음악의 4학(*quadrivium*)을 배운 뒤에 문학사(Artes Liberilis)가 되었다.

상위 과정은 신학, 법학, 의학으로 이루어져 있다. 당시의 신학교육은 스콜라주의 신학의 교육 방법에 따라서 진행되었다. 교과서는 스콜라주의 신학자 롬바르두스(Lombardus)의 『명제집』(*Sententia*)이라는 신학 주제집이었다. 이 책은 로마 가톨릭교회의 교리서였고, 이 책에 대한 주석(Commentary)을 쓰는 것이 신학생들의 졸업 과제였다. 그러니까 중세 후기에는 성경 본문을 놓고 연구하는 것보다 교리 공부를 하는 것이 더 우선이었다는 뜻이다.

읽을 수 없는 라틴어 대신에 누구라도 읽을 수 있는 독일어 성경이 등장했다는 사실은 매우 커다란 충격이 되었다. 당시 가톨릭교회는 거룩하지 못한 자국어로 성경 번역하는 것을 금지하였기 때문에 독일어 성경이 출판된 순간 루터는 가톨릭교회법 위반자가 된 것이다. 루터의 독일어 성경은 매우 인기가 있었으나 루터에 반대하는 제후는 독일어 성경 반포를 금지했고, 심지어는 회수 명령까지 내렸다. 그러나 금지명령이 엄격해질수록 자기 나라말로 성경을 읽으려는 사람들의 요구가 더욱 거세어졌고, 루터의 독일어 성경은 인쇄술의

루터의 독일어 신약성경 (9월 성경, 1522년)

발달과 함께 전 독일로 퍼져나갔다. 지금도 루터가 그 성경을 번역하였던 바르트부르크(Wartburg) 성채의 박물관에는 당시 루터가 번역한 독일어 성경이 전시되어 있다.

"오직 성경으로!"(*sola scriptura*)라는 구호는 "오직 신앙으로!"(*sola fide*)와 "오직 은총으로!"(*sola gratia*)라는 말과 함께 종교개혁의 3대 표어를 이루는 구호이자 종교개혁을 한마디로 요약할 수 있는 구호이다. 후기 중세 스콜라주의 신학에서 성경이 어떤 역할을 하였는지는 저 유명한 『신학대전』을 들추어 보면 단번에 알 수 있다. 미완성으로 남았음에도 방대한 이 저서는 가톨릭 신학의 총서로, 토마스 아퀴나스가 스콜라주의 신학 방법인 변증법을 사용하여 저술한 대작이다.

변증법이란 어떤 명제를 제시하고(*ad primum*), 그 반대 명제를 내세워 이를 논박한 후에(*sed contra*) 결론으로 자신의 명제(*respondeo*)를 세워나가는 방법이다. 이런 증명 과정에서 성경은 아무런 역할도 하지 않는다. 대신 가장 중요한 논증 도구는 '이성'(*ratio*)이다. 더 쉽게 말해 스콜라주의 학자들은 성경을 전혀 인용하지 않고 인간의 이성에 호소하여 논리적으로 가톨릭교회의 교리를 증명하려고 시도하였다. 이러한 스콜라 신학의 방법에 대하여 루터는 동의할 수 없었으며, 그 속에서 어떤 진리도 발견할 수 없다고 보았다. 1521년 4월 18일 보름스(Worms), 황제와 제국의회 앞에서 심문을 받던 중에 루터가 남긴 말을 보면 성경에 대한 루터의 사랑을 알 수 있다.

> 내가 성경의 증거나 분명하고 명백한 주장에 설득되지 않는 한, 나는 교황이나 공의회 중 어느 쪽도 믿지 않습니다. 왜냐하면 그들이 여러 차례 착각하고 있으며 스스로 모순이 되었다는 점이 분명하기 때문입니다. 나는 내가 인용한 성경 말씀에 설득당하였으며, 나의 양심은 하나님의 말씀에 포로가 되었습니다. 그러므로 나는 아무것도 취소할 수도 없고 취소하지도 않을 것입니다. 왜냐하면 양심을 거슬러 행동하는 것은 어려운 일이고, 해로우며, 위험하기 때문입니다. 하나님이여 나를 도우소서. 아멘.[1]

이 말을 마친 루터는 더 이상 공적인 자리에 나타날 수 없었다. 보름스 제국회의가 루터를 숨겨주는 자까지도 처벌하겠다고 공식 선포하였기 때문이다. 루터는 비텐베르크를 다스리던 작센의 선제후(황

---

1 "Es sei denn, dass ich durch Zeugnisse der Schrift überwunden werde oder durch klare, offenkundige Argumente; denn ich glaube weder dem Papst noch den Konzilien, allein darum, weil es am Tage ist, dass sie sich mehr- mals geirrt und sich selbst widersprochen haben. Ich bin überwunden durch die Schriftstellen, die von mir angeführt worden sind, und gefangen im Gewissen an dem Wort Gottes. Deshalb kann und will ich nichts wi- derrufen, weil gegen das Gewissen zu handeln schwierig, schädlich und gefährlich ist. Gott helfe mir, Amen."

제를 선출할 권한을 가진 7명의 제후 가운데 한 사람) 프리드리히 현공(Friedrich der Weise)의 지시로 바르트부르크(Wartburg)성에 유폐되어 보호를 받았다. 바로 거기서 10여 개월을 머물면서 루터는 신약성경을 독일어로 번역하였다.

여기서 우리는 하나의 패러다임 변화를 느껴야 한다. 패러다임이란 한 시대를 끌고 나가는 대표적인 '틀거리'라고 부를 수 있다. 이성이 신앙으로 대치되었고, 교리가 성경으로 대치되었다. 패러다임의 변화는 새 시대, 새 교회, 새 신앙을 요구하였다.

앞서 언급한 대로 이미 위클리프에 의하여 1380년경에 영어로 번역된 성경이 등장하였다. 그래서 요즈음의 종교개혁 연구는 종교개혁자의 범위를 영국의 위클리프(John Wycliff)와 1400년대에 프라하에서 활동했던 후스(Jan Hus)까지 포함하고 있다. 그러나 이들과 루터는 성경을 보는 시각에 있어서 큰 차이가 있다.

위클리프는 성경의 중요성에 대해 강조하기는 하지만 성경을 "하나님의 법"(lex Dei)으로만 생각하는 반면에 루터는 성경을 "하나님의 복음"으로 여겼다. 다시 말하면 아직 위클리프는 성경을 율법적인 차원에서 소중하게 여긴다는 말이다.

하지만 루터는 자신의 영적 시련을 통하여 율법적인 성격 이해를 넘어서서 성경을 복음으로 바라보았다. 과거 수도사 시절에 루터는 언제나 진노하시는 하나님을 두려워하며 살았다. 수도사가 되었어도 자신이 구원받을 수 없을지 모른다는 영적인 시련을 겪었다. 그러나 그가 성경을 읽으면서 공포와 고통에서 벗어나 구원의 희망을 발견하고는 기쁨의 사람으로 변화하였다.

여기서 루터보다 100년 전에 보헤미아의 종교개혁을 이끈 후스가 남긴 말을 들어 보자. "나는 자신의 악한 욕망 때문에 어렸을 때 빨리 사제가 되어 좋은 집에 살며 화려한 옷을 입고 사람들의 존경을 받으려고 했다. 그러나 성경을 알게 되면서 그것이 악한 욕망임을 알았다." 이 말은 후스가 남긴 "내가 성경을 알았을 때"라는 유명한 연설문에 나오는 말이다.[2]

마찬가지로 루터 역시 성경을 읽었을 때 깨달았다. 자신이 그동안 진노의 하나님이라고 생각하며 두려워했던 그분은 자기 자신을 그리스도라는 모습으로 세상에 드러내시고 십자가에 달리신 그리스도를 믿는 자에게 구원의 약속을 주셨다. 이것은 성경을 몰랐다면 결코 깨달을 수 없었던 진리이다.

사람이 자신의 죄를 자기의 노력으로 낱낱이 다 씻어내어야 구원을 받게 되는 것이 아니다. 하나님께서는 우리의 믿음으로 보시고 우리를 의롭다고 인정해 주셨으며(롬 4:3), 이것을 깨닫게 해 준 것이 성경이었다. 성경 말씀이 절망에 빠진 루터를 건져내었다. 종교개혁의 생명력은 바로 여기에 있는 것 아닐까? 성경은 좌우에 날 선 검처럼 우리의 골수를 쪼개어 우리 속사람을 바꾸어 놓는 것이 아닌가? 루터가 느꼈던 그 큰 기쁨을 우리 역시 느끼는 순간 우리도 믿음으로 구원을 받은 것이다.

루터는 영적 스승인 슈타우피츠(Staupitz)의 도움을 받아 비텐베르크에 있는 아우구스티누스 수도원으로 자리를 옮기고 성경 연구에 몰두하여 신학 박사 학위를 받았다. 당시 아우구스티누스 전체 수도원 총부원장이며 비텐베르크 대학 신학부 교수였던 슈타우피츠는 교수직을 루터에게 물려주어 성경 강의를 할 수 있도록 해 주었고,

---

2 토마시 부타/이종실 옮김, 『체코 종교개혁자 얀 후스를 만나다』(동연, 2015), 22.

루터는 그해 1513년 시편을 강의하며 진지하게 성경의 본문들과 마주할 수 있게 되었다.

　루터는 1515년부터 로마서를, 1516년부터는 갈라디아서를, 1517년부터는 히브리서를 강의하였다. 이것을 초기 성경 강의라고 부르는데, 루터의 종교개혁적 신학 사상 대부분은 이 초기 성경 강의 시절에 기초가 형성된 것이 분명하다. 성경이 그의 인생에 어떠한 영향을 끼쳤는지 그리고 그가 어떤 깨달음을 얻었는지에 관하여 루터는 죽기 1년 전(1545년)에 다음과 같은 글을 남겼다:

나는 로마서, 갈라디아서, 히브리서를 강의한 후에 확신을 가지고 시편으로 다시 돌아왔습니다. 로마서를 통해 바울을 제대로 알기 원하는 열정이 나를 사로잡고 있었습니다. 그때까지 내게 해결되지 않은 한 단어는 로마서 1장 17절에서 하나님의 의가 복음에 나타났다는 말이었습니다. 왜냐하면 나는 '하나님의 의'라는 단어를 미워했고, 하나님의 의는 죄인을 벌하시는 의로 가르쳐왔기 때문입니다.

수도사로서 흠 없이 살아온 나는 늘 하나님 앞에서 죄인이라고 느꼈고, 내 양심은 불안했으며, 행위를 통하여 화해되기를 바랄 수 없었습니다. 나는 죄인을 벌하시는 의로우신 하나님을 사랑하지 않았으며 오히려 그를 미워했습니다. 나는 원죄로 저주받은 인간들이 다시 십계명이라는 율법으로 억눌려 있다고 말함으로써 하나님에 대하여 불쾌하게 여겼습니다. 나는 혼란에 빠져서 하나님은 복음을 통해서 우리의 고통을 가중시키는 분이며, 복음을 통해서 당신의 의로우심과 분노를 우리에게 드러내고 계시다고 항변했습니다.

그런데도 로마서에서 바울은 무엇을 깨닫고 살았는지 너무도 궁금했습니다. 그래서 이 구절에 끊임없이 매달렸던 것입니다. 그때 하나님이 나를 긍휼히 여겼습니다. '하나님의 의가 복음에 나타나서 기록된바 의인은 믿음으로 산다'는 말은 하나님이 우리에게 주시는 선물임을 깨달았던 것입니다. 나는 다시 태어났고, 문은 열렸고, 이제는 낙원으로 들어갔다고 생각했습니다. 바로 그때부터 성경 전체가 나에게 전혀 다른 얼굴을 보여주기 시작했습니다. 그리고 다른 본문에서도 이와 같은 내용들을 발견할 수 있었습니다. 전에는 가장 두려워했던 '하나님의 의'라는 말이 이제는 가장 달콤한 말이 되었습니다(WA 54, 185-186).

이제 루터가 성경과 하나님의 말씀을 어떻게 이해하였는지 요약해 보자. 하나님의 말씀은 예수 그리스도라는 모습으로 우리에게 나타난 말씀인데, 이 말씀은 복음 선포를 통하여 하나님을 우리에게 알려 준다. 이 말씀의 기록된 형태가 성경인데, 루터가 성경 강의를 통하여 발견한 것을 한마디로 요약한다면 "성경의 중심이 되신 그리스도"이다.

그는 성경 각 권의 다양성을 알고 있지만, 성경 전체가 오로지 그리스도를 향하고 있다는 것은 의심할 여지 없다고 생각하며 이렇게 말하였다. "성경에서 그리스도를 취해 보라, 그 외에 당신은 성서에서 무엇을 더 발견할 수 있는가?"(에라스무스에게 보낸『의지의 노예에 관하여』에서)

성경은 구약과 신약으로 나뉘어 있고 율법과 복음을 담고 있지만, 모두가 직접적이든 간접적이든 그리스도에 대한 증거이다. 그리스도는 안식일과 율법과 만물의 주님이 되시므로 성경을 이해할 때는 그리스도의 반대 방향이 아니라 그리스도를 향하여 이해해야 한다. 동시에 성경은 스스로의 해석자이다. 그러므로 다른 제도나 기구, 다시 말하면 교황이나 주교들만이 유일한 성경의 해석자가 될 수는 없다.

루터는 구약과 신약의 관계를 이렇게 설정하였다. 구약은 그리스도에 대한 언약이며, 신약은 옛 약속의 성취라고 말이다. 그래서 신약은 구약의 본래적 의미를 알려주는 것이며, 신약을 읽는 것은 마치 누군가 봉인된 편지를 가지고 있다가 여는 것과 마찬가지이다.

앞에서 우리는 정경(canon)에 관하여 언급하였다. 루터는 정경에 포함된 성경이 사도들과 밀접한 관련이 있어야 한다는 것과 초대교회의 동의가 있어야 한다는 것뿐만 아니라 그 내용이 그리스도를 증거하는 진리를 담고 있어야 한다고 주장하였다. 비록 루터가 참된 믿음의 조건으로 선행을 강조한 야고보서를 "지푸라기 서신"이라고 부른 적이 있지만, 야고보서의 정경성을 부인하지는 않았다. 루터의 이 말을 놓고 마치 야고보서를 무시한 것으로 오해하는 분들을 가끔 보는데, 야고보서에서 강조할 수밖에 없었던 '선행'에 관한 내용이 복음의 핵심인 로마서의 칭의를 가린다고 염려하였기 때문일 뿐이었다.

야고보서, 요한계시록 같은 성경은 루터가 그다지 사랑하지는 않았던 성경이다. 반대로 루터가 모든 성경 중에서 참된 알맹이라고 생각했던 성경들은 복음서와 요한 일서 그리고 바울 서신들 중에서도 특히 로마서, 갈라디아서, 에베소서, 베드로전서였다. 루터는 그 성경들이 그리스도에 대한 신앙이 어떻게 우리로 하여금 죄에서 벗어나서 생명과 구원과 의의 길로 들어서는가에 대하여 바르게 증언한다고 보았기 때문이다.

루터는 또 하나님의 말씀을 율법과 복음으로 구분하였다. 그리고 율법과 복음에 대해 구약과 신약이라고 나누기보다는 구약 안에는 율법이 더 많고 신약 안에는 복음이 더 많다고 말하였다. 하나님의 말씀인 성경을 율법적으로 읽을 것인가? 아니면 복음적으로 읽을 것인가? 문제는 여기에 달려있다고 해도 과언이 아니다.

창세기 9장에 나오는 노아의 홍수 이야기 말미에 하나님이 노아와 언약을 맺으면서 남긴 명령이 있다. "사람이 다른 사람의 피를 흘리면 그 사람의 피도 흘릴 것이니 이는 하나님이 자기 형상대로 사람을 지으셨음이니라"(창 9:6)라는 말씀이다. 이 명령의 핵심은 결코 동태 보복이 아니다. 레위기나 신명기 법전에 나오는 "눈에는 눈, 이에는 이"라는 동일 보복 원리를 따른 법전 내용은 예수 그리스도에 의하여 완전히 그 의미를 전환한다.

예수는 이렇게 가르쳤다. "또 눈은 눈으로 이는 이로 갚으라 하였다는 것을 너희가 들었으나(출 21:24; 레 24:20; 신 19:21) 나는 너희에게 이르노니 악한 자를 대적하지 말라. 누구든지 네 오른편 뺨을 치면 왼편도 돌려대며, (중략) 나는 너희에게 이르노니 너희 원수를 사랑하며 너희를 박해하는 자를 위하여 기도하라"(마 5:38-44).

예수는 구약 창세기의 명령을 하나님이 당신의 형상대로 지은 사람끼리 서로 피를 흘리며 당한 대로 갚아도 된다는 뜻으로 이해하지 않았다. 예수는 하나님 말씀의 진의(眞意)를 파악하였기에 보복하지 말라고 가르친 것이다. 그래서 예수는 복음을 의미한다. 이와 마찬가지로 성경을 율법적으로 읽지 말고 복음적으로, 다시 말하면 생명을 죽여도 좋다는 쪽이 아니라 생명을 살리는 쪽으로 읽어야 한다는 것을 분명하게 천명한 것이 루터의 성서 해석 방법이었다. 이런 방식으로 모든 성경을 다시 읽어보라. 다르게 보일 것이다.

성경을 율법과 복음으로 구분하는 일은 신학과 신앙의 기초이다.

종교개혁 초기에 루터는 가톨릭교회의 행위 중심 구원관과 투쟁하였다. 율법적 수행으로 구원받을 수 없다는 사실을 복음과 만나면서 깨달았기 때문이다. 그래서 루터는 가톨릭교회의 율법주의적 입장에 대하여 복음의 은총을 강조했다. 이런 깨달음은 당연히 율법과 복음이라는 구분법에서 나왔다.

그런데 종교개혁 후기로 오면서 상황이 달라졌다. 루터의 추종자들 가운데에 일부가 율법 무용론을 들고나와서는 회개하고 의롭다 인정받은 후에 율법은 용도폐기 되어야 한다고 주장하였다. 이들을 율법 폐기론자라고 부르는데, 루터는 이들에게 "율법을 폐기하는 자는 복음을 제거하는 자"라고 비판하였다.

루터가 죽은 후에도 이 논쟁은 계속되어 극단적인 율법 폐기론자들은 자기들이 루터의 가르침을 가장 잘 따르고 있다고 주장하면서 율법의 기능을 인정하는 사람들을 정죄하려고 하였다. 결국 이런 문제 때문에 루터파 내부에 분열이 생겼고, 루터의 동료요 후배 신학자 가운데 루터의 사랑을 가장 많이 받았던 멜랑히톤(Philipp Melanchthon)이 이 문제를 잘 정리하였다.

그는 율법의 시민적 기능과 신학적 기능을 가르친 루터를 보충해서 율법의 제3사용에 대해서 말하였다. 시민적 기능은 사회 전반의 법적 질서를 말하는 것이고, 신학적 기능은 하나님 앞에서 죄를 깨닫게 하는 기능이라고 할 수 있다. 이에 반해 제3사용이란 율법의 교훈적 기능을 말한다. 그러니까 믿음으로 말미암아 구원받은 인간에게 더 이상 율법이 필요 없는 것이 아니라, 율법은 구원받은 인간이 바른길을 갈 수 있도록 교훈적인 역할을 계속 담당한다는 것이 율법의 제3사용 이론이다.

V. 칼빈과 성경

이제 스위스 제네바에서 종교개혁 운동을 시작했던 칼빈에 대하여 생각할 차례이다. 칼빈은 루터와는 사뭇 다른 인생 여정을 걸어온 개혁자인데, 스위스의 개혁자이지만 본래 출신은 프랑스 노용이다. 노용 대성당 행정관을 지낸 아버지의 후원으로 칼빈은 법학자의 길을 충실히 걷고 있다가 종교개혁 사상을 접하고 회심하게 되었다. 루터의 영향을 받고 나서 1536년에 기독교 신앙을 요약해 놓은 책을 출판하였는데 이 책이 바로『기독교 강요』초판이다.[3] 이 책은 당시에 무척이나 인기 있는 책이었고, 평생 걸린『기독교 강요』최종판 (1559)은 개신교 신학의 중요한 조직신학 교과서가 되었다.

처음에 이 책은 루터의 영향으로 요리문답 형식을 갖추었기에 십계명, 주기도문, 사도신경, 성례전이라는 내용으로 구성되었다가 나중에는 신론, 기독론, 성령론, 교회론이라는 조직신학적 형식으로 발전하였다. 앞에서 언급하였던 후기 중세의 교과서인 롬바르두스의『명제집』을 대체하는 놀라운 명저가 탄생한 것이다.『명제집』이 스콜라주의 신학의 학풍대로 성경보다 이성을 중시하는 서술을 하였다면,『기독교 강요』의 중심에는 성경이 자리하고 있다. 그래서 칼빈은 "누구든지 성경의 제자가 되지 않고는 참되고 정당한 교리에 관해서 적은 지식도 가질 수 없다"고 말하였던 것이다.

3『기독교 강요』는 원제목이 *Institutio Christinae Religionis*이며, 직역하면 기독교 종교의 토대라는 의미이다. 기독교 강요(基督敎綱要)라는 번역이 여기서 나온 말로, 기독교의 핵심적 교리라는 뜻이다. 1536년 나온 초판과 1559년 라틴어 최종판이 나왔으며 이 두 가지 모두가 우리말로 번역되어 있다. 신앙의 의미를 찾는 독자들께는 초판 정독을 권한다. 존 칼빈/양낙흥 역,『기독교 강요』(크리스천 다이제스트, 2016).

그는 루터와 마찬가지로 로마 가톨릭교회의 성경관과 투쟁하였다. 그는 교회의 권위를 무시하지는 않았지만, 교회의 권위가 성경의 권위 아래에 있다고 주장하였다. 성경의 저자는 하나님이며 하나님께서 저자가 되신다는 것을 성령이 증언하므로 성경은 인간의 이성이나 그 어떤 다른 것으로 이해할 것이 아니라 오직 성령의 내적 증거를 통하여 해석하여야 한다는 것이다. 성령의 내적 증거에 관한 칼빈의 강조를 오해한 열광주의자들은 하나님의 말씀과 기록된 성경을 분리하여서 기록된 말씀 외에 성령을 통한 새로운 계시를 주장하기도 하였다. 그러나 칼빈은 성경을 버리고 그 어떤 다른 방법을 통해서 하나님과 만날 수 없음을 분명히 하였다.

『기독교 강요』는 여러 차례 개정되었고 불어로도 번역 출판되었다. 처음에는 가로 10cm, 세로 15cm 정도의 소책자였던 것이 개정되면서 크기도 가로 20cm, 세로 32cm로 확대되었고, 그 분량도 엄청나게 늘어났다. 우리 모두가 이 책을 다 읽어보면 좋겠지만 형편이 그렇지 못하므로 여기서 그 내용만이라도 소개해 보려고 한다. 왜냐하면 『기독교 강요』의 내용은 모두가 성경 중심으로 되어 있기 때문이다.

이 책 최종판은 전부 4권으로 구성되었는데, 그 근본 구조는 사도신경이다. 1권은 창조주 하나님에 관한 지식, 2권은 그리스도에 대한 지식, 3권은 은총을 얻게 하는 성령에 대한 지식, 4권은 교회 공동체에 관한 내용으로 구성되어 있다.

『기독교 강요』는 어떻게 우리가 하나님을 알 수 있는지를 말하면서 성경적 신 인식을 가르치고 있다. 인간은 자연적으로 하나님을 알도록 창조되었는데, 무지와 악의가 우리 본성을 더럽혀서 더 이상 하나님을 아는 지식이 부족하게 되어버렸다. 그러므로 하나님께로 나

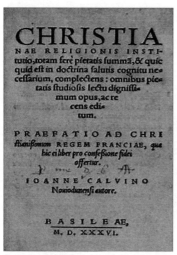

『기독교 강요』초판 (*Institutio Christinae Religionis*, 1536)

아가려면 우리는 성경을 통하여 하나님을 알아야만 하고, 성령을 통하여 성경의 권위를 깨달아야 한다. 칼빈이 여기서 강조하는 것은 교회가 세운 전통이 신앙의 근거가 되는 것이 아니라 성령의 증거에 힘입은 성경이 신앙의 근거가 된다는 점이다.

마찬가지로 성경은 우리에게 구원의 길에 대해서도 가르치고 있다. 우리를 구원하시는 하나님이 구약 율법 아래에서는 조상들에게 나타나셨고, 복음 아래에서는 우리에게 구속주 하나님으로 나타나셨으니 이것이 곧 그리스도를 아는 지식이다. 또 성령의 사역에 대한 성경적 증거를 우리에게 제시하고 있다. 다시 말하면 하나님께서 우리를 그리스도와의 사귐에 초대하시고, 우리로 하여금 그 안에 머물게 하시는 외적인 수단과 도움에 관한 성경적 설명이다. 이것은 우리의 신앙생활을 규정한다.

그리고 마지막 권에서는 교회와 직분에 대하여 가르치고 있다. 인간적인 계승과 전통이 아니라 하나님의 말씀에 교회와 직분의 정당성이 있다는 그의 가르침을 통하여 『기독교 강요』는 신학 연구를 넘어 성경을 읽는 안내자의 자리를 차지하게 된 것이다.

VI. 오늘날 성경은?

보통 종교개혁의 모토를 다음의 세 가지로 요약한다. "오직 신앙으로"(*sola fide*), "오직 성경으로"(*sola scriptura*), "오직 은총으로"(*sola gratia*). 이 글에서는 두 번째 모토인 성경을 다루었다. 하지만 이 세 가지는 본래 따로 떼어 생각할 수 없다. 신앙과 성경과 은총 이 세 가지 항목은 서로가 밀접하게 연관되어 있다는 뜻이다. 성경은 신앙의 뿌리이고, 신앙은 은총으로 주어지는 것이기 때문이다. 제대로 된 신앙이 없다면 성경을 올바로 이해할 수 없는 것도 당연하다.

500여 년 전 종교개혁자들이 성경의 중요성을 재발견하였다는 것은 신앙의 뿌리를 재발견하였다는 의미이다. 뿌리가 없거나 뿌리를 모르는 신앙은 마치 모래 위에 지은 집과 같이 흔들리기 쉽다. 더 두려운 것은 뿌리를 모르는 신앙이 변질되면 교회와 사회에 심각한 혼란을 준다는 점이다. 그래서 종교개혁자들은 성경의 중요성을 다음과 같이 확고히 하였다.

> 첫째, 성경의 원문을 찾아 그 의미를 정확하게 해석하려고 노력하였다.
> 둘째, 성경을 모국어로 번역하여 신자들이 직접 성경을 읽을 수 있도록 하였다.
> 셋째, 교회에서 성경을 강해하여, 신자들이 이해할 수 있도록 안내하였다.
> 넷째, 정도의 차이는 있지만, 성경을 우리 신앙과 삶의 기준으로 삼도록 하였다.

William Tyndale

 1521년 4월 보름스 제국회의에서 심판받은 루터가 바르트부르크성에 숨어서 번역한 독일어 신약성경이 자국어로 번역한 최초의 성경인 것은 아니다. 하지만 그리스어 원문에서 번역했으며 수준 있는 독일어를 구사한 성경 번역이라는 점에서 그 가치가 매우 높다. 그래서 루터의 독일어 번역 성경은 종교개혁 운동의 핵심적인 작업이기도 하지만, 독일어를 연구하는 어문학자들에게도 매우 중요한 연구 자료이다. 오늘날까지도 루터교는 루터가 번역한 성경을 사용하고 있다.

 성경을 자국어로 번역한다는 것은 루터 이후에도 목숨을 거는 일이었다. 영국의 틴들(William Tyndale, 1494~1536)은 루터의 독일어 성서 번역에 자극을 받고 원문으로부터 영어 성경을 번역하는 일에 목숨을 걸었던 개혁자였다. 그의 영어 신약성경은 1526년 독일 보름스에서 인쇄되었고, 영국 전역으로 퍼져나갔다.

 틴들은 그리스 원문에 근거하여 신약성서를 번역하면서 에클레시아(*ecclesia*)를 '교회'(church)가 아니라 '모임'(congregation)이라고 번역하였다. church는 독일어로 Kirche(키르케)인데, 이 용어는 기구적인 조직을 의미한다. 하지만 원래 에클레시아의 의미는 어원으로 볼 때 "무엇 무엇으로부터 불러냈다"(ek-kaleo)는 의미이다. 그래서 에클레시아는 하나님이 불러낸 사람을 의미한다. 루터 역시 Kirche보다 Gemeinde라는 단어를 사용한다. 이것은 공동체라고 번역되는데, 오늘날 독일교회는 두 단어를 합쳐서 "교회 공동체"(Kirchengemeinde)라고 부른다.

프레스비테로스를 '사제'라고 번역한 라틴어 성경과 달리 틴들은 '장로'라고 번역했으며, 아가페도 '자선'이라고 하지 않고 '사랑'으로 바로잡았다. 특히 '고해'라는 번역을 지양하고 '회개'로 바로잡았다. 영국의 가톨릭 대주교들은 이런 이유로 틴들 번역 성경을 금지하고, 틴들을 체포하여 화형에 처하였다.

하지만 번역된 성경을 손에 쥔 신자들이 자기 눈으로 직접 하나님의 말씀을 읽게 됨으로써 그들은 성경에 나오는 하나님의 말씀에 근거하여 종교개혁 운동에 동참할 수 있게 되었다. 루터가 가톨릭에 대항하여 주장했던 것들이 성경에서 확인할 수 있는 내용이었다는 사실을 이해하는 순간 종교개혁 운동은 강력한 추진력을 얻을 수 있었기 때문이었다.

파렐(Guillaum Farel)의 강력한 요청으로 스위스 제네바에서 종교개혁 운동에 동참했던 칼빈은 그의 강력한 개혁을 반대하는 시의회에 의하여 3년 만에 추방을 당하였다. 이후 그는 프랑스 난민들이 모인 스트라스부르크의 부끌리에(Bouclier)교회에서 3년간 목회한 끝에 다시 제네바의 개혁자로 부름을 받았다. 그때 그는 다시 돌아오자마자 쓰라린 추방을 당한 과거에 대해서 아무 말도 하지 않고, 3년 전 중단한 성경 강해를 이어서 진행했다고 한다. 무슨 말이 더 필요하겠는가? 종교개혁 운동에 가장 중요한 것은 성경이 스스로 말하게 하고, 성경이 직접 가르치게 하는 것 아니겠는가?

지금까지 종교개혁 운동의 의미를 성경을 중심으로 설명했다. 한국에 기독교가 전래될 때 역시 성경은 중요한 역할을 했다. 가톨릭이 교회 조직 중심의 신앙 구조를 지녔다면, 개신교는 성경 중심으로 보아야 마땅하다. 가톨릭교회가 성경 해석의 권위를 교회 조직에 둔 것은 성경 해석의 일치라는 장점을 가지고 있다. 하지만 성경은 그렇게 손쉽게 단일한 해석을 할 수 있는 책이 아니다. 성경 자체가 성경의 해석자라고 루터가 말한 것이나 성령의 조명이 성경을 해석한다는 칼빈의 말은 성경 해석을 둘러싼 그 당시의 문제점들을 언급한 것이다.

종교개혁 이후 성경을 해석하는 신학적, 해석학적, 역사적 방법들이 등장하였다. 이제는 성경을 읽고 해석하는 기본적인 방법도 알아야 하는 시대가 되었다. 우리가 여전히 문자적인 성경 읽기 수준에 머무른다면 성경은 우리에게 알려줄 것이 많지 않다. 때때로 서로 상반되는 듯이 보이는 문자적 내용을 서로 통하도록 해석해낼 방법이 무엇인지 알기 위해서는 역사 해석학의 도움을 받아야 한다. 만일 신학적인 도움을 받지 않고 자의적으로 해석하게 되면 걷잡을 수 없는 해석상의 혼란을 겪게 된다. 그뿐만 아니라 개신교는 교파마다 그리고 교회마다 서로 다른 해석으로 충돌할 것이 분명하며, 성경을 왜곡하는 사이비 해석자들을 가려낼 수도 없게 될 것이다.

성경을 바르게 해석하고, 해석한 성경 말씀을 근거로 하나님의 말씀을 강단에서 선포하는 일은 일차적으로 목회자의 몫이다. 하지만 이 일이 바르게 이루어지게 되려면 협력이 필요하다. 신학교와 교회 공동체가 협력해야 한다는 말이다.

목회자가 교회에서 해야 하는 가장 중요한 일이 무엇인지 물으면 교회는 늘 설교라고 대답한다. 그래서 목회자를 청빙할 때 설교를 가장 중요하게 생각한다. 그런데 그 목회자가 성경을 올바르게 해석하는지, 그 해석에 합당한 설교를 하는지를 신학적 소양이 부족한 교회 구성원이 어떻게 판단할 수 있을까? 재미있게 예화를 섞어서 설교하고 감정에 호소하는 열정적인 설교를 하여 교인들이 좋아하면 올바른 설교일까? 설교는 올바른 성경 해석에서 나오는 것이다. 그리고 사람의 입으로 전달되는 하나님의 말씀은 반드시 그 사람의 삶을 통하여 전달되어야 한다.

그러므로 신학교에서는 성경을 올바르게 해석하도록 교육하여야 하며, 교회 또한 올바르게 성경을 가르치고 설교하는 목회자를 분별할 줄 아는 판단력을 갖추어야 한다. 신학을 전문으로 공부하지 않은 교인이 어떻게 판단력을 갖출 수 있는지 의아해할지도 모른다. 하지만 이 일은 단번에 되는 것이 아니라 오랜 세월이 필요한 일이다. 쉬운 말로 번역된 성경을 읽어보거나 혹은 오늘 설교의 본문을 펼쳐 놓고 그 앞뒤를 살피며 문맥을 헤아려 보기만 해도 나의 이성과 상식에 합당치 않은 설교를 들으면 목회자에게 질문해 볼 수 있는 길이 열릴 것이다. 그렇게만 되어도 이 문제는 해결의 실마리를 찾을 수 있을 것이다.

성경을 무작정 읽기만 하면 그 내용을 모두 이해하고 해석할 수 있으리라 생각하는 것은 신앙적 교만이다. 사실 성경을 사모하는 마음은 열정에서 나온 것인데, 그 열정이 잘못 이끌리면 교만으로 변한다. 그러다가도 자기보다 더 많이 아는 것처럼 보이는 사람을 만나면 그의 말에 현혹되기 십상이다.

종종 사이비 이단에 쉽게 빠져들어 가는 것은 성경에 대한 열정만 있지, 올바른 해석의 길을 교회에서 발견하지 못하였기 때문이다. 그래서 교회 목회자는 자신을 위해서라도, 교회를 위해서라도 교인들의 성경 이해의 수준을 높이는 일을 게을리하지 말아야 한다. 그리고 다양한 해석이 있다는 것을 알려주어 신앙의 열정을 가진 교인들이 그릇된 유혹에 빠지지 않도록 도와주어야 한다.

성경 해석 앞에서 겸손한 목회자는 성실하게 본문을 연구한다. 그리고 그 본문을 교인들에게 전할 때는 하나님 앞에서 말씀을 전한다는 두려움과 떨림으로 설교한다. 그래서 신앙이란 하나님의 말씀 앞에서 겸손한 것이다.

종교개혁자들이 강조한 성경의 중요성은 오늘날에도 그대로 유효하다. 우리에게 있어서는 이미 500년이라는 세월이 흘렀으며, 토양도 다른 한국 땅이다. 그럼에도 시간과 공간과 문화와 역사를 초월하여 하나님의 말씀이 공통적으로 의미 있는 것은 그 말씀이 사람을 살리는 말씀이기 때문이다. 우리 민족에게 들어온 복음은 암울했던 시절 우리에게 희망을 가져다준 말씀이었다. 그런 정신으로 성경을 사랑한다면 하나님께서는 하나님의 말씀인 성경을 읽고 묵상하는 그리스도인들에게 더 가까이 다가와 우리를 바른길로 안내하여 주실 것이다.

6 장

종교개혁과 교회

I. 올바른 교회상 정립을 위하여

기독교 신학을 가르치는 필자의 세부 전공은 교회사(Church History) 또는 역사신학(Historical Theology)이다. 그래서 그런지 "교회란 무엇인가?"라는 주제는 아주 무겁게 다가온다. 지나간 2,000년 교회의 역사를 돌아보는 작업을 통하여 오늘의 신앙인에게 올바른 교회의 좌표를 설정해 달라는 의미가 담겨 있기 때문이다.

과거 교회의 역사를 있는 대로 기술하면 될 것 같은 작업이지만, 앞 장에서 설명한 역사의 의미를 되새겨본다면 그리 쉽게 교회의 역사를 쓸 수 없다는 것은 자명한 일이다. 그래서 더더욱 제한된 지면에 요약해서 정리할 수도 없다. 이런 방법으로는 2,000년간의 역사를 모두 담아내기에는 무리가 따른다. 그리고 간단하게 교회의 역사를 둘러보고 싶다면 요즈음 앞다투어 출간되는 '이야기 형식의 교회사' 서적 가운데 간단한 것 한두 권쯤 읽으면 될 일이다.

종교개혁과 교회라는 주제가 중요한 이유는 종교개혁 운동이 당시 로마 가톨릭교회의 교회론과 격한 충돌을 하였기 때문이다. 그리고 교회론의 문제는 종교개혁 운동 이후 등장한 다양한 개신교 교파 안에서 서로 다르게 인식되었기 때문이기도 하다. 그만큼 교회에 대한 이해가 필요하다고 본다.

그리스도인들은 대부분 '교회'라고 하면 다 같은 줄 생각한다. 자신이 경험한 교회만을 떠올리기 때문이다. 만일 고등교육을 받은 교회의 직분자들에게 가톨릭교회, 그리스 정교회, 루터교, 성공회, 장로교, 감리교, 침례교, 성결교, 순복음교회, 구세군교회의 차이를 아느냐고 물으면 어떤 대답이 돌아올까? 아마 "교회가 시키는 대로 신앙생활만 잘하면 되지 그것이 왜 중요합니까?"라는 대답일 것이 분명하다. 목회자들에게 같은 질문을 하면 각각 교파의 간단한 특징을 들을 수 있겠지만, 왜 이러한 다양한 교파가 교회의 역사 속에 등장했는지는 쉽게 설명을 듣지 못할 것이다. 신학교 커리큘럼 안에 이런 다양한 교파들에 대한 정확한 이해를 도와주는 과목이 없기 때문이다.

한국에는 유독 '장로교' 간판을 단 교회가 많다. 그런데 장로교의 종류가 수백 가지인 것을 아는 분은 많지 않다. 그리고 그 장로교 중에 서로가 인정하는, 소위 공적인 장로교는 40개 정도에 불과하다. 그 많은 장로교들이 모두 같은 기준으로 교회를 운영하고 있을까? 일반 그리스도인들이 이것을 모르는 것은 당연하다. 모든 교회에 가볼 수도 없고, 이에 관하여 자세하게 객관적으로 배운 적도 없기 때문이다.

장로교만큼은 아니지만 다른 교파들에도 한 교단만 존재하는 것이 아니다. 감리교도, 성결교도 그리고 순복음교회도 분열과 일치의 역사를 기독교 역사 속에 남겼다. 그리고 같은 교파도 어느 나라에 있는 교파인가에 따라 서로 다른 교회의 운영 방식을 지녔다. 예를 들어 독일의 루터교와 미국에서 들어온 우리나라의 루터교는 많이 다르다. 이것은 기독교와 민족의 문화가 만나면 변화가 생기기 때문이다.

어디까지는 변화해도 되고, 어떤 부분은 절대로 변하면 안 될까? 예배 의식은 서로 달라도 될까? 한국교회처럼 세계의 교회도 새벽기도, 수요예배, 금요철야기도회, 주일 오후 예배를 드리고 있을까? 이런 질문을 던지는 의도는 '다양성' 때문이다. 교회는 교회마다 다 다르다. 여기서 우리의 근본적인 질문이 생긴다. 교회라면 같아야 할 본질은 무엇이고, 교회마다 서로 달라도 되는 것은 무엇인지 어떻게 구분하느냐는 질문이다.

필자의 제안은 이런 것이다. 교회의 종류나 역사에 대한 공부는 그리스도인 개인의 몫이다. 자신의 관심에 따라 조금만 수고하면 지식을 얻을 수 있다. 여기서 함께 생각해보자는 것은 생각하는 기준을 찾자는 것이다. 그러기 위해서 필자는 교회를 세 가지로 구분해서 보아야 한다고 생각한다.

첫째는 신약성경 속에서 찾아낸 처음 교회의 모습이다. 예수 그리스도와 가장 가까운 시대에 등장한 교회의 모습이니 아무래도 이 모습을 원래(original)의 모습으로 인정할 수밖에 없다. 오리지널 또는 원조라는 용어는 그 말 자체가 지닌 권위가 강하다. 더구나 신약성경 속에 나오는 교회의 모습이라면 그 누구도 그 권위를 부인하지 못할 것이기 때문이다.

둘째는 역사 속 교회의 모습이다. 신약성경 시대의 교회는 로마제국의 지배 동안 그 지경을 넓혔을 뿐만 아니라 지배 종교로 변화하였다. 그리고 기독교는 세계로 퍼져나가면서 여러 민족과 다양한 문화를 만나서 다시 또 변화하였다. 이것은 역사 속에 남긴 교회의 다양한 발자취이다.

셋째는 미래 교회의 모습이다. 저절로 만들어지는 미래의 교회상이 아닌 그리스도인들이 만들어가기를 간절히 소망하는 교회의 모습이다. 이 모습은 원래 교회의 모습과 역사 속 교회의 모습을 비교하며 반성할 때 소망할 수 있는 것이다.

여기서 한 가지 주목할 것이 있다. 많은 교회와 그리스도인들이 "초대교회로 돌아가자"는 말을 쉽게 하곤 한다. 그것이 마치 역사 속의 교회의 잘못된 모습을 개선할 수 있는 유일한 방법인 것처럼 말이다. 하지만 이것은 2,000년이라는 시간과 수만 킬로미터의 거리와 서로 다른 문화적 배경을 완전히 무시해야 가능한 일이다. 서론에서 언급했지만, 과거로 돌아가는 일은 시간을 과거로 되돌리는 것을 의미하는 말이 아니다. 과거의 시절을 그대로 복원하자는 것은 더더욱 아니다. 그러니 신약성경에 나오는 교회의 모습을 향하여 문자적으로 맹종하자고 달려들면 안 된다는 말이다.

그래서 미래교회의 모습은 결코 초대교회를 복원하는 것이 될 수도 없고 또 그렇게 되어서도 안 된다. 과거를 돌아보는 일은 과거로 돌아가기 위함이 아니라 미래로 나아가기 위함이다. 상업적인 영화이지만 〈Back to the Future〉[1]라는 영화의 제목은 정말로 잘 지은

---

1 Robert Zemeckis 감독, Michael J. Fox, Christopher Allen Lloyd 주연으로 1985년 개봉되었다. 천재 과학자가 만든 타임머신으로 시간여행을 하고 그로 인해 과거와 현재와 미래가 바뀐다는 내용의 영화이다. 필자는 이 영화에 나오는 Time Machine을 '역사'라고 비유하곤 한다. 역사를 아는 것은 현재를 진단하여 미래를

제목이다. "미래로 돌아가자!"

그리스도인이 소망해야 할 미래의 교회상을 정립하는 데 신약성서에 나오는 원래적 모습이 중요한 것은 그 안에 예수의 정신이 담겨 있다고 보기 때문이다. 오늘날과 달리 예배당도 없고, 교회 조직도 단순하고, 예배 의식도 간단하던 시대에 그리스도인을 이끌었던 그 정신을 찾아야 한다. 이 정신을 돋보기 삼아 지난 2,000년 역사를 써 온 교회의 모습을 자세히 들여다보자는 것이다. 이것은 세계 교회의 행적을 낱낱이 드러나게 살펴보는 비판적인 교회사 읽기를 하자는 뜻이기도 하다. 하나님의 뜻과 인간의 욕심이 마주치는 곳이야말로 교회 현장임이 틀림없다. 그리고 그곳에는 당연히 하나님의 뜻으로 위장한 인간의 욕망과 이전투구가 자리하기 마련이다.

하나님이 세우신 교회의 역사를 무조건 긍정적으로 읽어야지 절대로 비판적으로 읽으면 안 된다고 생각하는 분들에게 하고 싶은 말이 있다. 반성하지 않으면 잘못을 고칠 수 없으며, 그 벌로써 똑같은 잘못을 평생 반복하게 되어 있다는 말이다. 처음 교회의 정신에서부터 점점 더 멀리 떨어져 나온 교회는 결국에 예수의 교회도 하나님의 교회도 될 수 없게 마련이다. 비판적 역사 읽기를 통한 반성과 개혁 없이는 초대교회의 정신을 지켜낼 수 없기 때문이다.

그러므로 그리스도인들이 소속한 그리스도의 몸인 교회의 역사를 비판적으로 읽는다는 것이 한편으로 매우 가슴 아픈 일이기는 하지만, 다른 한편으로 볼 때 비판적 역사 읽기를 통해 미래의 교회 상에 대한 소망을 갖게 해 준다는 점에서 매우 긍정적인 기능을 한다는 것을 기억하자.

바꿀 힘을 주기 때문이다.

한국의 개신교는 약 130년의 역사를 지녔다. 유럽의 교회에 비교하면 '젊디젊은 교회'(Younger Church)이다. 이것은 두 가지 의미를 말해 준다. 첫째는 오래된 교회들에 비해서 경험이 부족하다는 의미이고, 둘째는 짧은 기간 동안 너무나 많은 양의 교회적 전통들이 일거에 쏟아져 들어왔다는 의미이다. 숙고하고 실마리를 풀어나갈 겨를도 없이 2,000년 동안 벌어진 논쟁들과 분열의 역사를 한 몸으로 받아들인 교회가 한국교회이다. 다른 나라의 신생 교회와 매우 다르게 한국교회는 짧은 기간 내에 엄청난 양적 성장을 이루었다. 개신교가 아시아로 전파되어 한국처럼 성장한 나라는 아무 데도 없다. 그리고 한국은 아시아에서도 가장 젊은 교회에 속한다. 그래서 우리의 130년의 역사는 유럽 개신교 500년에 맞먹는 혼란스러움을 지녔다고 보는 것이 옳을 것이다. 그러므로 우리는 우리 자신의 과거를 비판적으로 돌아볼 때가 충분히 되고도 남았다.

어제오늘의 일이 아니기도 하지만, 사회의 여러 군데에서 한국교회와 그리스도인을 향한 질책이 쏟아져 나오고 있다. 여기에 한 몫 더하는 것이 바로 사이비 이단 교회들의 행각에서 비롯된 파장이다. 사이비 이단들 때문에 야기된 문제와 질타에 대하여 대부분의 건전한 한국교회가 모두 책임을 질 필요는 없을 것이다. 하지만 사이비 집단들도 스스로 예수 그리스도의 교회임을 천명하고 있다는 사실과 교회의 양적 성장을 위해서는 무슨 일이라도 할 수 있다고, 아니 해야 한다고 생각하는 교회가 많다는 점에서는 우리에게도 여전히 큰 책임이 있다.

오늘 우리의 모습을 돌아보는 가장 손쉽고도 정확한 방법은 교회의 역사를 검토하는 일이다. 우리에게는 지나간 130여 년 동안에 처음으로 겪는 일들이었지만, 이런 일들은 이미 서구 교회의 역사 속에

프라하에 있는 '벽 속의 마르틴 교회'에는 성서 위에 붙인 성찬 잔이 개혁의 상징으로 걸려있다. 빵만 주던 기존의 성찬에서 잔도 함께 주는 이종성찬으로 바뀌었음을 나타내는 것이다. 이미 15세기에 체코에서는 이종성찬을 시행하였다.

여러 번 반복해서 등장하였던 것들이었다. 비록 시대와 장소와 문화는 달라도 사람 사는 곳에 비슷한 일들이 왜 일어나지 않겠는가? 그때의 그리스도인들이 고민하였던 문제들을 놓고 오늘날에도 똑같은 고민을 하고 있는데, 교회의 역사를 알고 있는 사람은 그런 문제의 결말이 어찌 될 것인지를 이미 어렴풋이나마 짐작할 수 있다. 그러므로 오늘날 교회의 바른 모습을 유지하는 데에는 교회 역사가 주는 교훈이 특효약이라고 할 수 있다.

많은 사람들이 종교개혁자들의 전통을 이어받아서 "개혁된 교회는 늘 개혁되어야 한다"(ecclesia reformata semper reformanda est)는 말을 하곤 한다. 그래서 우리 개신교의 모토는 '개혁'(reformation)이 되었다. 그러나 오늘날의 교회 가운데에 '개혁'을 진심으로 환영하는 교회가 얼마나 되는가? 500년 전 종교개혁자들의 개혁 운동에 비추어 볼 때 그 함성이 만들어 내는 진동만큼이나 강렬한 개혁을 꿈이나

꾸어본 적이 있는가?

빵만 주던 성찬을 잔도 함께 주도록 만들고, 눈에 무엇인가 보이는 것을 찾아 헤매고, 무엇인가 손으로 만질 수 있는 신앙의 대상들을 만들어 교회 안에 세워야 만족스러워하던 당시의 그리스도인들에게 눈에 보이는 것이야말로 허상이며 눈에 보이지 않는 것의 참다움을 목숨 걸고 가르쳤던 종교개혁자들의 소리가 들리는가? 그들의 떨림을 느끼면서 오늘 우리가 "교회는 항상 개혁되어야 한다"는 종교개혁자의 말을 제대로 인용하고 있는지 깊이 생각해야 한다.

우리는 개혁이라는 말 뒤에 숨은 깊은 뜻을 알아야 한다. 그것은 거룩한 교회 안에도 개혁할 것이 상존한다는 것을 인정하자는 것이다. 자신의 잘못을 인정한다는 말은 자기 눈에 있는 대들보를 인식한다는 의미이다. 다른 말로 한다면 개혁이라는 것은 "자기 눈에 들어 있는 대들보도 보지 못하면서 남의 눈에 들어 있는 티를 빼 주겠다"라고 생각하며 세상을 자신만만하게 살아온 교회와 그리스도인들이 이제는 개혁된 교회를 통하여 스스로 변화하기 시작하는 것을 의미한다.

자기를 변화시키고, 교회를 변화시키고, 나아가서 교회와 맞닿은 모든 것을 변화시키는 것은 결코 쉬운 일이 아니다. 교회 2,000년의 역사가 그것을 증명하고 있다. 하지만 이 사명을 감당할 준비를 하는 것이 교회의 임무이다. 그래서 '미래의 교회상'에 대하여 생각하는 일이 중요한 것이다.

필자는 이 교회상을 정립하는 데 가장 적합하고 또 가장 책임적인 존재가 현장 목회자들이라고 생각한다. 그들은 미래의 교회를 위하여 소명 받은 자들이다. 따라서 현장 목회자들이 꿈꾸는 교회의 모습이 성서적 교회상이 보여주는 정신에 부합할 때 진정한 개혁은 시작되는 것이다. 동시에 그리스도인 개개인도 올바른 교회상을 회복하는 일에 앞장서야 한다. 목회는 목사 혼자 하는 것이 아니다. 교회도 목사 혼자 운영하는 것이 아니다. 종교개혁자가 가톨릭교회로부터 구출한 것이 바로 교회와 신앙의 영역 속 일반 신자들의 역할이다.

올바른 교회상 회복은 성경 속의 원시적 교회 모습을 그대로 모방하자는 문자주의적 요청이 결코 아니다. 목회자들이 성경 속 교회의 모습에 대해 자신의 필요에 따라 어떤 것은 따르고, 어떤 것은 버리는 자의적 선택을 해서도 안 된다. 초대교회의 겉모습이 아니라 그 속에 담긴 예수의 정신이 중요하다. 예수의 정신이 오늘날 현대교회에서 어떤 방식으로 구현되어야 할지를 얼마나 심각하게 고민하는가에 따라 미래의 교회상은 더 바르게 정립될 것이다.

II. 처음 교회의 모습은 어떠하였을까?

맨 처음 교회는 언제부터 시작되었을까? 이 질문은 대답하기 쉬운 것 같으면서도 어려움을 안고 있다. 교회를 어떻게 정의하느냐에 따라서 그 대답이 달라질 수 있기 때문이다. 그렇다면 질문의 내용이 달라져야 한다. 교회가 언제부터 시작되었는지를 묻기 이전에 "교회가 성립되기 위하여서는 어떤 조건들이 필요한가?"를 물어야 한다. 그리고 교회가 설립되는 필요조건들이 충족되면 바로 그때가 교회가 처음 시작된 시점이 되는 것이다.

그런데 아이로니컬한 것은 교회를 구성하는 요소에 대한 개념이 시대에 따라 다르게 이해되었다는 것이다. 많은 백성들의 문제를 혼자 해결하기 어려워하던 모세에게 그의 장인이 조언을 해 주고 나서야 천부장이나 백부장 등등의 제도가 생긴 것처럼 처음의 교회에는 직급이 없었다. 예수의 제자들이 사도로서 지도자의 역할을 하다가 봉사하는 일을 맡을 자들을 구별하여 세우게 되었고, 몇 세기가 지나자 교회는 제도화되어 감독과 주교의 직분을 세우기 시작하였다.

그런데 오늘날에는 어떠한가? 각각의 교단과 교파에 속해 있어야 하고, 반드시 목회자가 있어야 그리고 상위 기관의 치리 가운데 있어야 정식 교회로 인정받는 세상이다. 그렇다면 교직 제도를 세우기 이전의 모임들은 교회가 아니라는 뜻인가?

독일어판 『신학 사전』(Theologische Realenzyklopädie, 18권)의 "교회" 항목은 웬만한 단행본 도서의 분량을 차지하고 있다. 여기서는 교회를 아홉 가지 각도, 즉 구약, 신약, 가톨릭교회, 동방 정통 교회, 개신교, 교리사, 기독교 윤리 그리고 실천신학이라는 각각의 관점에서 서술·설명하고 있다.

이것은 교회의 개념을 간단하게 정의하는 일은 결코 쉬운 일이 아니라는 것을 보여준다. 비록 우리는 신약성서부터 교회가 시작되었다고 일반적으로 제한하고 있지만, 이 신학 사전에서는 구약에 나오는 "하나님의 백성"(Volk Gottes)에까지 교회의 지평을 넓히고 있다. 신약성서에서 사용되는 "선택"(Erwählung)의 개념도 이미 초기 유대교의 "선택 신학"(frühjüdische Erwählungstheologie)으로 소급할 수 있다고 하였다.

세계적으로 널리 사용되는 교회사 교과서가 있다. 이미 우리말로도 좋은 번역을 접할 수 있는 워커(Williston Walker, 1860~1922)의 『기독교회사』[2]는 예수와 그의 제자들에게서 교회의 원형을 찾고 있다. 예수 그리스도를 추종하던 무리가 그리스도의 부활을 경험함으로써 그분이 가르치셨던 하나님 나라에 대한 확신을 가지게 되었으며, 동시에 이 확신은 흩어져 있는 제자들에게 용기를 주고 다시 한 자리로 모여 부활의 증인이 되게 하였다.

이렇게 형성된 초기의 공동체는 예루살렘에 그 본부를 두게 되었고, 아직은 유대교와의 차별화가 심각하게 진행되지는 않은 형국이었다. 윌리스턴 워커는 그들이 자신들을 "가난한 자"(갈 2:10), "성도"(롬 15:25), "에클레시아"라고 부른 것이 분명하다고 한다.

오늘날 '교회'라고 번역되는 에클레시아(ἐκκλησία)는 본래 그리스의 자유 도시국가들에서 법안에 대해 투표하고, 그 밖의 공적인 업무들을 처리하기 위해 모인 민회들을 가리키는 데 사용하였던 용어였다.3 또한 70인 역 성경(그리스어로 된 구약성경, Septuaginta)에서도 종교와 의식을 위하여 모인 이스라엘 백성을 일컫는 데 에클레시아라는 용어를 사용하였다(신 31장, 왕상 8장).

신약성서에서는 이 전통을 따라서 유대인들의 모임을 뜻하는 **회당**(시나고그, συναγωγή) 대신 예수를 주로 고백하는 공통의 신앙으로 연합된 사람들을 **교회**(에클레시아, ecclesia)라고 칭하였다. 사도행전 15장의 예루살렘 공의회(AD 49)는 공식적으로 할례받지 않은 이방인도 동일하게 주 예수의 은혜로 구원받는 점을 비로소 인정한 회의였다. 따라서 우리는 '유대인의 그리스도'가 아니라 '전 세계 모든 민족의 그리스도'임을 분명하게 선언한 시점을 처음 '기독교회'의 출발점으로 삼아도 좋을 것이다.

---

2 송인설 옮김, *A history of the christian church* (크리스천 다이제스트, 1993).
3 『교회사대사전 1』(기독지혜사), 158.

III. 교회의 발전 과정 속에서 생긴 문제는 무엇인가?

아직 교회의 제도들이 확립되기 전 가장 활발한 전도 활동을 벌인 사람은 두말할 나위도 없이 바울이다. 바울은 여러 차례에 걸쳐서 소아시아와 마케도니아 그리고 로마에 이르기까지 여행을 하였고, 많은 교회를 세웠다. 물론 예루살렘과 유대 그리고 갈릴리의 교회들은 바울에게 진 빚이 없다. 로마서를 바울이 쓰기도 전에 이미 로마에도 교회가 있었으며, 본도와 갑바도기아 그리고 비두니아 지역에도 다른 선교사들이 세운 교회가 있었다.

이러한 양상이 우리에게 전해 주는 중요한 것이 한 가지 있다. 당시의 교회는 오늘날처럼 유기적인 통일체가 전혀 아니었다는 것이다. 그들에게는 모든 그리스도의 교회를 대표하는 권위의 상징으로 그리스도만 존재하였으며, 교황이나 대주교 등등의 통일적 권위 체계는 존재하지 않았다. 사상과 교리의 근거라고 할 수 있는 성서도 아직은 태반이 집필되지 않았거나 전혀 수합되지도 못한 상태였기 때문에 당시의 교회는 그리스도를 전파하는 일과 개개 공동체 내부의 결속을 다지는 문제에 거의 모든 열정을 쏟았다고 할 수 있다.

사도행전에 나오는 초기 원시 기독교 공동체의 모습들은 오늘날 우리 교회의 모습과는 많이 다르다. 그들은 자신의 재산까지도 교회 앞에 내어놓고 필요에 따라 나누어 쓰는 재산 공동체였으며, 가난한 자들을 구제하는 것은 말씀 전하는 일 다음으로 가장 큰 업무였다.

로마제국 내에 있는 교회들이 서로 확고하게 연대하기도 전에 교회는 약 250년간에 걸쳐 부분적으로 지속적인 박해를 받는 위기 상황에 처하게 되었다. 로마제국은 사실 종교적으로는 관용을 지향하는 지배자였다. 그래서 로마 황제에 대한 숭배를 거부하지 않는 종교라면 대부분 허락하였다. 단 유대교만큼은 그들의 저항이 워낙 거셌기 때문에 황제 숭배를 하지 않아도 예외적으로 허가해 주었다.

그런데 유대교의 한 분파라고만 여겨졌던 기독교가 유대교와는 다른 종교이며, 황제 숭배도 하지 않으면서 유대인의 범위를 넘어선다는 것이 우연한 기회에 드러나게 되었다. 네로황제가 다스리던 AD 64년 로마에 대화재가 발생하였는데, 방화의 의심을 받던 네로황제는 기독교인들을 희생양으로 삼아서 고문하고 처형하기 시작하였다. 황제에 따라서 박해의 경중도 있었고 전혀 박해받지 않은 기간도 있었지만, 교회는 313년이 될 때까지 긴 시간 동안 지하로 숨어들 수밖에 없었다.

기나긴 박해의 기간 동안 교회가 숨어 있기만 했던 것은 아니었다. 이 기간에 수많은 인물들이 교회를 중심으로 활동하였으며, 이들을 교부(교회의 아버지)라고 불렀다. 이 교부들에 의해서 교회 안에 신앙을 위한 훌륭한 지침서들이 만들어지게 되었으며, 어떤 교부들은 로마제국의 철학적인 박해에 대항하여 기독교를 변증하는 훌륭한 글들을 남기기도 하였다. 이러한 사람들을 중심으로 교회에 감독이 등장하기 시작하였으며, 이들은 순교도 두려워하지 아니하고 교회를 위해 그리스도의 뒤를 따라 걸었다.

이러한 상황 속에서 313년은 기독교에게 완전히 새로운 해가 되었다. 기독교에 대하여 관대했던 콘스탄티누스(Constantinus)가 서방의 황제로 등극하면서 기독교인들에 대한 인식을 새로이 한 것이다. 그는 동방의 황제와 협의하여 기독교 신앙의 자유를 허락하는 〈밀라노 칙령〉을 반포하였다. 그리고 380년 2월 28일 테오도시우스 대제

그리스어 철자 X(키)와 P(로)로 만든
Christ를 의미하는 상징(Sign)

(Theodosius d. Gr.)가 〈종교 칙령〉(*Religionsedikt*)을 발표하면서 이에
따라 로마제국의 신하는 삼위일체 하나님을 받아들여야 했다. 즉,
313년을 기점으로 하여 기독교는 허가된 종교(licita religione)가 되
었고, 더 이상 박해와 순교의 위협을 받지 않게 되었다. 그리고 국교
가 되면서부터는 국교만이 누릴 수 있는 모든 종류의 혜택과 보호를
아울러 받을 수 있게 되었다.

박해당하던 기독교에 관용을 베푼 콘스탄티누스 황제의 〈밀라노
칙령〉은 기독교를 공인하여 허가받은 종교가 되게 만들었다. 그리고
콘스탄티누스 황제는 열렬한 기독교 지지자가 되었다. 최초의 교회
역사가로 알려진 유세비우스(Eusebius)는 콘스탄티누스 황제의 기
독교 군주로서의 사역을 그의 교회사 책에 상세히 기록하였다.[4] 서
방의 황제 자리를 놓고 치열한 전투를 벌이던 콘스탄티누스는 밀비
아 다리의 전투를 앞두고 신비한 꿈을 꾸었다. 꿈에 본 것은 그리스
도를 뜻하는 그리스어 철자 X(키이, Ch)와 P(로, R)를 겹쳐 놓은 표지
(Sign)였다. 이 표지를 앞세우고 전쟁에서 승리한 콘스탄티누스가
기독교에 베푼 은혜가 바로 〈밀라노 칙령〉이었다.

유세비우스 교회사에 나온 이 이야기를 역사라는 학문적 방법론

---

4 유세비우스 팜필루스, 『교회사』 (은성, 2001).

으로 검증할 방법이 전혀 없는 것도 사실이다. 신이 꿈속에 나타나 계시하는 것은 전형적인 그리스 신화 서술 방법이다. 이 서술 양식은 이미 헤로도토스(Herodotus)의 역사책에도 빈번하게 등장하는 방법이지만 이것이 유세비우스의 기독교 공인을 해석하는 방식이며, 어찌 되었던지 콘스탄티누스 황제 이후에 기독교는 세속 통치자의 종교가 되었다. 이후 로마제국의 뒤를 이어받은 신성로마제국과 유럽의 대부분 국가는 기독교를 통치 이념으로 삼았다. 아직 교황이 등장하기 이전에는 황제가 교회의 수장 역할을 하였다.

여기에서 우리가 지나간 교회의 역사 관찰을 통하여 미래 교회를 위한 역사의 교훈을 찾아보자. 로마제국 황제의 승인을 받은 교회의 기쁨은 이루 말할 수 없이 컸다. 그리고 교회가 로마제국의 국교가 되었을 때는 기독교인들이 제국 역사의 전면에 나설 수 있었을 정도로 지위가 향상되었다. 그러나 그 이면에는 몇 가지 간과하여서는 안 될 문제가 숨어 있다.

첫째, 공인받은 교회의 문제에 공인을 허락해 준 황제의 간섭이 시작되었다. 우리가 알고 있는 니케아 신조(325)가 형성될 때 니케아 회의가 열리도록 원인을 제공한 것은 알렉산드리아의 감독 알렉산더와 장로 아리우스 사이의 논쟁이었지만, 니케아 회의를 정작 소집한 것은 황제 콘스탄티누스 황제였다. 그는 자신의 통치 지역이 종교 문제로 시끄러운 것은 제국을 다스리는 일에 크게 방해가 된다고 생각하였고, 황제는 니케아 회의의 결정 내용도 자신의 판단에 따라서 수차례나 바꾸어서 집행하였다. 즉, 추방된 아리우스(그리스도의 신적 본질이 아버지와 동일한 것이 아니라 유사하다고 주장)를 다시 불러들여 복직시켰다가 다시 또 추방하는 등 교회의 지도자들을 자신의 생각에 따라 추방하거나 복직시키는 일을 감행하였던 것이다.

둘째, 교회가 제국의 정치 관료 구조를 교회 안에 도입하기 시작하였다. 물론 군주적인 주교 직분의 등장은 박해의 기간에도 시작되었던 일이다. 하지만 교회 고위층이 제국 정치 안에도 같은 영향력을 행사하기 시작한 것은 교회가 공인되고 국교가 되면서 가능한 일이었다. 이러한 교회와 국가 사이의 관계는 필연적으로 교황권과 황제권 사이의 우월성 논쟁으로 비화될 수밖에 없었다.

여기에서 "교회란 무엇인가?"를 정의하려는 우리의 본래 목적을 실현하려면 반드시 풀어야 할 숙제가 등장한다. 박해받던 시대의 교회와 허락받은 시대의 교회 그리고 지배자의 입장에 선 교회의 모습과 역할이 달라지는 것을 인식해야 한다는 것이다. 즉, 콘스탄티누스 황제라는 인물의 영향으로 말미암아 변화된 교회의 위상은 교회의 목표를 '생존'에서 '확장'으로 그리고 결국에는 '지배'로 바꾸어 놓았다. 과연 어떤 교회의 모습이 교회다운 모습인가?

오늘날 세계 각국의 기독교회들도 위의 세 가지 중 하나의 처지에 있다고 본다. 공산주의하에서 박해받고 위협받는 교회, 다종교 국가 속에서 일부의 역할을 담당하며 선교의 열정으로 살아가는 교회, 기독교 국가에서 정부의 보호와 지원을 받으며 안정을 구가하는 교회들이다. 만일 신약성경에 나오는 초대교회의 모습이 기준이라면 이 세 가지 중에 어떠한 교회의 모습이 정답일까?

우리가 공부하는 교회의 역사는 각각의 처지마다 수반되는 문제점들을 정확하게 지적해 주고 있다. 단지 우리가 관심을 가져야 할 것은 이러한 세 가지 유형들 가운데 어떤 교회 안에 그리스도의 정신이 분실되지 않고 살아 있는가를 판별하는 일이다.

이번에는 국가와 교회의 관계를 통하여 교회상을 정립하여 보자. 앞서 언급한 교황제도의 문제이다. 보통 우리는 중세를 정의할 때 시간적으로는 교황제가 뚜렷하게 확립된 590년 그레고리 대제부터 종교개혁이 일어난 16세기 초까지를 중세라고 말한다. 그리고 중세의 특징은 "교황권과 황제권의 이중주의가 지배하던 시대"라고 말한다. 동그란 원안에는 구심점이 하나만 있듯이 중세 이전까지의 권력 구조는 황제를 중심으로 통일적이었던 데에 반하여, 중세는 마치 타원 안에 있는 두 개의 구심점처럼 교황권과 황제권의 대립과 투쟁의 역사라고 할 수 있다.

확고한 교황 중심제가 성립되기도 전인 492년경, 로마 대주교 겔라시우스(Gelasius)는 '두 권력 이론'을 제시하여 교회 감독의 권한이 황제권 위에 있음을 주장하였다. 물론 330년 콘스탄티누스 대제가 로마제국의 수도를 로마로부터 콘스탄티노플로 이전한 이후에 서로마에서는 교회의 권력이 상승하였고, 동로마 제국 수도인 콘스탄티노플 대주교와 로마 교황은 수위권 투쟁으로 대립적인 관계가 되었다. 1054년 동서 로마교회는 결국 완전히 분리되었다. 서로마는 프랑크 왕국이 중심이 되어 신성로마제국으로 발전하였으며, 동로마 비잔틴 제국은 1453년 오스만 제국에게 정복당하고 말았다.

신성로마제국의 중세기는 정치권과 교회권의 권력 투쟁으로 점철된다. 800년 레오 3세 교황은 프랑크 왕국의 카롤링거 왕조 칼(Karl) 대제에게 서방의 수호자 왕관을 씌웠다. 하지만 카롤링거 왕국은 오래가지 못했고, 교회는 동프랑크 중심의 오토 대제(936~973) 때 다시 그 권세를 회복하였다.

1302년 교황 보니파키우스 8세 때에 발표된 칙령 〈우남 상탐〉(Unam

Sanctam)에서는 '두 검 이론'이 제시되었다. 겟세마네 동산에서 그리스도께서 잡히실 때 베드로에게 두 자루의 칼이 있었는데, 그 칼 중하나는 교황권이고 다른 하나는 세속권이라는 것이다. 그러므로 이두 가지 권세의 원소유자는 교황(베드로)이며, 교황이 황제에게 세속권세를 잠시 위임하였을 뿐이므로 다시 찾으려면 얼마든지 도로 찾을 수 있다는 주장을 담은 내용이다.

이처럼 교황의 위치는 실로 막강한 자리였다. 도처에 교황령을가지고 있었고, 각 지역의 주교를 임명하는 문제를 두고 늘 그 지역통치자와 갈등을 겪었다. 이처럼 교황의 지위가 막강하였던 것은 그가 지닌 정치력뿐만 아니라 기독교 국가 안에서는 황제도 교황의 파문 위협을 무시할 수 없었기 때문이었다. 즉, 중세기에는 정치와 종교가 서로 그 우월성 투쟁을 통하여 경우에 따라 대립하기도 하고, 연합하기도 하는 등 이합집산(離合集散)의 정치가 지배하던 시대였다. 이 시대에 과연 "섬기러 오셨다"는 그리스도의 정신이 교회 안에살아 있었을까?

우리가 교회의 역사를 논하면서 간과하기 쉬운 사건이 게르만 민족의 대이동이다. 게르만 민족이 이동한 것이 교회의 역사와 무슨 관계가 있느냐고 생각할지 모르지만, 이 사건은 일반 역사적인 의미보다는 교회사적인 의미가 훨씬 더 큰 사건이다. 주후 5~8세기 사이에벌어진 이 사건으로 로마제국의 판도는 매우 심하게 변화하였다. 로마제국의 찬란한 그레코-로만 문명을 맛보지 못한 민족 이동에서 서로 북에서 남으로 내려와 로마제국의 각 지역을 정복하고 그 영향을끼치기 시작하였다는 것은 중요한 의미가 있다.

심지어 410년에는 서고트족의 알라릭(Alaric)이 로마를 침공한 사건을 필두로 하여 476년 오도아케르(Odoacer)가 서로마 황제 로물루스 아우구스툴루스(Romulus Augustulus)를 폐하고 서로마 제국을 멸망시킴으로 게르만족은 로마제국 내에 깊숙이 정착하게 되었다.

이들은 정착 과정에서 로마제국 변경에 흩어져 살던 아리우스주의적 신앙자들과 만났고, 그들의 신앙을 물려받게 되면서 예수 그리스도의 인성을 강조하는 신앙을 표방하였다. 이것은 로마교회의 정통신앙과 거리가 있었기 때문에 신앙의 문제로 늘 불화를 일으킬 수밖에 없었다.

지금의 프랑스와 독일 지역에 자리했던 프랑크족만은 유일하게 가톨릭 신앙을 받아들였다. 이들은 멸망한 서로마제국 대신에 로마교회의 강력한 후원자가 되었으며, 후에 독일은 신성로마제국(The Holy Roman Empire)의 중심으로 등장하게 되었다.

게르만족은 로마제국에 들어와 모두 기독교인으로 개종하였고, 로마의 기독교인들은 이방 민족의 통치를 받게 되어 그들의 문화와 관습의 영향을 받게 되었다. 이것을 우리는 "게르만의 기독교화"(Christianisierung der Germanen) 그리고 "기독교의 게르만화"(Germanisierung des Christentums)라고 부른다. 이것은 5세기의 교회상에 새로운 영향을 끼쳤다.

유대주의적인 예수의 가르침을 해석한 바울의 헬라적 사상이 기초가 되어 그레코-로만 세계에 자발적인 교회를 건설하게 한 것이 초대 기독교 공동체의 모습이었다. 종교적, 도덕적, 법적, 사회적으로 전혀 다른 삶을 살아오던 게르만족은 기독교 종교와 문화를 정치적으로는 지배하면서 종교적으로는 영향을 받는 상호관계를 형성하였다.

이러한 구조 속의 교회는 자연히 다른 양상을 띨 수밖에 없었다.

비록 게르만족의 지배자가 자기 통치 구역 내의 교회와 성직자를 마치 자신의 사유물처럼 취급하는 일이 빈번하였지만, 게르만족이 기독교로 전체적인 방향을 수정한 것은 장차 정치 사회적인 해체 과정 속에 성장하게 될 교회의 가치를 예견케 하는 일이었다.

IV. 중세 교회는 어떤 문제들을 안고 있었는가?

보통 우리는 중세 약 1,000년을 암흑기라고 부른다. 아마 이렇게 부르는 이유는 종교 개혁적 관점에서 중세를 조명하였기 때문일 것이다. 종교 개혁적인 관점대로 본다면 중세 교회는 고여 있는 썩은 물이었다. 교황을 정점으로 하는 교황청은 교권 투쟁에만 몰두해 있었다.[5] 교황은 이제 하나님의 대리자로서 죄를 용서하는 권세까지도 가지고 있었으며 중세의 스콜라주의 신학자들은 잉여공로설[6]을 주장하여 교황이 면죄부를 발부할 수 있는 신학적인 근거도 마련해 주었다. 중세의 교황 중심 교회와 성직자들을 향한 가장 강력한 종교 개혁적인 비판은 바로 성직매매와 축첩 문제였다.

교회가 조직화되고 체제화되었을 때 나타날 수 있는 가장 나쁜 현상 가운데 하나가 바로 성직을 매매하는 일이다. 하위 성직을 사려

---

5 시오노 나나미가 쓴 『신의 대리인』이라는 역사 소설은 15세기 교황 선출을 둘러싼 암투를 중심으로 교회의 상황을 그린 내용으로, 소설이지만 그 당시의 역사적 상황을 보다 재미있고 실감 나게 전달해 준다.

6 잉여공로설이란 말 그대로 '남은 공로'를 뜻한다. 성인반열에 오른 사람들이 자신의 구원에 필요한 분량의 공로를 세웠다면, 그 남은 공로는 교황이 관리하게 된다는 이론을 당시 스콜라주의 신학자들이 만들어 주었다. 교황은 이 공로를 근거로 면죄부를 발행할 수 있었다.

는 사람은 아무도 없다. 시골의 작은 교회 하위 성직은 변변치 못한 봉급에 시달리는 자리였으며, 때로는 제대로 교육받지 못한 사람들마저 자리에 들어섰다. 그러므로 성직매매는 주로 고위직을 중심으로 이루어졌다. 고위직을 차지하는 데서 돌아올 금전적 또는 세속적 이익이 많았기 때문이었다. 알브레히트(Albrecht)는 브란덴부르크(Brandenburg)의 대주교

Mainz의 Albrecht 대주교, 신성로마제국 선제후 중의 1인으로 루터 시대에 면죄부 발행을 주도하였다.

직을 차지하고 있었음에도 신성로마제국 황제 선출권7이 부여되는 마인츠(Mainz) 대주교 자리에까지 탐을 내고 결국 매수하였다. 그는 여기에 더해 교황에게 바칠 대가도 마련하려 하면서 고리대금업자의 돈을 빌리게 되었고, 이를 갚기 위해 교황의 허락을 얻어서 면죄부를 팔기 시작하였다.

이 사건으로 1517년 비텐베르크의 교수이자 아우구스티누스파 수도사였던 마르틴 루터는 95개 조항의 반박문을 써 붙였는데, 그 중심적인 내용이 면죄부의 효능에 대한 것이었다. 하나님 앞에서 지

---

7 당시 신성로마제국의 황제직은 선출제였다. 이것은 1356년 신성로마제국의 황제 카를 4세가 발표한 금인헌장에서 비롯되었는데, 황제를 선출할 자격이 있는 사람을 선제후라고 부르며 총 7명이었다. 쾰른(Köln) 대주교, 트리에르(Trier) 대주교, 마인츠(Mainz) 대주교는 교회 권세이고, 브란덴부르크(Brandenburg), 팔츠(Pfalz), 작센(Sachsen), 보헤미아(Bohemia)의 통치자가 선제후였다. 알브레히트는 마인츠 대주교직을 매수하고 그 비용을 면죄부 판매를 통하여 감당하려고 하였던 것이다.

은 죄를 일개 인간인 교황이 하나님을 대신하여 용서할 수 없다는 것이 루터의 생각이었다. 하나님께 지은 죄는 하나님의 방식으로 속죄하고 용서를 받아야 하는데, 교황이나 주교가 발행한 면죄부로 그 죗값을 대신한다는 것은 논리적으로도 신앙적으로도 옳지 않다. 인간은 비록 교황일지라도 하나님을 대신할 수 없다. 하나님의 일은 하나님에게 맡기고, 인간은 인간에게 맡겨주신 일을 성실하게 감당하여야 한다는 것이 "하나님을 하나님 되게 하라"는 루터의 말이다.

중세 교회와 교황 그리고 교회 지도자들이 모두 다 타락하였던 것은 결코 아니다. 중세 교회사를 전문적으로 공부하다 보면 뜻밖에도 중세 교회 안에 많은 개혁자들이 있었음을 알게 될 것이다. 중세 중반까지 신실한 교황들은 성직매매와 성직자 축첩의 악순환을 끊으려고 노력하였다. 한편에서는 대주교들이 자신이 지지하는 교황을 세우려고 대립교황을 추천하면서 교황이 두 명이 된 적도 있었고, 정치적 이유로 인해 교황청이 로마 교황청과 프랑스의 아비뇽 교황청으로 분열되어 오랫동안 서로를 정죄하는 역사도 남겼다. 이럴 때마다 개혁 공의회는 분열된 교회를 일치시키려고 노력하였다.

교회의 제도화와 군주적인 체제 속에서 생동감 있는 신앙의 유실을 안타까워하던 사람들은 수도원으로 유입되었다. 비록 중세 후기에는 수도원까지 타락의 중심지가 되어 버린 경우가 많았지만, 수도원의 정신은 언제나 살아남아서 교회답지 못한 교회를 견제하였다. 10세기경 프랑스와 이탈리아에서는 금욕적인 개혁 운동이 일어났다. 바로 클루니(Cluny) 수도원 개혁 운동이다. 이들은 베네딕트 수도 규칙을 철저하게 지켜 개혁의 불씨를 살렸고, 이로부터 교황 그레고리 7세(1073~1085)의 교회 내 개혁 운동에 영향을 끼쳤다.

우리가 잘 알고 있는 경건 서적 중 하나인 토마스 아 켐피스(Thomas à Kempis, 1380~1471)의 『그리스도를 본받아』(*Imitatio Christi*)라는 책은 수도사들의 올바른 경건한 삶을 제시하고 있다.

교회를 개혁하려는 움직임은 영국과 보헤미아 지방에서 가시화되었다. 이 운동을 "종교개혁 이전의 개혁 운동"(Vorreformation)이라고 부른다. 영국에서는 옥스퍼드 대학교수와 루터워스 교구 목사를 지낸 위클리프(John Wycliffe, 1320경~1384)가 성경을 모국어로 읽을 수 있도록 번역하였고(1382년), 성직자의 타락을 지적하며 교회개혁을 위한 바람직한 성직자상을 제시하였다. 그는 성직매매와 성직자들의 재산 축적을 비판하고 교황과 교회가 물욕과 통치욕에 물들어 있음을 지적하며, 성직자들에게 청빈과 겸손 그리고 인내심을 가지고 초대교회의 모범을 회복하라고 권고하였다.

위클리프의 정신을 물려받은 보헤미아의 후스(Jan Hus, 1371경~1415)도 면죄부 판매를 강력하게 비판하였다. 그는 사도 직분의 의미가 무엇인지를 새롭게 설명하였다. 사도란 그리스도로부터 보내심을 받은 자이므로 누구든지 그의 교훈대로 가르쳐야 한다는 것이다. 여기서 교회의 머리가 되려는 교황은 그리스도께서 교회의 머리이심을 거부하는 거짓 사도라고 주장하였다. 후스는 1414년부터 열린 콘스탄츠 공의회에서 심문을 받고 1415년 7월 6일 이단으로 화형에 처해졌다.

이런 역사를 본다면 교회를 교회답게 유지하려는 노력은 역사 속에 언제나 계속되었던 일이다. 그럼에도 불구하고 16세기 루터의 종교개혁으로 개신교가 등장하게 된 것은 그동안 교회개혁의 목소리를 외면하였기 때문이다.

중세 교회는 권력을 추구하였고 실제로 엄청난 권력을 소유하였다. 교회는 세력 확장 과정 속에서 세속 권세의 시녀노릇을 하였다. 오늘날 대부분의 개신교회는 이런 문제가 중세 가톨릭교회에만 있다고 착각한다. 그렇지 않다. 교회가 오래되거나 권력에 맛을 들이거나 세력이 커지거나 세속 권세와 결탁하면 이런 현상은 반드시 나타난다.

오늘날 교회를 교회답게 하려는 시도는 안타깝게도 마치 거대한 물줄기를 작은 돌 몇 개로 그 흐르는 방향을 바꾸어 보려는 시도와 같다고 생각한다. 하지만 그렇게 작고 약한 목소리가 모이고 또 모이면 언젠가는 물줄기를 바꿀 수 있다고 믿는다. 그런데 정작 그 물줄기의 방향이 바뀌는 순간이 오면 그때는 개혁이 아니라 혁명이 될 것이다.

루터의 종교개혁 운동은 교회를 '개혁'하는 데는 '실패'한 운동이다. 가톨릭교회가 결국 분열하였기 때문이다. 반면에 루터의 종교개혁은 '혁명'으로는 '성공'한 운동이다. 루터교가 등장하게 되었고, 이후 여러 지역에서 다양한 개신교회가 등장하였기 때문이다.

이제 그 역사가 500년이 넘은 개신교도 중세 가톨릭교회와 똑같은 문제를 안고 있다는 사실을 심각하게 받아들여야 한다. 그것을 느끼지 못하고 개혁하려고 하지 않으면 개혁이 아니라 혁명이 일어날지 모를 일이다. 그것마저도 어쩔 수 없이 발생할지 모르지만, 교회가 스스로 개혁하지 않으면 더 이상 개신교가 아니다.

V. '개혁'이 교회를 교회답게 한다

사실 교회의 개혁 운동은 크건 작건 간에 2,000년 교회 역사의 '생명 운동'이었다. 이 말은 교회의 역사 가운데 개혁하려는 시도가 없었다면 교회는 교회다움을 상실하고 말았을 것이라는 뜻이다. 교회답지 못한 교회는 교회라고 부를 수 없으며, 그 교회는 생명이 없는 죽은 교회이기 때문이다.

필자는 교회의 역사를 그림으로 설명할 때 종종 여러 겹 피복을 입힌 구리 전선에 비유하곤 한다. 구리 전선의 피복을 하나씩 벗겨놓으면 이런 생각이 든다. 교회사 속의 사건들은 마치 여러 겹의 피복들처럼 시대마다 다양한 모양으로 등장하지만, 어떤 피복이든 그 피복 안에는 반드시 구리 전선이 들어 있어야 전선 역할을 할 수 있다. 마찬가지로 교회의 역사에서 어떤 시대 어떤 모양이든 그 역사 속에 들어 있어야 할 것은 개혁하는 정신이다. 전선의 피복이 아무리 든든해도 구리선이 끊어지면 전기가 통하지 못하듯이 교회 역사 속에 개혁 정신이 사라지면 교회가 아무리 성장해도 죽은 것과 마찬가지이기 때문이다.

이 개혁 정신은 예수가 유대교의 개혁을 시작한 데서 비롯되었으며, 사도 바울이 율법과 복음의 대비를 통하여 가르친 깨우침이었다. 이것이 16세기 종교개혁자들에 의하여 부활하였다. 종교개혁 사상은 16세기를 넘어서 오늘에 이르기까지 전수되고 있음을 기억하여야 한다. 교회다움을 지향했던 개혁 정신은 오늘날의 교회를 향하여 과연 어떤 교훈을 주고 있는지를 찾는 일이 중요하다고 생각한다. 종

전선의 피복은 다른 모양으로 덮여 있어도 그 속에 있는 구리선이 전기를 통하게 하는 것처럼 종교개혁 정신이 살아 있어야 교회다운 교회이다.

교개혁자들이 제시한 교회다움의 조건들을 결론 삼아서 되새겨 보는 일은 "교회란 무엇인가?"라는 질문에 대한 훌륭한 대답이 될 수 있을 것이다.

마르틴 루터는 교회를 정의할 때 사도신경에 나오는 "성도의 교제"라는 용어를 중심으로 설명하였다. 그는 구조를 뜻하는 '교회'(Church 또는 Kirche)라는 용어보다는 '공동체'(Gemeinde)라는 말이 그 본래의 의미나 사상을 더 잘 전달해 준다고 생각하였다. 그래서 그는 교회를 설명할 때 "기독교 공동체 또는 모임", "거룩한 기독교 세계", "하나님의 거룩한 기독교 백성"이라고 즐겨 말하였다. 이 설명의 배후에는 계층 구조적 가톨릭교회 직제(hierarchical order of Catholic church)에 대한 반발이 담겨 있다고 보아야 할 것이다.

교회가 교회답게 되는 또 하나의 중요한 요소는 '하나님의 말씀'이다. 교회의 전체 생활과 본질이 하나님의 말씀에 속해 있기 때문에 하나님의 말씀과 하나님의 백성은 떼려야 뗄 수 없는 관계 안에 있다. 그래서 루터는 교황의 교서나 교회의 전통이 하나님의 말씀에 어긋난다면 "그것은 잘못이다"라고 말해야 한다고 주장하였다.

루터는 교황이 하나님의 말씀과 사도의 직분을 독점하고 성경, 세례, 성찬, 설교에 대한 권위를 주장하는 데 대하여 단호하게 반대하였다. "어느 누구도 교회가 오류를 범한다고 말하기를 즐겨 하지 않는다. 그렇지만 교회가 하나님의 말씀을 벗어나거나 그것에 반대하여 무엇인가를 가르친다면, 잘못을 범한다고 말하는 것이 필요하다"라고 말이다.

그렇다면 여기서 참된 교회의 기준이 되는 하나님의 말씀이 어떤 것인지를 말해야 할 필요를 느낀다. 우선 루터는 성서의 기록에 근거하여 로마교회의 많은 전통과 교훈들이 전혀 옳지 않다고 지적하였다. 그러나 그가 주장하는 하나님의 말씀은 이러한 문자적인 것을 넘어서는 말씀이었다. 최종적인 권위는 성경책 그 자체라기보다는 "그 중심으로부터, 그리스도로부터, 철저하게 이해된 복음으로부터 자신을 해석하고 또한 자신을 비판하는 성서"였다.

이해를 돕기 위하여 이 말에는 설명이 필요하다. 종교개혁자 루터의 성서 해석은 중세의 알레고리 방식이나 문자적 방식을 넘어선다. 그의 성서 해석 방식을 정의하면 "그리스도 중심적 성서 해석"이라고 부를 수 있다. "그리스도의 가르침" 중심이라는 의미이다. 그리스도의 공생애 기간에 가르치신 "하나님 나라에 관한 복음"이 전체 성경을 해석하는 열쇠라는 말이다. 그래서 루터는 "성서가 성서 자체의 해석자"라고 하였다.

또 한 가지 교회를 알아보게 하는 외적 표지가 있는데, 바로 세례와 성만찬이다. 세례와 성만찬이 비록 외적인 표지이지만 그 사용상 신앙을 필요로 한다. 즉, 신앙을 가지고 성례전에 참여해야 한다는 것이다. 그러나 표지로서의 성례전은 하나님의 제정의 말씀 때문에 그 효능을 발휘한다. 성례전이 성례전 되게 하는 것은 외적인 표지로서의 물과 빵과 잔이 아니다. 그때 고백되는 인간의 신앙고백 때문도 아니다. 성례전이 되는 근거는 이를 통하여 구원을 선포하시는 하나님의 '약속 말씀'(*promissio*)뿐이다.

많은 사람들이 교회에 다닌다고 하면서 교회와 예배당을 혼동하기도 한다. 교회를 그려보라고 하면 대부분의 사람들은 아무 생각 없이 십자가 종탑이 달린 예배당을 그린다. 눈에 보이도록 그림을 그리려고 하니 가장 눈에 익은 예배당 건물을 그리게 되는 것이다. 하지만 앞서 언급한 내용처럼 교회에는 말씀과 성례전과 성도의 참된 교제가 있어야 한다. 또 교회에는 세상적인 것을 초월하는 정신이 있어야 한다. 우리가 예수 그리스도의 십자가를 바라보는 뜻은 영광을 구하는 신앙생활을 하고자 함이 아니다. 오히려 낮고 참담한 십자가의 죽음이 그리스도의 정신을 참으로 담고 있다고 믿기 때문이다.

그러므로 교회에 다니는 사람은 예배당에 드나드는 것으로 교회 다니는 의무를 다하였다고 착각하여서는 안 된다. 겸손과 인내와 용서 그리고 사랑과 공의가 있는 공동체를 만들어가려는 노력이 있어야 참으로 그리스도의 몸인 교회 안에 있는 사람이다. 그리고 그런 사람들이 모인 공동체야말로 교회이다. 예루살렘 성에 입성할 때 어린 나귀를 타고 오는 예언을 성취한 것과 겟세마네 동산에서 기도드릴 때 죽음의 잔을 피하는 대신 십자가 죽음을 통해 영원한 생명을 선포하신 예수 그리스도의 모습이 오늘날의 교회에게 요구되는 교회다움이다.

마태복음 20장에 나오는 예수의 말씀이 교회가 무엇이 되어야 하는지를 가장 잘 설명해 줄 것이다.

너희가 아는 대로 민족들을 통치하는 사람들은 그들을 마구 내리누르고 고관들은 세도를 부린다. 그러나 너희끼리는 그렇게 해서는 안 된다. 너희 사이에서 위대하게 되고자 하는 사람은 누구든지 너희를 섬기는 사람이 되어야 하고, 너희 가운데서 으뜸이 되고자 하는 자는 너희 종이 되어야 한다.

7장

종교개혁과 예배

I. 예배에 관하여

그리스도인이면서 예배가 무엇인지 모르는 사람이 있을까? 더구나 한 주일에도 여러 번 예배에 참석하는 교인이라면 예배가 무엇인지 오히려 더 잘 설명해 줄 수 있을지도 모른다. 그러나 이 글은 역설적으로 예배에 참석하는 그분들에게 예배가 무엇인지 알려 주고자 작성한 글이다. 세상에 이런 지독한 모순이 있다니. 독자들은 이제부터 이해가 잘 안되는 강의를 읽게 될지도 모른다.

그러나 우리의 관점을 조금 달리해 보자. 100년 전에도 우리는 오늘과 똑같은 예배를 드리고 있었을까? 이 땅이 아닌 서양에서는 어떻게 예배를 드릴까? 맨 처음 교회가 생겼을 때는 오늘 우리가 부르는 찬송가도 없었는데, 어떤 종류의 찬송을 어떻게 불렀을까? 예수는 하나님을 향한 예배가 어떤 것이라고 말씀하셨는가? 그리고 구약성서에 나오는 제사와 기독교의 예배는 어떤 관계일까?

이런 질문을 던지기 시작하면 예배가 무엇인지 설명하는 일이 쉽지 않음을 금방 알게 될 것이다. 그래서 신학의 한 분과 중에 실천신학이 있고, 그 가운데에 '예배학'이라는 전문영역이 자리 잡고 있다. 예배학자들은 예배의 정의를 내리고, 예배의 역사를 정리하고, 예배 순서를 연구하여 가장 모범적인 예배 순서를 찾아낸다. 더 나아가 예배를 구성하는 모든 순서의 의미를 알려서 예배를 진행하고 참여하는 사람들이 예배의 참뜻을 마음에 담고 하나님 앞에서 예배를 드릴 수 있도록 도와준다.

교회의 역사가 전공인 필자는 이제부터 예배의 역사에 관한 이야기를 하려고 한다. 이미 예배학자들이 저술한 예배의 역사책 한 권만 뒤적이면 얼마든지 필요한 정보를 손에 넣을 수 있다. 그래서 이 책에서 필자가 전하고 싶은 이야기의 핵심은 예배의 본질에 관한 이야기이다.

2,000년 동안 변화된 예배의 역사를 정리하는 일은 저술하는 사람과 읽는 사람 모두에게 전문적인 이해를 필요로 한다. 실제로 2,000년 전 고대 교회의 예배 양식은 정확하게 복원하기도 어렵거니와 그 당시의 예배 의식을 오늘날에 적용하기는 더욱 어렵다. 그 기나긴 세월 동안 예배의 양식은 시대적인 배경과 더불어 변화해 왔다.

그러므로 우리에게 지금 필요한 것은 예배의 본질이 무엇인지 그 맥을 짚어내는 일이다. 이것은 2,000년간 기독교 교회의 역사가 흘러오는 동안 흐트러지기도 때로는 추슬러 바로 세우기도 했던 우리 신앙의 모습을 '예배'라는 틀로 관찰해 보자는 뜻이다. 이 작업은 우리에게 귀한 깨달음을 제공해 줄 것이며, 참된 예배 정신이 무엇인지를 느끼게 해줄 것이 분명하다.

II. 예배의 의미

예배의 사전적 의미는 "경의를 표하는 대상인 인격체나 비인격체의 가치를 인지하거나 묘사하기 위해 의도된 태도와 행위"이다. 좀 더 쉽게 풀어보면 예배란 존경심과 예절의 복합체라고 할 수 있다. 그래서 예배 행위의 근저에는 신앙심이 놓여있고, 예배 행위는 여러 가지 전례들로 구성된다.

그러나 신앙심과 예배 전례보다도 더 근본적인 것은 경배를 받는 대상이 누구인가 하는 점이다. 아무리 깊은 신앙심을 가지고 성의를 다하여 훌륭하게 만든 예배 예전에 참여한다고 하여도 그것이 우상숭배라면 아무런 의미가 없다는 뜻이다.

여기서 우상숭배란 손으로 깎거나 부어서 만든 형상과 형체를 의미하는 것이 아니다. 그런 것들에다가 자기의 정성을 쏟아붓는 그리스도인은 더 이상 없다. 심지어 불상 앞에서 3,000배를 올리는 불자들도 불상 그 자체를 숭배하는 것은 아니라고들 말한다. 그러므로 우상숭배란 하나님의 본 모습과 하나님의 본뜻을 자기 생각대로 왜곡하여 예배드리는 것을 의미한다. 따라서 예배가 무엇인지를 말할 때는 다음의 세 가지를 동시에 붙잡아야 한다.

첫째, 예배의 대상인 하나님이 우리에게 바라는 예배의 자세 확립

둘째, 예배의 대상인 하나님이 우리에게 바라는 신앙의 본질 회복

셋째, 예배의 자세와 신앙을 제대로 담을 예배 예전 준비

이렇게 구성된 예배를 한마디로 표현하면 "그리스도인의 경건한 삶의 총화"이다. 예배는 예배 시간에만 국한된 것이 아니라 예배드리는 사람의 삶 전체를 지배하는 정신이 되어야 한다는 의미이다. 이것을 관찰 방식에 따라 다시 두 가지로 구분하고 싶다. 첫째는 '유형의 예배'이고, 둘째는 '무형의 예배'이다.

여기서 유형의 예배란 주로 예배의 형식을 의미 있게 구성하는 것으로서 실천신학자의 몫이라고 생각한다. 역사신학자는 예배의 내면에 자리 잡은 무형의 예배를 정의하고, 예배의 본질을 설명해 내야 할 의무를 지녔다.

구약성서와 신약성서를 전공으로 하는 신학자들은 이스라엘 백성들이 하나님께 어떤 경외심을 가지고 예배드렸으며, 하나님께서 기쁘게 받으시는 예배가 어떤 것인지를 성서의 구절들을 통하여 풀어왔다. 신학의 체계를 연구하는 조직신학이나 교리학자들은 하나님과 인간과의 관계론 가운데에서 예배의 의미를 체계적으로 설명한다. 그리고 교회사를 전공으로 하는 역사신학자는 초대교회부터 오늘에 이르기까지 예배 정신과 예배 의식의 변천을 설명한다.

필자는 특히 예배 의식과 신앙 정의에 가장 큰 획을 그은 '16세기 종교개혁'이라는 사건을 중심으로 오늘날의 신앙인들에게 예배 갱신에 관하여 설명하고자 한다. 이스라엘의 역사 속에서도, 예수의 시대 속에서도, 종교개혁 시대에서도 언제나 경건 의식의 개혁이 문제였기 때문이다.

다른 말로 한다면 세월이 흘러감에 따라 내적 경건 의식은 점점 흐려지고 외적 경건 예식만 강조하였던 것이 예배의 본질과 신앙의 정신을 흐리게 만들었기 때문이다. 그 정점이 중세 후기였고, 종교개혁은 이것을 회복시키려 한 개혁 운동이었다.

그러므로 우리는 "순종이 제사보다 낫다"(삼상 15:22)는 구약의 말씀이나 "이 산도 아니고 예루살렘도 아닌 곳에서 예배드릴 때가 온다"(요 4:21)는 말씀이 의미하는 것을 되새겨야 한다. 종교개혁으로 등장한 프로테스탄트 개신교회도 이미 500년의 세월이 지났다. 빨리 예배의 본질을 회복하지 않으면, 종교개혁은 다시 일어날 것이다.

III. 예배의 역사와 문제점

형제자매 여러분 그러므로 나는 하나님의 자비하심을 힘입어 여러분에게 권합니다. 여러분은 여러분의 몸을 하나님께서 기뻐하실 거룩한 산 제물로 드리십시오 이것이 여러분이 드릴 합당한 예배입니다(롬 12:1-2).

이것은 초대교회의 예배 정신을 잘 정의해 주는 사도 바울의 말이다. 앞 장에서 언급한 대로 예배란 내 몸이 참여하여 특별한 시간에만 행하는 예식이기보다는 우리 삶 전체와 관계되는 것이다. 그러므로 진정한 예배란 나를 바치는 것이다. 나를 바친다는 것은 하나님과 교회의 사역을 위하여 헌신하는 것을 의미하기도 하지만, 이것은 먼저 신앙인 자신의 생각과 행동이 전적으로 '하나님 중심적'으로 되는 것을 의미한다.

다시 말하면 자기 사랑(*amor sui*) 대신에 하나님 사랑(*amor Dei*)이 중심이 되는 것이다. 그런 사람은 자신의 소원을 빌러 예배에 참석하지 않는다. 그때 기도의 주제는 하나님의 뜻이 될 수밖에 없다. 그때에야 비로소 예배가 완성된다고 하겠다.

초대교회에서 예배의 핵심은 성만찬이었다. 그리고 성만찬의 의미는 감사(Eucharist)였다. 그리스도의 십자가 사건을 통하여 우리에게 베풀어진 용서와 구원을 감사하는 예식이 그의 살과 피를 기념하는 성만찬이었다.

하지만 시간이 흐르면서 감사보다는 속죄와 용서의 의미로 성만찬을 이해하기 시작하였고, 더 나아가서 빵과 포도주는 하나님께 드리는 희생 제물이 되어버렸다. 심지어 성만찬에 참여하여 받는 빵과 포도주를 불사의 명약으로 오해하기도 하고, 그리스도의 몸을 미신적으로 숭배하여 몰래 집에서 보관하다가 빵이 상하는 것을 보고는 불안에 떠는 경우마저 있었다. 그리스도의 몸을 높이 쳐들어 숭배하는 '성체거양'(聖體擧揚)이 가톨릭교회의 중요한 예배 의식으로 자리 잡기 시작한 것도 비로 이 시점이었다.

기독교 최초의 예술인 성화상(icon)의 문제도 마찬가지이다. 지하 묘지인 카타콤에서 시작된 물고기 그림이나 비둘기 또는 그리스어 문자 표기 등등은 초기 그리스도인들의 신앙을 표현하는 상징어(symbol)였다. 이런 상징은 예술로 발전하였고, 기독교 예술은 신앙을 고무(鼓舞)하는 도구로 이용되었다. 그러나 신앙을 고무하고 표현하는 기능이 그리스도의 성육신에 대한 과도한 집착과 결합되어 나타난 것이 성화상 숭배 사상이다. 본말(本末)이 전도된 성화상 숭배는 결국 중세 초기 동방교회의 폭력적 성화상 논쟁으로까지 번져

나갔다.

중세 후기의 예배를 미사(Missa)라고 부르는데, 미사는 보낸다는 말인 *missio*에서 유래되었다. 예배를 마칠 때에 파송의 말이 되기도 하지만 미사라는 말속에는 축복의 의미도 들어 있다. 따라서 미사는 성만찬의 제물인 빵과 포도주를 축성하고, 그리스도의 살과 피로 변화(화체설)한 제물로 드리는 화목제사가 되었다.[1]

이런 과정을 거쳐서 후기 중세의 미사는 하나님 앞에서 지은 죄에 대한 죄책을 하나님과 화해로 바꾸는 기능을 담당하였다. 이 과정에서 필수적으로 등장하는 것이 사면(*absolutio*)이다. 사면의 양상은 두 가지이다. 하나는 구원의 통로(*ordo salutis*) 역할을 하는 성례전의 확립이고, 다른 하나는 성례전을 담당하는 제사장, 즉 사제의 역할이다.

성례전(Sacrament)이란 중세 교회가 교회에 속한 하나님의 백성들에게 베푸는 모든 종류의 거룩한 예식이다. 영세성사(유아세례), 견진성사(입교), 고해성사(회개), 성체성사(성만찬), 서품성사(목사안수), 혼배성사(혼인예식), 종부성사(장례예식)라는 일곱 가지의 가톨릭 성례전은 신자의 출생에서부터 죽음까지 그의 모든 삶을 관장한다. 괄호 안에서 보는 바와 같이 개신교에도 비슷한 유형으로 존재하는 것들이다.

가톨릭교회는 일곱 가지 성례전의 근거를 성서에서 모두 찾을 수 없음에도 불구하고 교회의 권위로 일곱 가지 모두를 "그리스도가 세운 거룩한 예식"(sacrament)으로 규정하였다. 그러나 종교개혁자들은 일곱 개 가운데 성서에 그리스도께서 친히 제정하신 것으로 기록된 세례와 성만찬만을 성례전으로 인정하였다.

---

1 "미사," 『교회사대사전 1』 (기독지혜사, 1994), 845-846.

종교개혁자들이 진지하게 고민한 가톨릭의 성례전 문제는 특히 고해성사와 성체성사의 오용이었다. 신자가 자기의 죄를 통회하고 사제에게 고백하여 보속의 벌을 받은 후 사면의 선언을 받도록 하는 고해성사는 결국 고해성사에 형식적인 참여를 하는 것으로 만들고 말았다. 그래서 종교개혁자들은 형식적인 참여가 아니라 신앙인의 내면적인 믿음이 수반되어야 성례전의 효능이 있다고 가르쳤다.

성례전에 형식적으로 참여하게 된 것은 중세 가톨릭교회가 성체성사를 우상화하고, 이에 참여하려면 반드시 고해성사를 통해 자신의 죄책을 사면받아야 한다고 주장하면서 각종 미신적인 행위들을 통한 공로주의 신앙을 퍼뜨렸기 때문이었다. 성지순례, 자선 행위, 성물 숭배, 성사 숭배, 성상 숭배 등등 성유물(relic) 숭배 신앙은 결국 "회개하라!"는 주님의 명령을 오용하게 만들었다.

성례전을 집전하는 사제가 '거룩한 그리스도의 몸'을 만진다는데 집착한 나머지 성직자를 거룩한 신분으로 만들었다. 거룩한 신분인 사제만 그리스도의 몸인 빵을 만질 수 있다고 생각하여 일반 신자는 성체인 빵을 손으로 받아먹지 못했다. 또 거룩한 피를 땅에 흘려 오용할 수 있다고 생각한 나머지 일반 신자에게는 잔도 주지 않게 되고 말았다.

결국 중세 후기 성직자 중심주의(Clericalism)는 종교개혁자들과 그리스도인들의 반대에 직면하게 되었다. 그 때문에 과거에는 고위 성직자에게만 요구되던 성직자 독신주의가 1215년 라테란 공의회에서 모든 사제들에게 보편적으로 강요되었다. 심지어 교회는 성직자의 체계를 마치 로마제국의 계급 구조처럼 상하 복종 관계의 지배 구조로 만들었다. 교황은 중세 후기로 가면서 머리에 쓰던 교황의 관

교황 Julius 2세와 머리에 쓴 삼중관

을 삼중으로 만들어 신성로마제국 황제와 위상을 대등하게 하려고 시도하기까지 하였다.[2]

그래서 교회는 제국처럼 교황을 정점으로 사제들이 다스리는 기독교권(Christendom)이 되어버렸다. 결국 예배에서 회중은 아무런 의미가 없었다. 모든 미사는 사제를 중심으로 이루어졌으며, 이것은 훗날 종교개혁자들의 비판 대상이 된 성직자 중심주의(Clericalism)가 되고 말았다.

사실 중세 일천 년의 역사적 특징을 말하라고 한다면 교황권

---

2 P. G. Maxwell-Stuart/박기영 옮김, 『교황의 역사』(갑인공방, 2005), 204. 교황의 관을 이층으로 만든 것은 보니파키우스 8세(1294~1303)였고, 곧 3층으로 더 높아진 삼중관에 보석으로 장식을 더한 교황은 율리우스 2세(1503~1513)였다. 그러나 보니파키우스 8세부터 교황의 권력이 기울었고, 1309년부터 아비뇽 교황청 시대가 시작되어 프랑스 국왕에게 예속되었다. 율리우스 2세는 인문주의 개혁자들의 조롱을 많이 받은 교황이었으며, 그가 재위하던 기간에 루터는 신학 박사 학위를 받고 비텐베르크 교수로 성서 연구를 시작하였다.

(Sacerdotium)과 황제권(Imperium)의 이중주의라고 할 수 있을 것이다. 두 세력은 서로 밀고 당기는 긴장 관계를 유지하였다. 이 관계가 무너질 때 종교개혁 운동이 시작되었다. 이것은 초대 기독교 박해 시대 속에서 사회적 약자로서의 교회가 로마제국의 국교로 전환하면서 일어나기 시작한 현상이었다. 교구의 사제나 대교구의 주교들은 더 이상 영적인 지도자가 아니라 정치적인 통치자가 되어버렸다. 그래서 정치적으로 되어버린 영적 통치자들은 점점 더 본래의 기독교적 신앙 정신과 거리가 먼 신앙의 형태를 만들어가게 된 것이다.

IV. 종교개혁자들의 고민

중세와 종교개혁 시대를 가르는 특징이 무엇인지를 한 마디로 설명하라고 한다면 "집단의식에서 벗어나 개인의식에로의 전환"이라고 말하고 싶다. 다른 말로 한다면 기독교권(Christendom) 안에서 침묵할 수밖에 없었던 그리스도인 개인 개인이 이제 자신의 목소리를 내기 시작했다는 뜻이다.

그동안에는 언제나 교회(실제로는 교황을 머리로 하는 교권)의 권위 아래에서 베풀어지는 예식들에 참여하기만 하면 사죄와 구원이 베풀어졌는데, 종교개혁자들은 이 과정에 서 있는 '인간 의식'의 역할을 들고 고민하기 시작하였다. '지금 예배를 드리고 있는 나는 누구인가?', '예배를 받으시는 하나님과 나는 어떤 관계인가?', '나의 마음이 어떤 자세가 될 때 하나님은 참으로 기뻐하시는가?' 등등의 문제의식이 오늘의 개신교를 세운 것이다.

사실 당시의 지식인들뿐만 아니라 사제들까지도 성서에 문외한인 경우가 많았다. 성서를 읽거나 성서에 관련된 시험에 통과하지 않아도 사제가 될 수 있었으며, 교회 예식을 집전하는 데 필요한 교회 예전을 암송하기만 하면 사제가 될 수 있었다. 이것은 지방으로 갈수록 심각해서 자신이 암송하는 라틴어 예전의 뜻을 모르는 사제도 다수였다고 전해진다. 이들이 받는 보수라는 것도 매우 형편없었다.

심지어 고위 성직자 가운데에는 성직매매를 통하여 확보한 여러 교구를 동시에 담당하여 부재 성직자로 권세를 누리려는 사람들이 많았다. 그들은 자기 대신에 보좌 사제를 매우 낮은 대우로 자신의 임지에 보내기도 하였다.

문제는 교회 그 자체에 있는 것이 아니라 변질된 교회 구조에 있다. 제국과 결탁한 교회는 자신의 구조를 세속적인 통치구조를 지향하게 만들었고, 결국 지배와 피지배라는 세속적인 구조를 만들고 말았다. 그런 교회 속의 예배는 예배의 근본정신을 잃어버릴 수밖에 없다. 그리고 성직자 중심주의와 형식주의 가운데에는 그리스도인 개인의 신실한 신앙은 설 자리가 없다. 자신의 신앙에 대한 문제의식을 포기한 그리스도인을 일깨워서 하나님과 자신과의 관계를 스스로 돌아보고, 바른 관계로 회복하도록 안내하는 것이 종교개혁 신앙의 역할이었다.

마르틴 루터의 만인사제론(priesthood of all believers)이 바로 그런 경우에 해당한다. 이 말은 "그리스도인이라면 누구나 예외 없이 사제"라는 뜻이다. 이것은 루터가 로마 가톨릭교회의 교황 중심주의 또는 성직자 중심주의를 비판한 말이다. 회개는 나 자신이 하나님 앞에서 나의 죄를 통회하고 하나님으로부터 용서를 받는 것이기 때문에 이 과정에서 사제가 영향을 끼칠 수 있는 것은 없다.

그런데도 교황이 발행한 면죄부 매매를 통하여 벌을 면제해 주고, 이미 죽은 자의 속죄와 구원을 위하여 미사를 드리는 상황 가운데서 나온 말이 만인사제론이다. 루터는 이것으로 성직자의 역할을 완전히 없애려고 한 것이 결코 아니다. 그리스도인은 누구든지 그 직분을 막론하고 자신의 구원 문제에 스스로 책임을 져야 한다는 뜻이다. 그 누구의 구원도 사제와 교회가 대신 할 수 없다는 의미이고, 이것이 종교개혁자들의 중요한 쟁점인 반(反) 성직자 중심주의(Anti-clericalism)이다. 어쩌면 하나님을 향한 예배의 근본적인 정신은 성직자에 의하여 진행되는 외적 예배보다 나 자신의 속마음이 하나님을 향하여 어떤 자세인지를 깊이 숙고하는 데서부터 올바르게 살아나는 것이다.

　종교개혁적인 예배 정신에 따르면 그리스도인은 반드시 예배드리는 목적이 무엇인지를 바르게 인식하여야 하고 스스로 하나님을 향한 믿음을 굳게 가져야 하며 그 예배에는 모든 회중이 주체적으로 참여하여야만 한다.

　앞서 언급한 대로 개신교의 예배는 예배드리는 그리스도인 개인이 중요하다. 그래서 성만찬 참여도 사제의 손으로 전달받아 기계적으로 받아먹는 것을 탈피하여 감사와 기념의 의미를 스스로 회복하게 되었고, 하나님의 말씀과 그 말씀의 선포도 예배 중에 그 위상을 회복하였다. 빵과 잔 그 자체가 그리스도의 살과 피로써 우리에게 영원한 가치를 보장하는 것이 아니라 "빵과 잔에 하나님의 언약 말씀이 임할 때 그것이 거룩한 예식이 된다"는 아우구스티누스의 전통이 종교개혁자들에 의하여 회복된 것이다.

V. 비텐베르크의 예배 개혁

　종교개혁 정신의 회복을 주장하는 개혁자들에게 당장 시급한 다음 문제는 예배를 실제로 개혁하는 일이었다. 마르틴 루터는 1523년 "비텐베르크 교회를 위한 미사 및 성만찬 순서"(*Formula missae et communions pro ecclesia Vuittembergensi*)라는 글을 쓰게 되었다. 우리는 이 가운데에서 예배 갱신이 어떻게 이루어지는지를 살펴볼 수 있다.

　1523년은 루터가 바르트부르크(Wartburg) 은거 생활(1521년 4월~1522년 3월)에서 돌아온 지 일 년 정도 되었을 때였다. 약 1년간 루터가 바르트부르크에 갇혀 있는 동안에 비텐베르크의 개혁을 진행하였던 인물은 칼슈타트(Andreas Bodenstein von Karlstadt)였다. 그 역시 루터처럼 비텐베르크 대학 교수였으며, 루터가 없는 동안에 루터의 개혁을 지지하여 최초의 개신교 미사를 집전(1521년 성탄절)하였던 개혁자였다. 그때의 미사는 라틴어 대신 회중이 알아들을 수 있는 독일어로 진행되었고, 성만찬은 빵과 잔 두 가지를 모두 회중에게 베푸는 이종성찬이었다.

　가톨릭교회의 성찬식은 언제나 사제 중심적이다. 사제는 빵과 잔 모두 받을 수 있으나 신자에게는 빵만 허락된다. 그 이유는 성체거양 후 그리스도의 살과 피로 변화된 빵과 잔이 오용될 가능성 때문이다. 신자가 잔을 받다가 땅에 흘리게 된다면 이를 주워 담을 수 없다는 생각에서 결국 일종성찬으로 자리를 잡게 된 것이다. 그래서 신자는 사제가 서 있는 자리로 나와서 무릎을 꿇고 빵만 받아먹고 자리로 돌아가야 한다. 그 빵마저도 직접 손으로 받을 수 없다. 사제는 신자의 입에 직접 빵을 넣어준다. 거룩한 그리스도의 몸을 일반 신자가

Andreas Bodenstein von Karlstadt

만질 수 없다는 결정 때문이다.

칼슈타트는 성찬 때에 빵과 잔 두 가지를 모두 나누어 주었고, 빵을 손으로 집을 수 있게 하였다. 성서에 기록된 만찬의 장면을 따라서 모든 그리스도인이 공평하게 성찬에 참여하도록 진행하였던 이 성만찬 예식은 매우 기념할 만한 것이다. 그런데 그동안의 가톨릭 미사에 길들여진 비텐베르크의 신자들은 매우 불안해하였다. 그중에 몇몇은 손으로 빵을 받아도 아무렇지 않다는 것을 과시하였지만, 대부분의 신자들은 이것이 하나님으로부터 벌 받을 행동일지 모른다는 생각에 쉽게 동참할 수 없었다. 이러한 미사의 개혁은 결국 교회 내의 성화상 철폐 운동으로 번졌다.

칼슈타트의 개혁은 사실 원칙대로 한 개혁이었다. 그러나 그의 개혁은 결국 교회당 내에 있는 성화상을 약탈하여 파괴하는 성상 파괴로 이어졌으며, 시민들을 흥분상태로 만들었다. 결국 시의회는 이를 매우 위험한 질서 파괴로 보았고, 칼슈타트의 설교권을 박탈하고야 말았다.

이런 상황 속에 비텐베르크로 돌아온 루터는 매우 조심스럽게 개혁을 추진할 수밖에 없었다. 따라서 루터의 예배 개혁은 한편으로 외적 형식에 깊이 매여있는 가톨릭 전통에서 벗어나는 것이기도 하지만, 다른 한편으로는 모든 의식적인 절차를 무시하고 내적 경건만을 강조하는 열광주의적 경건으로 향하지 않도록 하는 개혁이었다.

루터의 일차적 예배 갱신 목표는 예배를 타락시키는 못된 부착물들을 제거하는 일이었다. 이 말은 지금까지 진행된 예배 의식을 완전히 뒤집어엎으려는 것이 아니라 예배 의식을 정화하여 복음과 성서에 합당한 예배로 갱신하겠다는 것이다. 그러므로 기도문이나 찬송 등을 일일이 문제 삼지는 않는다.

가장 시급하게 갱신되어야 할 문제는 미사를 희생제사로 드리는 것이었다. 희생제사란 하나님께 제물을 드려서 하나님의 응답을 이끌어 내는 제사를 의미한다. 그래서 가톨릭교회의 미사에서는 그리스도의 살과 피인 빵과 잔이 '제물'로 봉헌되었고, 미사를 통하여 받고자 하는 소원성취 응답들이 기도문 안에 포함이 되었다.

예를 들면 죽은 자들을 위한 기도, 특별한 가호를 바라는 기도, 여행을 안전하게 해달라는 기도, 번영을 위한 기도가 미사의 명분이 되었다는 것이다. 루터는 이런 종류를 사악한 부착물로 보았다. 그는 이러한 것들을 사악한 아하스 왕이 예루살렘 성전 놋 제단을 제거하고 다메섹 제단의 복제물을 세운 것에 비유하였다. 루터에 따르면 지금 주교들과 사제들은 바알 신상과 다른 신들의 상을 여호와의 전에 세우고 있다는 것이다.

빵과 잔을 제물로 봉헌하는 일도 가증한 일이라고 하였다. 빵과 포도주를 준비하여 축성하는 것이 그리스도의 살과 피로 변화하고 따라서 그리스도의 희생제사가 미사를 드릴 때마다 반복된다는 주장에 대하여 루터는 강력히 반대하였다. 중요한 것은 제물이 아니라 말씀이다. 마치 여호와의 언약궤의 외적 능력만을 신봉하여 이를 전쟁터에 앞세우고 나아갔던 이스라엘 백성들이 블레셋 사람들에게 언약궤를 빼앗기고 말았듯이(삼상 5장) 사실 믿어야 할 것은 궤가 아니라 하나님의 언약이었음을 깨달아야 한다는 뜻이다.

루터는 "하나님의 나라는 먹는 것과 마시는 것이 아니요 오직 성령 안에서 의와 평강과 희락이라"(롬 14:17)는 말씀을 인용하면서 성만찬이 우리에게 매우 중요하다고는 해도 하나님께 우리를 천거해 주는 것은 '음식'이 아니라 '신앙'임을 분명히 하였다.

이러한 차원에서 루터는 예배 때에 착용하는 제복 문제에 대해서도 언급하였다. 제복을 착용하였다고 해서 더 거룩한 것이 아니고, 착용하지 않았다고 해서 예배가 덜 거룩해지는 것이 아니다. 중요한 것은 사람이 이를 통해서 허식과 허세를 부리지 말아야 한다는 것이다.

칼슈타트 같은 열광주의자들은 제복을 완전히 벗어버리고, 자신을 부를 때에 "형제 안드레아스"라고 부르도록 하여 사제와 신도의 역할 구별조차 완전히 없애는 방향으로 나아갔다. 하지만 루터에게 외적 제복을 착용하고 안 하고는 중요한 문제가 아니었다.

VI. 오늘날 우리에게 예배란 무엇인가?

가톨릭에 비교한 개신교 신앙의 특징이 무엇인지 묻는다면 필자는 이렇게 답하고 싶다. 개신교 신앙은 '질문하는 신앙'이라고 말이다. 종교개혁자들이 가톨릭교회의 관습적 전통에 대하여 끊임없이 질문하였기 때문이다.

종교개혁자들에게 영향을 준 르네상스-휴머니즘 운동은 "원천으로 돌아가라"(ad fontes)는 것이었다. 이것은 종교개혁자들에게 성서와 초대 교부에게서 답을 찾도록 이끌었다. 로마교회가 교황의 교령과 공의회의 결정을 무조건 따를 때 개혁자들은 성서와 초대 교부들의 글 속에서 실마리를 발견하였다. 그러므로 신앙적 의심과 논쟁 가운데에서 질문하고 답을 찾으려는 노력이 개신교 신앙의 결정적인 특징이다.

우리의 신앙은 맹목적이거나 무비판적인 것이 되어서는 안 된다. 역사 공부가 비판력과 판단력을 증진시키는 것과 마찬가지로 역사적 신앙은 우리에게 질문하게 하고, 숙고하게 하며, 건전한 판단력을 제공한다. 교황과 교회 의식 중심의 가톨릭 신앙이 맹목적이고 무비판적인 신앙임을 깨달은 개혁자들은 언제나 신앙의 정신이 무엇인지를 질문하고, 성서와 교부의 글에서 신앙의 본질을 찾으려고 하였다.

그들은 외적 예배 의식이 무조건 진정한 예배가 되지 않는다는 것을 알게 되었고 그래서 예배 정신의 본질을 찾으려고 하였다. 그리하여 성만찬에 기계적으로 참여하는 것에서 만족하지 않고, 성만찬의 본질이 무엇인지를 밝혀내었다. 자기 신앙의 십자가는 교회나 성직자 또는 신학자가 대신 져줄 수 있는 것이 아니라 신앙인 스스로

지고 가야 하는 신앙의 짐인 것이다.

개신교의 특징은 교파가 다양하고 신앙 양식도 다채롭다는 것이다. 그래서 심지어는 상호 간에 신학 논쟁이나 이단 시비도 끊임없이 일어난다. 예배 때 가운을 사용하는 문제만 해도 여전히 제복을 고집하는 루터파나 성공회와 제복을 완전히 벗어버린 청교도 계통의 후예들이라는 양극단이 공존한다.

성화상의 문제를 두고도 장로교 내부에서도 견해가 다르다. 개혁파 장로교 가운데에는 십자가마저 성상으로 취급하여 예배당 안에 걸지 않을 정도의 극단도 존재한다. 성만찬에 그리스도께서 실제로 임재하는지 아니면 영적으로만 임재하는지의 문제를 두고도 다양한 의견이 있다. 루터파는 빵과 포도주와 함께 그리스도의 몸이 공재한다고 하고, 장로교는 영적으로 임재한다고 하며, 스위스 개혁파들은 그리스도에 대한 기념이라고 한다. 종교개혁 당시의 열광주의자들은 외적인 성만찬 예식보다는 내적인 의미만을 강조하기도 하였다.

그러므로 개신교에서 하나님을 향한 경배의 표현은 언제나 형식이 문제가 되는 것이 아니다. 어떤 예배 의식을 채택하던지 언제나 '형식'이라는 그릇에 담겨 있는 '내용물'에 먼저 집중하는 것이 필요하다. 구약시대의 제사장과 예언자들의 역할이 서로 다르고 예수 시대의 율법과 복음이 서로 구별되듯이 외적 의식과 내적 경건은 나름대로의 역할이 있음을 알아야 한다. 물론 외적 의식 없는 경건은 도무지 하나님을 향한 존경심을 담아낼 '그릇'이 없는 예배와 같다. 반대로 내적 경건 없는 외적 의식은 예배를 '흉내' 내는 것일 뿐이다. 과연 오늘 우리들은 어떤 예배를 드리고 있는지 판단해 보아야 한다.

요즈음에는 교회 안에서 예배드릴 때 악기를 사용하는 문제로 많은 논의가 이루어지고 있다. 보수적인 교회에서는 오르간이나 피아노 이외의 악기 사용을 금지하고 있다. 주된 금지 악기는 기타나 드럼 종류인데, 이런 악기는 유흥업소 등에서나 사용하는 퇴폐적인 악기라는 것이 그 이유이다. 반면에 이런 악기에 익숙한 젊은 청년들은 청소년들을 위하여 허용할 것을 주장한다. 악기가 무엇이든 하나님을 찬양하는 데 사용될 수도 있고 또 그 반대로도 사용될 수 있다는 것이다.

마찬가지로 국악기의 사용에 대해서도 교회 안에는 논쟁이 있다. 전통 음악을 기독교 음악에 접목시켜야 한다는 주장과 서양 음악 중심으로 이루어진 기독교 음악에 익숙한 사람들이 느끼는 전통악기에 대한 거부감이 대립하기도 한다.

예배 순서에 교회 소식을 포함시키는 문제도 논란이 된다. 성도의 교제를 위하여 교회 소식을 공적 예배에 알리는 것은 의미 있는 일이라는 주장과 하나님을 경배하는 예배 순서에 인간적인 일에 관한 정보를 알리는 것은 반드시 배제되어야 한다는 주장이 부딪치고 있다.

예배 순서와 진행을 담당하는 문제도 마찬가지이다. 모든 순서를 성직자가 담당해야 하는 것으로 알고 오랫동안 그렇게 시행해 온 교회도 있는 한편, 반대로 성경 봉독 등 과거에 성직자나 특별히 선택된 낭독사가 하던 일들을 일반 교우가 담당하면서 회중의 예배 참여를 적극 유도하는 교회도 있다. 심지어는 예배의 설교에 대한 목사의 독점권에 반대하여 이를 개방한 교회도 종종 우리 주변에서 볼 수 있다.

이런 제반 사안들에 관심을 가지다 보면, 결국 오늘날의 개신교 예배는 개교회 중심이라는 결론에 이르게 된다. 공동체의 목회자와 회중들 사이에 이런 문제들이 제기되고 설득력 있는 대안이 제시되면 그 교회는 방향을 정할 수 있게 된다. 그러나 중요한 것은 형식과 내용 사이에 분명한 역할 분담이 있어야 한다는 점이다. 다른 말로 한다면 종교개혁자들이 주장한 예배 갱신의 방향을 거슬러 올라가서는 안 된다는 점이다.

무슨 뜻인가 하면 무의미한 형식주의 예배로의 회귀가 문제라는 점이다. 예배에 최신의 악기를 동원하고 감동적인 찬양을 통하여 젊은이들을 교회로 다시 불러 모으는 일은 분명히 형식을 벗어나는 일이지만, 만일 그 예배가 말씀이 사라진 감동만을 추구하고 예배 참여자의 성실한 삶보다는 찬양 행위 그 자체에 머문다면 이 또한 형식주의 예배가 될 수밖에 없다.

루터가 목회자의 제복을 허식이나 허례를 부리는 수단으로 삼지 말아야 한다고 말한 것처럼 공적 예배를 담당하는 자들도 목회자가 되었든지 평신도가 되었든지 두려워할 줄 알아야 한다고 생각한다.

예배는 공로가 아니라 섬김이다. 예배의 본질은 머리 되신 분과 참된 교제를 함으로써 몸 되는 교우들 간의 참된 교제를 가능케 하는 것이다. 그 일이 벌어지는 모임이 교회이며, 그 표지가 성만찬이다. 그러므로 예배는 외적 형식 충족으로만 끝나는 것이 아니라 개인 신앙인의 삶과 반드시 직결된다. 그래서 필자는 서두에서 예배를 "그리스도인의 경건한 삶의 총화"라고 부른 것이다.

종교개혁자들이 하려고 한 것은 한마디로 예배 갱신이라고 할 수 있다. 복음에 합당한 예배를 회복하는 것이다. 그리고 이 예배는 예배와 일상생활에서의 일치를 추구한다. 그때 비로소 예배는 공적 진리로서의 가치를 발휘하게 되는 것이다.

예배의 갱신을 소망하는 우리에게 가장 시급한 것은 예배 개념을 전환하는 일이다. 우리는 우리가 우리의 정성으로 예배를 드린다고 생각한다. 그러나 종교개혁자들은 반대로 말한다. "사람이 행위와 희생 제사를 통하여 하나님을 섬기는 것이 아니라, 반대로 하나님께서 말씀과 성례전을 통하여 인간에게 다가오시는 것"이라고 개혁자들은 예배를 정의하였다. 그러므로 외적 형식은 우리가 준비한 예배 예식이지만, 그 예배의 내적인 의미는 임재하시는 하나님을 받아들이는 일이다.

즉, 예배는 먼저 하나님의 일(*opus Dei*)이다. 그래서 예배 때에 인간은 죄를 고백하고, 도움을 청하고, 신앙을 고백하고, 하나님을 찬양하게 되는 것이다. 그 진행 순서와 방향을 반드시 생각해 보아야 한다.

내가 먼저 하나님을 찬양하고 경배하므로 그 정성을 보아서 하나님이 구원을 주고 축복해 주시는 것이 아니라 반대로 하나님께서 먼저 나를 불러서 말씀과 성례전으로 깨우치시고 먹이시는 것이다. 그 다음에야 우리의 감사와 찬양이 뒤따르는 것이다. 그래서 예배는 공로가 아니라 감사와 섬김이 되어야 한다.

오늘의 한국교회는 많이 생각하고 많은 질문을 던지는 교회가 되어야 한다. 예수의 개혁, 종교개혁자들의 개혁 정신이 무엇인지를 알고, 오늘 우리 자신의 모습을 진단하는 능력을 갖추어야 한다. 예배가 "하나님의 일"(*opus Dei*)이었음을 아는 방향으로 개념 전환이 필요하듯이 교회나 목회자 혹은 나 자신이 하나님의 위치에 대신 자리 잡고 있지 않은지를 스스로 돌아보아야 한다. 그리고 예배드리는 우리 자신의 삶이 예배드림에 합당한 것인지도 살펴보아야 한다. 이렇게 될 때 종교개혁자들의 원했던 예배 갱신이 500년이 지난 오늘에도 살아 숨 쉬게 될 것이다.

8장

종교개혁과 구원

I. 구원이란?

기독교 신앙에 입문하는 사람들에게 "신앙을 가지고 교회에 출석하는 목적이 무엇이냐?"고 물으면 대부분 "구원받기 위함"이라고 대답할 것이다. 기독교 신앙을 전하는 사람들도 예외 없이 "예수 믿고 구원받아야 한다"는 기본 명제를 전도의 대전제로 삼고 있다.

그런데 문제는 예수 믿는 목표인 '구원'이 도대체 무엇이냐고 물으면 쉽게 대답하는 사람이 없다는 점이다. 우리가 늘 들어서 익히고 있는 말이 바로 "구원이란 영생을 얻는 것"이라거나 아니면 "구원이란 하늘나라에 들어가는 것" 정도의 대답이다. 조금 더 정리된 대답이 "구원이란 예수 그리스도가 우리의 죄를 대신하여 십자가에 달려 돌아가셨으며, 그를 믿음으로 말미암아 우리가 영생하게 된다"는 고백이다. 대명제는 분명하다.

그런데 "구원이 무엇인지" 단 몇 줄로 정리하기에는 우리의 인생이 너무 길다. 한평생 우리는 구원의 문제와 씨름하며 살아야 하는데, "예수 믿고 구원받으면 영생한다"라는 정도의 말로는 우리의 지성이 만족할 수 없다. 이미 구원을 받았기에 더 이상 구원에 관하여 생각할 것이 없다면 그 '구원'은 의미를 상실한 구원이다.

이런 문제의식이 "구원이란 무엇인가?"라는 주제를 여전히 중요한 논제로 남게 하였음이 분명하다. 이것은 아주 오래된 주제이며 2,000여 년 기독교 신학 역사 속에서도 언제나 신중하게 다루어져 왔다. 그런데 이제 다시 한번 오늘 우리 시대 한국교회를 위하여 논의하자는 데에는 중요한 이유가 있다. 그것은 정통주의와 계몽주의 그리고 경건주의의 시대를 거쳐 과학과 인간의 이성적 사고의 중요성이 강하게 대두된 현대사회 속의 인간이 이해할 수 있는 구원의 개념을 정리해야 한다는 의미이다.

지난 2020년 봄은 신종 코로나바이러스(COVID-19) 확산으로 온 지구가 공포에 떠는 계절이었다. 국가별로 다르지만, 확진 판정을 받은 사람의 사망률이 심한 경우 10%가 넘는 나라도 있다. 감염 전파의 속도도 엄청나다. 백신이나 치료제 개발은 2021년에 와서 성과를 내고 있고, 나라마다 다르지만 접종률을 높이고 있다. 물론 돌파 감염 때문에 여전히 불안한 것은 사실이다. 하지만 이 바이러스 때문에 인류가 멸망할 거라는 절망을 하는 사람은 아무도 없다. 시간이 지나면 과학자들이 더 나은 치료제와 상용할 백신을 개발할 것이고 또 면역력이 생기면 바이러스는 잠잠해지거나 독감의 일종 같은 취급을 받게 되리라고 생각한다.

중세의 전염병인 흑사병(페스트)도 강력해서 수많은 사람의 목숨을 앗아갔다. 그때 유럽인들은 치명적인 이 질병 앞에서 절망했고, 의료적 해결책 대신 종교에서 그 대안을 찾으려 했다. 의술이나 과학이 아닌 순례와 성물 숭배와 성자 숭배 같은 미신에 기대어서 생명을 유지해 보려고 애썼다.

모든 사람은 죽음 앞에서 두려워한다. 그런데 기독교 구원관에 따르면 구원받은 이에게는 천국의 삶이 보장되어 있다. 세례를 받고, 고해성사를 하고, 성만찬을 받았다면 구원이 보장된 것이 아닌가? 죽으면 하늘나라에 갈 텐데 그들은 왜 그렇게 죽음을 두려워했을까?

그 당시는 유아 사망률도 매우 높았다. 출생 후에 서둘러 유아세례를 받지 않으면 세례 없는 죽음으로 영원한 지옥에 갈지도 모를 일이었다. 그래서 가톨릭교회는 림보(limbo, limbus)라는 장소에 세례 없이 죽은 어린 영혼이 머무르게 된다고 설정하기도 하였다.

느닷없이 다가오는 죽음의 공포 앞에서 중세인들은 현재의 삶보다 더 두렵고 무서운 내세의 지옥에 더욱 절망하였다. 교회가 정한 대로의 신앙을 가졌어도 자신도 모르는 사이에 지은 죄까지 낱낱이 용서받지 못하는 한 그 죗값을 '연옥'(purgatory)에 머물면서 치러야 한다는 로마교회의 교리는 현세와 내세의 모든 공포에서 '구원'해 주지 못했다. 결국 '죽음'이란 누구에게나 두려운 것이고, 어떻게든지 피해야 하는 것이었다.

그런데 오늘날은 어떠한가? 우리는 지금 중세 유럽처럼 기독교 국가나 기독교 사회 속에 살고 있지 않다. "예수 믿고 구원을 받는다"라는 명제에 대해서 동의하는 것은 그리스도인들뿐이다. "예수 믿고 구원을 받는다"는 그리스도교의 명제가 비그리스도인들 눈에는 어떻게 보일지 생각해본 적이 있는가?

중세 유럽의 시대처럼 연옥이나 지옥의 공포를 벗어나 천국에서 영원히 살 것이라는 구원의 단순한 개념만으로 이해시킬 수 있을까? 이성의 시대, 과학의 시대를 살아가는 현대인들에게 그리스도교의 구원이 무엇인지 어떻게 설명할 수 있을까? 또 현대의 그리스도인들 역시 죽음이라는 경계 이편과 저편 모두에서 느끼는 구원의 의미를 어떻게 맛볼 수 있을까?

필자는 구원의 개념을 묻는 작업을 우리의 인생과 관련하여 설명해 보려고 한다. 나를 떠나서 객관적인 구원의 의미를 묻는 일은 늘 지루하고 어려움만을 주는 일이었다. 이제는 구원이 무엇이냐고 묻지 말고, 구원받는 삶을 어떻게 사는 것인지를 진지하게 생각해야 할 때가 되었다.

이러한 논의를 위하여 개신교의 태동기에 해당하는 종교개혁 시대의 구원 문제를 오늘에 연결 지어보자. 인간 정신에 다시금 눈뜨기 시작했던 르네상스 시대, 구교의 행위 중심적 구원관을 흔들어서 참된 구원이 무엇이며 어떠한 삶을 살게 하는 것인지를 역설하던 종교개혁자들의 목소리를 이 글에서 재현해 보고자 한다.

II. 전제 조건들

구원(救援)이라는 단어의 뜻은 일반적으로 "어려움에서 구해 주는 것"을 의미한다. 영어의 구원(salvation)도 라틴어 동사 *salvare*(구원하다)에서 나왔는데, 명사인 *salus*는 건강, 치료, 구조의 뜻으로 사

정욕(concupiscentia)과
은혜(gratia)로 본

의로운
인간

4. 평화와
행복의 행위

3. 은혜의 행위

2. 율법의 행위

1. 죄의 행위

은혜에 굴복한
정욕 → 저항 중

억지로 누른 정욕

은혜 없는 정욕

은총과 행위의 4단계 루터의 갈라디아서 강의

용된다. 그래서 "구원하다"라는 단어는 "속박에서 풀어내어(erlösen) 자유롭게(befreien) 만드는 것"을 의미한다. 모든 신학 용어들이 그런 의미로 쓰이고 있다. 조금 더 넓은 의미로 쓴다면, 속박에서 풀어내는 것뿐만이 아니라 치료하여(heilen) 거룩하게(heiligen) 하는 것이 구원의 의미이다.

그러므로 '구원'을 설명하려면 구원의 전제 조건인 '속박'이 무엇인지 알아야 한다. 다시 말해 우리가 지금 구원에 관하여 말하려면 구원상태가 아닌 것이 무엇인지 먼저 말해야 한다는 전제가 필요하다. 우리가 속박 상태에 있는 것, 그것을 "죄의 상태"라고 부른다. 따라서 우리가 구원을 논하기 위해서는 죄가 무엇인지 논해야 한다. 여기서 두 번째의 전제 조건이 필요하다.

두 번째 전제 조건은 지금까지 우리가 가졌던 죄의 개념을 일단 포기하고 시작하여야 한다는 조건이다. 만일 우리가 우리 마음에 담아둔

대로 죄를 규정하면 올바른 구원의 의미를 절대로 풀어낼 수 없다.

예를 들어 지금 당장 "당신은 의인입니까? 아니면 죄인입니까?"라는 질문을 받았다고 할 때 무엇이라고 답할 수 있겠는가? 의인이라고 답하기에는 여전히 나는 일상 속에서 죄가 될 만한 행동이나 생각을 하는 것 같기도 하고, 반대로 죄인이라고 답하기에는 지금까지 죄에서 벗어나려고 노력한 나의 신앙생활이 모두 물거품이 되는 것 같아서 꺼림직할 것이다. 이것은 이미 우리 속에 내가 규정해둔 불완전한 죄의 개념이 각인되어 있기 때문에 일어나는 현상이다.

세 번째의 전제 조건은 구원에 대한 막연한 생각을 버리는 일이다. 믿고 세례받으면 구원을 분명히 받은 것인가? 아니면 그의 삶이 거룩해야 구원받은 증명이 되는 것인가? 그리고 거룩한 삶이라면 어디까지가 거룩한 것인가? 이런 질문에 근거 있는 답을 하지 못하는 불분명한 상태에서 "당신은 정말로 구원받았느냐?"는 질문을 받게 된다면 그리스도인은 누구나 당황할 수밖에 없다. 상대방에게 무례하게 "당신은 정말 구원받았느냐?"고 묻는 사람도 구원을 자기 마음대로 상상하며 묻고, 답하는 사람도 자기식대로 생각하는 구원을 답하면 우리에게 남는 것은 혼란뿐이다.

세 가지 조건을 요약하면 ① 구원의 이전 상태인 죄의 상태를 알아야 하고, ② 지금까지 자기가 생각하는 죄의 개념을 버려야 하며, ③ 자신이 가지고 있는 막연한 구원 개념을 버려야 한다는 것이다. 그런데 의외로 이런 오래된 사전 지식에서 벗어나기가 어렵다. 너무 오랫동안 맹목적으로 믿어 왔기 때문이다.

이러한 전제 조건들이 필요한 가장 근본적인 이유는 종교개혁 정신을 회복하자는 데 있다. 15세기 로마 가톨릭교회의 신앙 행태가 개혁되어야 했던 가장 근본적인 이유는 로마교회의 타락이 아니다. 로마교회이기 때문에 타락하고 개신교이기 때문에 타락하지 않는다는 것은 편견이며, 무슨 종교이든지 세월이 흐르면 인간의 욕심이 본래의 근본정신을 흐리게 만들 수밖에 없다는 뜻이다.

그래서 우리는 초대교회의 신앙 정신을 회복하려던 종교개혁 운동 속에서 참된 구원의 의미를 발견하려는 것이다. 종교개혁 이후 500여 년이 흐르는 동안 변질되었을지도 모르는 신앙 양태들을 이제는 접어두고, 다시 처음으로 돌아가 종교개혁 정신에 비추어 바르게 자리매김하자는 뜻이다.

III. 죄와 구원

죄의 상태에서 벗어나 회복되는 것을 구원이라고 한다면 제일 중요한 것은 "죄란 무엇인가" 그리고 "왜 우리가 지금 죄의 상태에 빠진 죄인인가"를 깨닫는 일이다. 일반적으로 죄의 개념은 종교 내의 윤리적, 도덕적 명령들과 연관되어 있다. 우리는 보통 이 명령을 '율법'이라고 부른다. 율법으로 번역되는 토라(תורה)라는 말은 소위 '모세 오경'[1]을, 특히 그 안에 나오는 하나님의 지시나 명령을 의미한다. 이것은 내용적으로 방향, 안내, 교훈을 뜻하는 것으로, '법'이라는 의미가 강하다. 나중에 그 의미가 확대되어서 명령이 아닌 설화 부분까지 포

---

1 모세가 기록했다고 믿던 시절에 '모세 5경'이라고 부른 창세기, 출애굽기, 레위기 민수기, 신명기를 뜻한다. 오래된 독일어 성경을 보면 다섯 성경에 모세의 이름을 붙여 1.Mose, 2.Mose라고 부르기도 한다.

함되어 모세 오경 전체를 토라라고 부르게 되었다.

신약시대에 들어서는 '율법과 예언자들' 또는 '율법'이라는 말로 모든 구약을 지칭하게 되었다. 그런데 모세 오경을 읽어보면 노모스(νομος)나 렉스(lex) 또는 유스(ius) 같은 엄밀한 의미에서의 '법'은 적다는 것을 느낀다. 종교 예식까지 포함하여도 토라는 법이라기보다 '가르침'이라고 볼 수 있다. 그리고 그 가르침이란 '하나님의 길'에 대한 가르침이다.

그 가운데 특히 출애굽기 후반부와 레위기 그리고 신명기의 일부가 좁은 의미의 법적인 성격을 강하게 드러낸다. 십계명(출 20:1-17, 신 5:6-21)과 계약법(출 20:22-23:33), 신명기 법전(신 12-26장)과 성결법전(레 17-26장), 제사법전, 토지법 등이 바로 그것이다.

이스라엘 백성의 미래를 불행하게 이끌고 간 문제는 이러한 율법이 잘 지켜지지 않았다는 데 있다. 바벨론 포로 시대(참고, 렘 31:33)에 율법이란 '정체성'을 지키는 수단이었다. 더구나 자기들이 포로생활을 하게 된 것도 율법을 지키지 않아서였다고 이해하였다. 포로에서 귀환한 백성들은(스 9:3; 느 5:6) 여전히 겉치레의 율법 실행을 하고 있었다. 그들은 내면적인 신앙생활에 필요한 율법을 형식적인 율법주의로 만들어 버렸다. 우리는 이 문제를 사도 바울의 다음과 같은 말을 빌려서 진단할 수 있다:

그런즉 우리가 무슨 말하리요 율법이 죄냐 그럴 수 없느니라. 율법으로 말미암지 않고는 내가 죄를 알지 못하였으니 곧 율법이 탐내지 말라 하지 아니하였다면 내가 탐심을 알지 못하였으리라. … 생명에 이르게 할 그 계명이 내게 대하여 도리어 사망에 이르게 하는 것이 되었도다(롬 7:7-12).

즉, 모든 율법주의의 첫 번째 잘못은 토라에서 비롯된 것이 아니라 타락한 인간 속에 있다. 율법주의의 문제는 법의 내적인 통일성보다는 모든 법을 잡다한 계명으로 착각하는 데서 비롯된다. 율법주의의 두 번째 잘못은 잡다한 계명에 대한 형식적인 준수를 그 법 정신에 대한 충성과 혼동하게 만든 것이다.

후기 유대교에서는 일반 대중들 사이에 비지성적이고, 기계적이며, 자기중심적이고, 심지어는 위선적이기까지 한 율법주의적 양상이 심하게 등장하였다. 서기관들이 만드는 율법의 세부 규정들은 양심적인 율법 준수자들을 점점 더 절망하게 했다. 지킬 수 없는 율법 규정들 때문에 율법을 완전하게 지키는 데 실패하였고, 결국은 거짓으로 율법 규정을 준수하는 척하게 만들거나 율법의 본정신이 사라진 율법 규정을 강요하였다. 예를 들어 안식일의 법에 관한 세부 규정도 결국에는 "안식일에는 아무런 일도 못 한다"는 문구에 집착하여 위급한 상황에 빠진 사람을 구출하거나 다친 사람을 치료하는 행동까지 제한하게 되었고, 안식일의 본정신인 '안식'보다 안식일 규정을 강요하여 인간을 더욱더 곤비하게 만들고야 말았다.

우리가 만일 예수의 가르침을 통하여 "율법의 정신이 무엇이냐?"는 질문의 해답을 찾고자 한다면, 예수께 질문한 바리새파 율법 교사의 이야기(마 23:34-40)를 읽어보라고 권하고 싶다. 지속적으로 예수를 시험하던 당시의 종교 지도자 중에 가장 권위가 있다는 바리새파 율법학자가 예수를 시험하려 이렇게 물었다. "선생님, 율법 가운데 어느 계명이 중요합니까?"

그때 나온 대답이 "네 마음을 다하고, 네 목숨을 다하고, 네 뜻을 다하여, 주 너의 하나님을 사랑하라"(마 23:37)라는 말씀이다. 예수는 여기서 멈추지 않고 둘째 계명을 덧붙였다. "둘째 계명도 이와 같은데, 네 이웃을 내 몸과 같이 사랑하라"(23:39). 으뜸가는 계명과 둘째 계명이라고 순서를 정했지만, 예수는 같은 것이라고 말하였다.

율법주의자들은 율법의 가치 경중을 따지는 데 반하여 예수는 율법의 정신을 중요시한다. 즉, 율법 최고의 목적은 "율법 준수를 통하여 율법 창시자에게 사랑을 돌리고, 그가 지은 인간 사회를 서로 사랑하는 사회로 변화시키라는 것"이다. 이런 태도 때문에 때로 예수는 율법 규정을 위반하고 폐기하려 한다는 오해를 받기도 하였다.

마찬가지로 사도 바울이 "우리 자연인이 율법을 완수할 수 없다"라고 말한 대목이나 "그런 율법은 구원을 가져다줄 수 없다"고 한 대목(롬 7:1-23; 고전 9:9; 갈 4:21)은 따져 보면 "정신이 사라진 율법주의적 위선"을 뿌리 뽑기 위함이었다. 즉, 예수나 바울의 사상 가운데는 율법의 본정신, 본래 목적을 회복하자는 노력이 숨어 있음을 알아야 한다.

이러한 점에서 율법은 내가 처해 있는 죄의 상태가 무엇인지를 알게 하는 기준이 된다. 그런데 율법적 세부 규정들을 준수하는 것으로 죄의 상태에서 스스로 벗어날 수 있다고 믿는 일은 전혀 옳지 않은 방법이라고 성서는 증언하고 있다. 예수 그리스도와 사도 바울의 가르침들이 그 증거들이다.

따라서 율법이란 죄가 무엇인지를 깨닫게 하는 역할을 하는 것이지, 그 율법을 지키는 것을 통해 죄에서 벗어나게끔 하는 기능을 가진 것이 아니다. 바울이 여러 차례 기록한 대로 우리가 율법을 완전히 지키는 일에 실패할 수밖에 없는 인간임을 안다면 죄의 정체가 무엇인지도 알 수 있을 것이다. 죄란 어떤 법적 규정에 위배되는 행동을 하는 것이기 이전에 우리의 무능력과 무지를 의미하는 것이다.

IV. 죄란 무엇인가?

1.자신에 대한 죄

중세 후기 그리스도인들의 일상생활은 죄를 짓는 행위와 용서받는 고해를 반복하는 것으로 규정된다. 교회의 훈령을 어기는 행위는 모두 죄로 규정되며, 죄는 반드시 고해성사로만 보속의 행위와 함께 사면을 받는다. 여기서 중요한 역할을 하는 것이 사제들이다.

종교개혁자 루터가 에르푸르트 대학에서 법학을 공부하기 시작하던 시기에 고향을 방문하고 돌아오던 길, 그는 뇌우 속에서 갑작스럽게 "자기가 지은 모든 죄를 아직 용서받지 못했다"는 불안감을 느꼈다. 만일 이 상태로 죽는다면 반드시 지옥에 가고 말 것이라는 두려움이 루터로 하여금 수도사가 되겠다는 서약을 갑작스럽게 하도록 만들었다.

그 후 아우구스티누스 엄수파 수도원에 들어간 루터는 여전히 죄의 속박에서 고통스럽게 살았다. 그동안 지은 죄를 하나씩 씻어 나가는 모든 고된 수고가 헛된 것이었다는 의심과 함께 그의 마음속에서 여전히 새로운 죄책감이 고개를 들었다. 만일 훈령을 지키지 못하는 것이 죄라면, 죄에서 자유롭게 될 방법은 없다. 그래서 루터는 절망하였다. 후기 중세 교회가 제시하는 방법으로는 결코 구원의 길에 이를 수 없다는 절망이었다.

심각한 고민과 함께 루터가 이 문제를 해결한 방법이 바로 인간의 본성을 파악하고, 성서에서 죄를 무엇이라고 말하는지를 깨닫는 일이었다. 아담이 범죄를 저지른 이후 인간은 끊임없이 제1계명을 범한다는 것이 루터의 생각이었다. 특히 인간은 평화로운 때에는 비교적 하나님을 섬기는 일을 잘하지만, 겪어보지 못했던 고난의 시험대 위에 올라서면 너무도 쉽게 하나님 이외에 다른 신을 섬기곤 한다. 동시에 하나님을 대신할 만큼 힘 있어 보이는 우상을 겸하여 섬긴다.

여기서 죄란 일차적으로 제1계명을 어기고 "다른 신을 섬기는 것"이다. 하지만 더욱 중요한 것은 근본적인 죄가 무엇인지 아는 일이다. 더 근본적인 죄는 '인간의 본성'에 달려있다. 평화로운 시절에 외적으로는 의롭게 사는 것처럼 보여도 내적으로는 본성적으로 두려움과 명예욕 사이에서 방황하는 것이 우리 인간이다. 따라서 우리가 우리 자신을 향하여 짓는 죄란 행위에서 비롯된 것이기보다는 본성에서 비롯되었으며, 그 본성은 바로 '자기 사랑'(amor sui)이다. 무엇보다도 더 큰 문제는 우리 자신이 자기 본성을 모르기도 하거니와 본성적으로 그러하다는 사실을 전혀 받아들이려고 하지 않는다는 데 있다. 우리가 하는 말과 생각과 행동은 모두 자기중심적인데, 우리는 이 모든 것이 다 하나님 중심적이라고 착각하며 살고 있다. 이것이 근본적인 죄의 정체이다.

그러므로 자신이 죄 가운데에 있다는 사실은 깨닫기 매우 어렵다. 윤리적 또는 도덕적으로 잘못한 행동에 대해서는 죄책감을 느끼더라도 자기가 정신만 차리면 그런 범죄 없이 올바르게 잘 살 수 있다고 믿는 것 자체가 여전히 죄다. 이것을 느끼지 못하는 것이다. 그래서 우리 인간들은 서로 만나기만 하면 우리 인간이 세운 잣대들을 서로에게 들이대면서 누가 더 의로운지, 누가 더 죄인인지를 판별하려고 한다. 더 나아가서 우리 인간들은 자기의 기준으로 상대방을 교정해서 자기의 생각에 맞추려고 한다. 인간이 인간을 향하여서도 자기 생각을 내세우며 살고 있는데, 하물며 쉽게 응답하시지 않으시는 하나님을 향하여 자기 생각과 고집을 주장하는 것은 정말 빈번하게 벌어지는 일이다.

우리 마음의 뿌리에 본성적 불신앙과 죄가 자리 잡고 있다는 사실을 깨닫게 하는 것이 '성서'이다. 우리가 진정으로 성서의 말씀과 만나는 순간에 우리는 우리 심연 깊은 곳에 지울 수 없는 본성적 죄가 자리 잡고 버티고 있다는 사실을 깨닫게 된다. 내 힘으로는 어찌해볼 수 없는 본성적 죄를 성서의 말씀과 만나서 처음으로 인식하게 되는 것, 이로 인하여 나 자신이 아무리 잘해보려고 해도 하나님의 뜻에 어긋날 수밖에 없으며, 우리는 본성적으로 하나님을 사랑할 수 없음을 깊이 깨닫는 것이 바로 우리 신앙의 출발점이다.

종종 우리는 이러한 일이 단 한 번으로 충분하다고 착각한다. 과거에 언젠가 한 번 진정으로 내가 죄인임을 깨달았다면 그것으로 충분하다고 하는 생각이 우리를 다시금 율법적인 행위 중심주의에 빠지게 한다. 그렇게 사는 것은 교만한 삶이며, 죄 가운데서 구원받은 자의 삶이 아니다. 죄에서 벗어나는 삶은 우리 자신의 힘이 아니라 하나님의 은총이 우리를 죄에서 자유롭게 한다는 사실을 깨닫고 날마다 이렇게 기도하는 것이다: "주여 오늘은 자기 사랑에서 벗어나 하나님 사랑을 하도록 하소서."

하나님 사랑은 우리를 진정한 겸손의 길로 인도한다. 의식적으로 겸손한 척하는 그런 겸손함이 아니라, 겸손함이 그다지 드러나지 않고도 자연스러운 겸손함이다. 거기에 죄로부터 구원의 길로 나가는 열쇠가 있다.

2. 이웃에 대한 죄

자신을 향한 죄가 있다면 동시에 사회와 이웃을 향한 죄가 있다. 종교개혁자들이 이 문제에 관심 가지게 된 것은 성서에 나오는 바리새적 경건이 중세 후기 로마교회 안에 만연하고 있었기 때문이었다. 바리새적 경건은 "형제가 낙심하고 쓰러진 것을 보면서 자신은 의롭다고 느끼는 행위"에서 출발한다. 그러니까 이웃에 대한 도덕적, 율법적 우월감에서 죄가 시작된다는 뜻이다.

일반적인 우리 생각으로는 도덕적 또는 윤리적으로 건전한 사람이 건전하지 못한 사람에 대하여 자신의 경건성을 자랑해도 될 것 같기도 하다. 하지만 결코 그렇지 않다. 교회 안에서도 도덕적인 의지와 종교적인 열성이 크면 클수록 더욱더 칭찬을 받게 되는데, 바로 여기에 빠지기 쉬운 함정이 있다. 이것이 자랑할 일이 되어서는 결코 안 된다. 루터는 이웃에 대한 죄를 논할 때 은사까지도 잘못 사용하면 안 된다고 하였다. 은사를 이용하여 남보다 우월하다는 생각 또한 죄다.

결국 '이웃을 향한 죄'란 이웃을 자신처럼 여기지 않는 것을 말한다. 산상 설교에 나오는 대로 자신에게 대하듯이 이웃을 대해야 한다. 그런데 문제는 "참으로 이것이 가능한 일인가?" 하는 점이다. 우리는 우리의 경건을 통하여 이웃을 내 몸처럼 대하는 일이 가능할 것이라고 생각한다. 훈련하기에 따라서 도덕적 의지 능력이 강화되면 산상수훈의 원수 사랑이 실천될 수 있다고 본다. 그러나 "이것을 인간의 의지로 실행할 수 있느냐?"는 질문에 대한 대답은 "예"이기도 하고 동시에 "아니오"이기도 하다.

루터는 인간의 도덕적 행위능력을 인정한다. 그러나 우리 의지는

우리 본성과 본마음에서 나오는 것인데, 그 뿌리에는 형제에 대한 적
대감이 자리하고 있다는 데에 문제가 남아 있다. 위에서 언급한 자기
자신에 대한 죄와 마찬가지로 우리가 우리의 본성적 마음까지 바꾸
지는 못한다. 다른 말로 한다면 우리는 이웃 사랑을 행위로는 할 수
있으나 마음으로는 하지 못한다.

살인하지 말라는 계명은 살인의 행위를 하지 않았다는 자기만족
을 꾸짖는 계명이다. 오히려 남이 받은 상처에 함께 마음 아파하고,
작은 일이라도 생명을 살리는 일을 소홀히 하지 말아야 한다는 뜻으
로 확대 해석하여야 한다.

그러므로 이런 계명을 우리가 문자적으로 지켰다고 생각할 때 우
리는 그 깊은 속을 들여다보아야 한다. 잘 보면 보인다. 우리의 겉
사람은 이를 문자적으로는 지키고 있지만, 우리의 마음과 속생각은
전혀 반대 방향에 서 있다. 이웃 사랑을 실천하는 인간에게 필요한
것은 '전적 인간'(*totus homo*)의 의로움이다. 겉과 속 '모두'가 계명 속
하나님의 의를 가슴에 담는 일이 바로 구원이다.

V. 그리스도의 승리

16세기 종교개혁자들의 신학 가운데 몇 가지 중요한 주제들이 있
다. 그중에 두 가지를 꼽으라면 칭의론과 교회론이라고 할 수 있다.
그들은 이 두 가지 새로운 관점을 통하여 로마 가톨릭교회의 개혁을
추구하였다.

죄와 구원의 문제를 다루는 것이 '칭의론'이다. 어떻게 우리 인간

이 하나님 앞에서 의롭다 칭함을 받게 되는가 하는 주제이다. 로마서 1-3장에 나와 있는 대로 우리는 믿음으로 말미암아 의롭다고 인정을 받는 존재들이다. 그런데 개신교회의 신학과 신앙적인 규준이 되는 이 말이 과연 올바른 의미로 사용되고 있는가를 좀 더 신중하게 생각해 보아야 한다.

종교개혁자들의 칭의론은 한편으로는 커다란 반응을 불러일으켰지만, 그 뜻을 깊이 이해하지 못하는 사람들에게는 오해를 불러일으키기도 하였다. 오늘날의 우리 자신도 여전히 이 문제에서 자유롭지 못하다. 그래서 종교개혁의 칭의론을 향하여 던져지는 질문이 바로 "칭의는 행위를 무시하는가?"라는 질문이다. "우리가 믿음으로 의롭다 함을 얻기만 하면 우리의 행위는 구원의 문제와 아무런 상관이 없다는 말인가?"라는 질문이다. 이 질문에 대한 대답을 그리스도를 중심으로 풀어보자.

1. 인간의 이중성

종교개혁자들이 말하는 의로운 인간이란 우리 인간 편에서 결정하는 것이 아니라 하나님 편에서 보아 의로운 인간을 의미한다. 의와 불의를 구분하는 데 객관적인 기준이 있으면 될 일이지 왜 누구 편에서 보는가에 따라 의의 기준이 달라지느냐고 묻는다면, 본래 칭의의 성격이 그렇다고 대답할 수밖에 없다. 인간이 의롭다고 하는 것은 정말 의롭게 되었기 때문에 의롭다고 하는 것이 아니라 '누군가'가 그를 의롭다고 인정해 주었기 때문에 의로운 것이다.

예를 들어 엄청난 빚을 진 사람에게 누군가 그 빚을 탕감해 주었다고 하자. 이제 그는 그 빚을 다시 갚을 필요도 없고, 더 이상 빚진 자라고 불리지도 않는다. 그러나 그가 과거에 엄청난 빚을 졌다는 사실은 지워지지 않는다. 빚을 받았어야 할 사람이 더 이상 갚으라고 하지 않기 때문에 그는 빚을 진 사람이되 그 빚을 갚을 필요가 없다.

그러면 그 사람을 전혀 빚지지 않은 사람이라고 해야 할까? 아니면 갚을 필요는 없으나 여전히 빚진 사람이라고 해야 할까? 그 사람이 만일 탕감해 준 '누군가' 앞에 섰을 때는 어떻게 처신해야 할까? 전혀 빚진 적이 없는 듯이 행동해야 할까 아니면 탕감받은 빚 때문에 고개를 들지 못해야 할까?

우리가 하나님 앞에서 지은 죄와 구원의 문제도 위의 경우와 거의 일치한다. 분명히 우리는 죄인이다. 죄를 지은 사람은 벌을 받아야 한다. 그런데 예수를 그리스도로 믿는 사람에게는 벌이 내리는 대신에 용서와 구원이 주어졌다. 용서받았기 때문에 과거 우리의 죄는 모두 지워진 것일까? 아니면 죄로 인한 벌을 용서받았을 뿐이고, 우리가 지은 죄는 여전히 우리를 억압하고 있는 것일까?

이 문제에 대답하는 것이 바로 우리 인간의 본성을 파헤치는 일이다. 우리 인간은 이중적이다. 여기서 이중적이라는 말의 뜻은 본성적 이중성을 의미한다. 보통 우리가 인간을 설명할 때 영혼과 육체로 구분된다는 말을 하곤 한다. 이 말을 오해하는 사람은 인간을 원심분리기에 넣고 돌리면 영혼과 육체를 따로따로 분리할 수 있다는 말로 곡해한다. 하지만 고대 철학자들이 주장했던 인간에 대한 설명은 이렇게 이해될 수 있다: "인간은 그 속에서 영과 육이 싸운다."

종교개혁자 마르틴 루터도 인간을 '전적 인간'으로 설명하였다. 우리 속에서 영이 승하는가 아니면 육이 승하는가를 결정짓는 것은

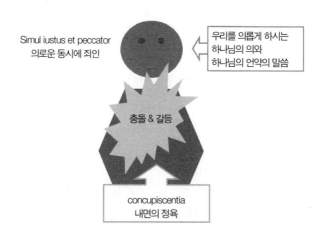

Simul iustus et peccator
의로운 동시에 죄인

우리를 의롭게 하시는
하나님의 의와
하나님의 언약의 말씀

충돌 & 갈등

concupiscentia
내면의 정욕

바로 신앙이다. 이런 점에서 우리 인간은 "죄인인 동시에 의인"(simul iustus et peccator)이라는 것이다.

어떤 사람들은 그리스도인이 의인이면서도 여전히 죄인이라고 말했을 때 그것은 구원받은 것이 아니라고 주장하기도 한다. 그러나 의인이며 동시에 죄인 된 인간이 바로 구원받은 인간이라는 사실은 틀림없다. 오히려 우리 인간이 구원받지 못한 가장 큰 징표는 자기만 족성과 자부심 그리고 뻔뻔함이다.

다른 말로 하면 하나님 앞에서 자신의 의를 가지고 구원을 주장하려는 시도가 바로 구원받지 못한 자의 징표라는 역설적 증거이다. 만일 본성적으로 죄인인 인간이 하나님 앞에 큰 빚을 지고 나서 그것을 탕감받았다고 이제부터 '자신의 의로움'을 주장한다면, 그는 자신이 얼마나 본성적 죄성 속에서 방황하고 있는 존재인지를 전혀 깨닫지 못한 사람이다. 우리가 의롭다는 것은 하나님이 우리를 의롭게 보아준다는 의미이다. 그러나 우리는 여전히 죄의 유혹을 뿌리치지 못한 채 오늘도 고민하며 사는 불쌍한 존재이다.

2. 육에서 벗어나는 힘

인간은 과연 훈련을 통하여 육에서 벗어날 수 있을까? 정답은 "아니다"이다. 만일 훈련을 통하여 인간이 영적 인간이 될 수 있다면, 구원도 훈련에서 나올 수 있을 것이다. 그러나 이것은 율법주의적이고 바리새적인 생각에 불과하다. 사랑할 마음이 전혀 없는 사람이 사랑을 연습한다고 참된 사랑을 나누어 줄 수 있는가? 겸손을 열심히 연습하면 참으로 겸손한 사람이 되는가? 마르틴 루터는 같은 사랑과 겸손이라고 해도 그 출처가 어디에 있는가를 중요시하였다.

모든 선한 것은 그 자체가 선하기 때문에 가치 있는 것이 아니라 그것이 신앙에서 비롯되었기 때문에 가치 있는 것이다. 즉, 신앙으로 거듭난 구원받은 자가 하나님의 의지에 사로잡혀서 선한 행동들을 하게 된다. 그의 행위에는 우리 인간이 내세울 것이란 전혀 존재하지 않는다. 내가 나의 의지로 나의 의로움 때문에 그런 선한 행동을 한 것이 아니라 하나님의 의지가 신앙을 통하여 우리를 그렇게 하도록 한 것뿐이다. 만일 우리의 의지대로 한다면 우리는 정욕(concupiscentia)에 따라 행동할 수밖에 없다. 그래서 우리 인간은 오늘도 모순 속에 있다.

여기서 우리가 "신앙"이라고 부른 것을 좀 더 정확히 표현한다면, 바로 "그리스도 때문에(propter Christum)라는 믿음"을 의미한다. 그리스도가 우리를 육에서 벗어나게 하는 힘의 근원이다. 남은 문제는 "도대체 그리스도가 나에게 무슨 의미인지"를 깨닫는 것이다.

3. 그리스도의 승리와 나

우리는 그리스도가 승리하면 언제나 우리는 승자 편에 서게 되는 줄 알고 있다. 즉, 그리스도의 승리가 바로 나의 승리라는 착각이다. 그러나 불행인지 다행인지 그리스도의 승리는 정반대로 나의 패배이다.

우리의 삶 가운데에서 우리가 소망하던 것을 이루게 되면 우리는 하나님이 내 편이 되어 주셨다고 믿는다. 하지만 우리가 소망하는 것이 이루어지지 않으면 한동안 고민하고 실망하게 된다. 왜 하나님이 내 편이 되어주지 않으셨을까?라는 원망도 포함되어 있다.

하나님은 언제나 우리의 편에 계시는데도 우리는 그것을 우리 편한 대로 이해하기 때문에 이런 문제가 생겨난다. 하나님이 원하시는 대로의 결과가 아니라 내가 원하는 대로 이루기 원하는 마음이 우리의 눈을 어둡게 하고 하나님의 주권적 행동을 받아들이지 못하게 한다.

여기서 그리스도의 승리가 나의 패배라는 말은 이런 뜻이다. 그리스도의 뜻 앞에 나의 주장과 교만이 무릎을 꿇는다는 뜻이다. 그래서 그리스도가 승리하면 나의 속사람이 변하여 거듭나게 된다. 우리가 패배하였다는 것은 신앙과 인생에서 진 것을 의미하지 않는다. 내속에 있는 본성적 죄성, 즉 육적인 것을 내 주장대로 관철하려는 고집이 그리스도 앞에서 포기된 것을 뜻한다. 바로 여기에 칭의론과 구원론의 역설적인 성격이 숨어 있다. 이것을 우리는 루터의 '십자가 신학'이라고 부른다.

그리스도의 십자가에 나의 구원이 달려 있다는 말은 일차적으로 "그리스도의 구속 사역을 믿어야 구원을 얻는다"는 뜻이다. 좀 더 깊이 이해하면 "그리스도의 십자가 사역은 화려하거나 영광스러운 길이 아니라, 치욕적인 십자가 사건을 통하여 벌어지는 구원의 역설"임을 뜻한다.

그러므로 구원은 그리스도의 영광에 참여하는 데서 비롯되는 것이 아니라 그리스도의 치욕에 함께 참여하는 십자가 정신에서 비롯된다. 그러므로 십자가의 고통을 받아들여 아버지 하나님의 뜻을 따르기로 하는 그리스도를 모범으로 삼아 우리도 우리의 주장과 고집을 포기하고, 그리스도의 십자가 정신에 나를 맡기는 것 외에는 구원의 가능성이 없다.

VI. 막연한 구원에서 벗어나기

교리 중심적 구원관이나 내세 지향적 구원관 앞에서 그리스도인은 혼란스러워한다. 우리는 이미 교리교육을 통하여 '구원의 신학적 의미'가 무엇인지 잘 알고 있다. 그뿐만 아니라 구원받은 사람과 그렇지 못한 사람의 구별에 관한 성서적 가르침에 대해서도 친숙하다. 그러나 문제는 교리와 내세는 지금 우리의 현재의 삶과 동떨어져 있다는 사실에서 비롯된다. 그러므로 구원의 올바른 의미를 오늘 나의 삶에서 회복하는 일이 문제 해결의 핵심이다.

여기서 "회복"이라는 말이 중요하다고 본다. 사실 구원이라는 말의 본뜻도 우리 인간을 본래 있던 자리로 되돌리는 것을 의미한다. 하나님과 원수되었던 우리 인간 심성이 다시 하나님의 마음과 화해하는 것이 구원이다. 만일 하나님과 화해하지 않으면 우리 인간은 영원히 자기중심적으로 밖에는 살 수 없다.

이것을 루터 신학적으로 표현한다면 능동적 의($iustitia\ activa$)를 포기하고 수동적 의(*iustitia passiva*)를 받아들이는 것을 의미한다. 후기 중세 로마 가톨릭교회가 우리 인간의 능동적인 의를 강조하게 된 것은 어쩔 수 없는 시대적 분위기였다.

후기 유대교가 포로 귀환 때 가졌던 신앙적 열정이 사라지고 율법주의적 행위 구원관이 만연하였을 때 예수가 활동하였던 것과 마찬가지로 오래된 가톨릭교회 안에 율법주의적 행위 구원관이 다시 고개를 드는 것은 역사적 법칙이다. 루터는 주장한다: "내 힘으로 무엇을 해서 구원을 얻는 것이 아니라, 하나님께서 그리스도를 통하여 우리를 의롭게 하시겠다는 사실을 겸허하게 받아들이는 것이 바로 올바른 복음적 구원이다."

이렇게 구원받은 사람은 자기의 삶 가운데에서 구원받은 향기를 풍기며 살게 된다. 계율을 지키듯이 힘들고 어렵게 억지로 선을 행하는 것이 아니라 너무도 자연스럽게 그리스도의 모범을 따라 살게 된다. 그렇게 사는 것이 참으로 편하다고 느껴질 때 그는 구원받은 것을 확신할 수 있다.

그리스도의 모범을 따라 산다는 것은 그리스도의 뜻이 나를 지배하고 내 속에서 승리하게 하는 일이다. 약한 것 속에 감추어진 강함을 볼 줄 알고, 추한 것 속에 숨겨진 아름다움을 분별할 줄 아는 것이 구원이다. 참람(僭濫)하게 십자가에 달리신 그리스도를 바라보며, 나 자신의 험한 인생 가운데에서도 하나님의 도우심과 인도하심이 함께 계셨음을 깨닫는 것이 구원이다. 내 인생에 필요한 외적 조건들을 모두 다 충족시키겠다는 욕망으로부터 우리를 해방시키는 것은 하나님의 말씀에 대한 속 깊은 깨달음이다. 집착에서 자유로워지는 것, 거기에 그리스도의 승리가 있고 우리의 영원한 구원이 있다.

9장

종교개혁과 기도

I. 기도의 의미

모든 종교에는 기도가 있다. 그리고 기도는 종교 생활의 큰 부분을 차지한다. 그리고 기독교에서의 기도는 절대자 하나님과의 소통을 의미한다. 그러므로 기도하지 않고 하나님과 소통할 방법은 없다. 그래서 기도는 매우 중요한 종교 행위이다.

앞에서 예배에 대해 했던 말과 마찬가지로 기도에 관해서 잘 모르는 그리스도인은 없다. 그런데 이 글 역시 기도에 관해서 잘 알고 있으며 성실하게 기도하는 그리스도인들에게 기도가 무엇인지를 소개하려는 것이니 이 또한 역설적인 일이다. 하지만 기도의 본질적인 의미를 모르고 하는 기도는 아무리 열심히 해도 자신을 깨우지 못한다. 기도를 열심히 한다고 해도 여전히 "자기의 기도 속에 갇혀 있다"는 말이 이해가 되지 않으면, 그의 기도는 거기까지일 뿐이다. 더구나 자기의 소원을 비는 것이 기도라고 생각하는 경우에는 기도의 본질에 다가가기 더 어렵다.

이런 질문을 생각해 보자. 우리는 왜 기도하는가? 기도는 어떻게 해야 하는가? 기도는 얼마나 자주 해야 하는가? 사실 기도가 무엇인지 설명해 주는 책은 넘친다. 인터넷 서점에 기도 관련 서적의 수는 수천 종에 달한다. 책마다 기도를 설명하는 관점이 다 다르니 모두 다 읽어본다고 한들 기도의 의미를 확인하기 쉽지 않을 것이다.

그러면 성경에서는 기도를 어떻게 정의하고 있을까? 성경 본문 검색을 해보면 수백 군데 등장하는 기도라는 단어의 쓰임새를 파악할 수 있다. 하지만 이것조차 "기도하였다"는 말이 대부분이지 기도가 무엇인지 그 의미를 제공해 주지는 않는다. 하지만 성경 속에 등장하는 기도의 현장들이 제공하는 다양한 상황들과 다양한 기도의 형식들을 볼 때 자신이 신뢰하는 신께 자기의 소원을 아뢰고 응답해 주기를 바라는 행위가 기도의 본질이라는 단순한 기도의 정의는 설 자리를 잃고 만다.

II. 기도의 역사

이번 장에서는 신앙의 패러다임 변화에 따라 달라져 온 기도의 의미를 그리스도교 본질에 비추어 살펴보려고 한다. 그리고 그 중심은 당연히 프로테스탄트 종교개혁의 패러다임이 될 것이다. 패러다임(Paradigm)이라는 말은 "범례, 모범, 보기" 또는 "특정 시대의 지배

한스 큉 교수

적인 과학적 대상 파악 방법"이라는 사전적인 의미를 지닌 단어인데, 필자는 "틀거리"라고 번역하기 좋아한다.

왜냐하면 2,000년 그리스도교 역사 곳곳에서 그리스도교의 본질을 둘러싼 외피들은 그 외적 형식들을 변화시켜 왔다. 이 문제에 관하여 탁월한 의견을 제시한 신학자가 독일 튀빙엔 대학교의 큉(Hans Küng, 1928~2021) 교수이다. 그는 스위스 루체른 출신으로 로마 가톨릭 사제였으며 튀빙엔 대학교 가톨릭 신학부 교수이기도 했다. 그러나 교황의 무오류성을 비판하다가 가톨릭 교수자격을 박탈당하였다. 그럼에도 그는 튀빙엔 대학에서 끝까지 가르치고 은퇴하였다. 교황 베네딕트 16세는 독일의 추기경 라칭거(Joseph Ratzinger)로 활동하던 때에 한스 큉을 신랄하게 공격하였다.

한스 큉 교수는 『그리스도교, 본질과 역사』라는 책에서 교회 역사의 패러다임에 관한 탁월한 식견을 제시하였다.[1] 한스 큉 교수는

---

1 Hans Küng, *Das Christentum. Wesen und Geschichte* (München, 1994), 이종한

그리스도교 2,000년을 6개의 패러다임으로 구분하였다.

열거하자면 ① 원그리스도교 묵시문학, ② 고대 교회 헬레니즘, ③ 중세 로마 가톨릭, ④ 종교개혁 개신교, ⑤ 근대 계몽주의, ⑥ 현대의 일치 운동이다. 이런 틀거리들에 대한 상세한 설명이 필요하지만, 여기서는 기도와 관련된 패러다임 전환에 관해서 언급하려고 한다.

우선 틀거리가 다양하게 변화하였다는 점은 시대별로 '신앙적 관점'이 변했다는 의미이다. 그러니 유대교 전통에서 시작된 기도가 그리스 헬레니즘과 로마 문명을 거쳤으니 당연히 변화할 것이 분명하다. 실제로 신약성서 속의 예수는 기도에 관한 독특한 어록들을 많이 남겼다. 우리는 고대 교회에서 중세 교회로의 이행이 바꾸어 놓은 기도 패러다임에 관심을 가지려고 한다.

고대 교회는 시편 기도와 주의 기도를 과거의 전통으로부터 물려받았고, 2세기 말부터 기도집을 만들었다. 고대 교회 교부 중 하나인 클레멘스(Clemens von Alexandria)는 기도를 "하나님과의 대화"(*ὁμιλία πρὸσ τὸν θεόν*)라고 정의하였다.[2] 기도가 명상적인 특징을 지니게 된 것은 수도사들에 의해서였다. 짧은 기도문을 반복하는 것을 "예수기도"(하나님의 아들 주 예수 그리스도시여, 이 죄인을 불쌍히 여겨주소서)라고 부르는데, 이 짧은 기도문을 수없이 반복하는 것이었다.

중세 초기에는 시편이나 찬양, 성서와 교부의 글들에서 발췌된 기도집이 유행하기 시작하였고, 아퀴나스(Thomas Aquinas)도 『신학대전』 2권 2장에서(83) 기도 신학을 논하였다. 종교개혁기에 들어

옮김, 『그리스도교, 본질과 역사』 (분도, 2002).

2 Niclas Förster, "Gebet IV. Kirchengeschichtlich, 1. Alte Kirche bis Mittelalter," *RGG* 4, 3, 491.

서 기도의 문제에도 변화가 일어나는데, 루터는 공동 기도보다 개인 기도의 중요성을 우선하여 역설하였다. 루터에게 기도란 "하나님의 말씀에 대하여 감사와 간구로 구성된 인간의 응답"이다.[3]

　　루터가 공동 사용을 위하여 정형화된 기도문보다 개인 기도의 중요성을 역설하였다는 말의 의미는 미사 중심의 신앙관에서 삶 중심의 신앙관으로의 전환을 모색하였다는 뜻이다. 다시 말하면 신앙의 중심이 사제와 교회 중심에서 신자와 일상 중심으로 틀거리를 바꾼다는 말이다. 앞 장에서도 언급한 것처럼 중세 교회의 집단적 사고가 르네상스 휴머니즘의 영향으로 인하여 개인적 사고를 중요하게 생각하는 단초가 되었다는 것과 비슷한 의미이다. 루터는 기도의 기초를 마태복음 6장 5절 이하에 나오는 '주의 기도'에서 찾는다.

III. 종교개혁의 기도

　　중세로부터 전해오는 기도집 대신에 루터는 개인의 심장에서 자유롭게 나오는 기도여야 한다고 말한다. 그래야 그의 심장이 뜨거워지는 기도를 할 수 있다고 말이다.[4] 결국 종교개혁자들이 바꾼 기도의 틀거리는 공동 기도문 중심에서 개인 기도로의 전환이고, 형식적인 기도에서부터 벗어나 삶과 연결되는 기도에로의 전환을 의미한다. 이런 변화를 가능하게 한 것은 그의 종교개혁 신학이며, 그 신학

---

3 Johannes Wallmann, "Gebet. IV. Kirchengeschichtlich. 2.Reformation bis Neuzeit," *RGG* 4, 3, 493.
4 WA 17 II, 49, 18-20.

은 면죄부 효능을 반박한 95개 논제 제1항에서부터 출발한다.

우리의 주님이요 선생이신 예수 그리스도께서 '회개하라!'(마 4:7) 라고 말
씀하신 것은 믿는 자들의 전 생애가 참회가 되기를 바라셨기 때문이다.

동시에 오직 신앙(*sola fide*), 오직 성경(*sola scriptura*), 오직 은혜
(*sola gratia*)로 요약되는 루터의 개혁신학이 곧 기도의 틀거리를 바
꾼 결정적인 근거이다. 앞에서 언급한 신앙이나 성경에 대한 강의를
참조하면 기도에 대한 종교개혁자 루터의 태도를 쉽게 이해할 수 있
다. 이런 이유로 루터의 기도는 성경에서 약속하신 하나님의 언약 말
씀에 근거를 두고 하나님께서 우리에게 자비를 베풀어 주시기를 간
구한다. 그리고 이것은 자신의 신앙을 자신의 삶에서 실천하기를 애
쓰는 기도이다.

이것을 3단계로 표현한 것이 말씀 읽기(*lectio*), 말씀 묵상(*meditatio*),
기도(*oratio*)이다. 이것은 중세의 '말씀 묵상'인 렉시오 디비나(*lectio*

비텐베르크궁성교회 정문에 새겨 놓은 루터의 95개조 면죄부 반박문

divina) 전통에서 가져온 것이다. 그런데 루터는 이것을 다시 그리스도 인의 삶과 연결시켰다. 말씀 읽기와 기도를 묶어서 첫 단계로 하고, 둘째 단계인 말씀 묵상을 거친 후, 마지막 단계가 시련(*tentatio*)이다. 영어의 temptation에 해당한다.

이미 짐작하는 대로 말씀인 성경을 읽는 것이 기도의 시작이고, 읽은 말씀을 깊이 묵상하는 것이 기도의 과정이며, 읽고 묵상한 말씀의 내용과 감동으로 자신의 삶을 돌아보는 것이 기도의 끝이다. 이것을 시련 또는 유혹이라고 부르는 이유를 생각해 보자. 말씀을 알면서도 그 말씀대로 살지 않으려는 유혹이 내 속에서 끊임없이 생기는 것이고, 말씀대로 살지 못한 자신을 기도 중에 바라보며 시련의 시간을 보내는 것이다. 그것이 기도의 본질이다.

IV. 하나님과 대화하는 방법

기도가 "하나님과의 대화"라는 말은 맞는 말이다. 그런데 하나님은 언제나 그 대화에서 침묵하시는 것을 경험하였다면, 무언가 그 대화에 문제가 있는 것이 아닌가? 울부짖으면서 하나님의 대답을 간청하였지만, 대답을 들을 수 없는 이유는 분명하다. 이미 성경의 언약 말씀을 통하여 말씀하신 것을 들으려고 하지 않고, 자기가 원하는 대답을 강요하기 때문이다.

그러므로 우리는 먼저 하나님과의 대화가 어떤 성격의 대화인지 깨달아야 한다. 사실 자기의 삶을 반성하게 하는 대화가 기도가 아닌가? 하나님의 뜻을 알면서도 자기의 욕심을 따라 살려는 유혹을 뿌리치지 못하고 사는 자신에게 엄하게 권고하시는 하나님의 말씀을 듣는 대화가 기도가 아닌가?

하나님과의 대화는 때로 한없는 위로의 경험을 하게 한다. 조용한 곳에 홀로 앉아서 내 마음속을 하나님께 다 털어놓고 하나님의 응답을 기다리면서 나의 이런 상황에 하나님이라면 어떤 말씀으로 대답하실지 느껴지는 순간이 "기도로 자신을 깨우는" 순간이다.

루터는 이렇게 말했다. "올바른 기도는 말씀 가운데서 하나님을 붙잡는 것"[5]이라고 말이다. 신앙과 성서와 은혜를 따로 떼어서 생각할 수 없듯이 기도 역시 성서 속의 하나님 말씀과 뗄 수 없다. 그러므로 성서를 읽을 때는 기도하는 심정으로 읽어야 하고, 기도할 때는 성서의 말씀을 되새기는 심정으로 기도해야 한다.

이렇게 기도하는 목적이 무엇일까? 흔히들 기도의 목적을 물으면 "나의 상황을 하나님께 아뢰고 합당한 응답을 받는 것"이라고들 말한다. 하나님이 우리의 모든 상황을 이미 알고 계신다고 해도 기도로 간청하지 않으면 하나님은 응답하지 않으실 것이라고 성서에 쓰여있다고들 대답한다. 이렇게 생각하는 기도의 정의와 목적은 기도의 결과를 자기의 어려운 상황을 극복하는 데만 초점을 맞춘 것이다.

자신의 힘들고, 난감하고, 답답한 처지에서 기도하는 것은 당연한 일이다. 그런데 기도하는 근본적인 목적은 "우리 자신과 하나님을 알게 하는 것"이다.[6] 인간이 인간을 모르므로 인간이 어떤 특성을 지녔는지 깨우쳐 알게 하는 것이고, 인간이 하나님을 자기 마음대로 상상하고 살았으니 이제 참 하나님이 어떤 분인지 깨우쳐 알게 하는 것이

---

5 WA 17 II, 203, 34f. Postellen 1525. Matt. 15:21ff. 사순절 2주 설교.
6 WA 32, 419, 33f.

며, 그 인간과 아버지 되시는 하나님의 관계를 더욱 모르니 그것을 알게 하는 것이 기도의 근본 목적이라는 말이다.

꼭 이루고 싶은 목표를 향해 달려가다가 그만 주변 이웃들과 관계를 망친 경험이 있는가? 그럴 사람이 아닌데 나에게 반대하고 비난하는 것을 경험하면서 하나님께 이런 시련이 빨리 지나가게 해 달라고 기도하면 하나님은 무엇이라고 말씀하실까? 자신의 목표 달성에 눈이 멀어서 스스로 이웃과의 관계를 망친 것 아니냐는 응답이 돌아오지 않을까? 그래서 자기 자신을 돌아보고 자기가 몰랐던 자신을 아는 것이 기도이며, 하나님을 사랑한다고 말하려면 이웃을 사랑하라는 말씀을 통해 하나님의 깊이를 깨닫게 되는 것이 기도라는 말이다.

하나님은 당연히 나의 편이기도 하지만, 이웃의 편이기도 하다. 하나님의 뜻을 비교적 잘 따르는 사람의 손을 들어 주실 때도 있지만, 그 하나님은 악인에게도 해를 비추고 비를 내리시는 분이다. 그러니 기도하면서 나와 하나님의 관계만 생각하던 마음을 열고, 모든 인간과 하나님의 관계를 깨달아야 할 것이다.

신앙이 성장하면 관심의 범위를 자기중심에서부터 가족으로, 교회로, 더 나아가 온 세상으로 넓히게 되듯이 기도 역시 하나님의 온 세상 가운데 작은 한 점이 자신임을 깨닫게 한다. 이 작은 한 존재가 세상을 향한 하나님의 뜻을 이루는 일에 헌신할 때 그의 존재가 점점 커지는 것이다.

마태복음에 나오는 "아버지나 어머니를 나보다 더 사랑하는 자는 내게 합당하지 아니하고, 아들이나 딸을 나보다 더 사랑하는 자도 내게 합당하지 아니하며, 또 자기 십자가를 지고 따르지 않는 자도 내게 합당하지 아니하니라"(마 10:37-38)라는 말씀을 기도로 묵상해 보면, 이 말씀의 의미가 가정의 불화를 감수하고라도 예수를 따르라는 말로 이해될 수 없다는 것을 알게 될 것이다. 이 말씀의 의미는 예수를 따르는 일은 사랑하는 대상의 범주를 점점 더 넓혀가는 일이라는 것이다. 이처럼 올바른 기도는 편협한 나의 마음을 점점 더 넓고 너그럽게 만든다.

V. 삶 속에서의 기도

하지만 마음이 넓어지고 너그러워지는 이런 기도가 쉽게 될 리가 있을까? 잡히기 전에 겟세마네에서 하신 주님의 기도를 생각해 보면 금방 알게 된다. 우리 속에는 매일 욕심의 나무가 자란다. 열심히 이 나무에 물을 주면서 이 욕심이 그래도 '깨끗한' 욕심이 되기를 기도한다. 만일 내가 키운 욕심의 나무가 하나님의 뜻이 아닌데 그렇게 기도한다고 '깨끗한' 욕심이 될 수 있을까? 이 욕심이 어디서 비롯되었는지도 모르는데 말이다. 그래서 자기 욕심을 내려놓고 마음을 넓히는 기도를 하는 것이 정말로 어렵다는 말이다.

종교개혁자는 기도의 방법에 대하여 이렇게 말했다: "만일 당신이 그리스도 안에서 그리스도를 통하여 구하지 않으면 그리고 그분이 네 안에 거하게 하지 않으면 그것은 모두 쓸데없이 한 짓이다."[7] 이 말을 풀어보면 우리가 기도할 때 "그리스도라면 어떻게 기도하셨을까?" 하고 생각해 보자는 것이다. 그때 그리스도는 내 안에서 함께 기도하신다. 그리스도라면 내가 만든 욕심의 나무에 물 주는 기도는

---

7 WA 34 I, 384, 1f.

하지 않았을 것이 분명하기 때문이다.

우리의 기도가 우리의 삶에 연결된다는 것은 어떤 효과가 있을까? 기도가 우리 삶에 시험(temptation)이 된다는 말은 기도가 나의 삶을 검증한다는 의미이다. 그런 의미에서의 '시험'이다. 시험을 치러야 실력이 평가되듯이 기도를 통하여 우리의 삶이 평가된다는 의미이다. 자기 욕심 나무에 물 주는 기도만 하고 살던 사람이 진정한 기도를 시작하고 나면 자신이 살아온 삶이 하나님의 말씀과 양심에 의하여 평가되는 것을 느끼기 시작한다. 이것을 기도의 효능이라고 부를 수 있다. 기도의 효능은 성령이 말씀을 통하여 양심을 깨우는 것이다. 나의 양심이 깨어나기 시작하면 나의 욕심을 채우려는 기도를 그만두게 되고, 하나님의 뜻을 신뢰하며 살도록 우리를 안내한다.

앞 장에서 "성경이 오히려 성경을 읽는 사람의 마음을 읽어 부끄럽게 만든다"는 말을 한 적이 있다. 말씀으로 하는 기도가 바로 그런 의미이다. 기도의 모범은 당연히 '주의 기도'이다. 주의 기도는 종교개혁자들 모두가 신앙의 기본 교육에 포함시켜 가르친 것이다. 루터는 『교리문답』(1529)을 만들면서 십계명, 사도신경, 주의 기도를 가르쳤고, 칼빈도 『기독교 강요』 초판(1536)을 쓸 때 이 순서를 따랐다.

주의 기도는 짧지만 강력한 기도이다. 특히 "우리가 우리에게 잘못한 사람을 용서하여 준 것 같이 우리의 죄를 용서해 달라"고 기도하는 그 순간 '주의 기도'는 나의 생각과 행동을 매우 강하게 시험한다. 만일 아무런 느낌 없이 '주의 기도'를 끝까지 암송할 수 있다면 그는 아마 더 이상 기도할 필요가 없는 사람일 것이다. 하지만 과연 그런 사람이 있을까?

만일 살면서 잘못한 것을 잘 모르겠다면 남의 잘못을 내가 얼마나 용서해 주고 살았는지 생각해 보라. 당장 느끼게 될 것이다. 내가 남의 잘못을 용서해 준 것이 많다고 느꼈다면, 남도 나의 잘못을 그만큼 용납해 주고 살았다는 의미이다. 그 순간 남의 잘못을 절대로 용서하지 못하겠거든, 자신도 그 누구로부터 잘못을 용서받을 생각을 하면 안 된다. 그러므로 '주의 기도'를 쉽게 생각하면 안 된다. 처음부터 끝까지 주의 기도를 자신의 삶과 연관하여 묵상하며 기도하는 동안 그 기도는 나의 삶을 순간순간 변화시킬 것이다.

기도할 때 균형을 맞추어야 한다고 생각한다. 하나님과 대화를 할 때 듣지는 않고 자기 말만 되풀이하는 것은 한쪽으로 지나치게 치우친 기도이다. 이런 경우에는 침묵의 기도를 권하고 싶다. 기도 시간에 자신의 입을 꼭 닫고 조용히 침묵하고 앉아있으면 온갖 생각들이 내 머릿속을 헤집고 지나간다. 그 생각들을 흘려보내고, 하나님께 집중해보는 것이 침묵 기도이다.

말씀 기도는 성경 말씀을 읽고 묵상하는 기도이다. 그때 하나님의 말씀이 나에게 어떤 말을 걸어오는지 들어야 한다. 그 말씀은 때로 위로가 되기도 하고, 때로 경고가 되기도 하고, 때로 우리를 안심시키기도 한다. 하지만 그 말씀이 나를 깨울 때 나의 삶 속에서 반응을 보여야 한다.

가톨릭교회는 정형화된 기도를 드린다. 때로 정형화된 기도문이 중구난방(衆口難防)으로 지껄이는 기도보다 더 낫다. 개신교의 기도가 개인에게 자유를 허락한 것은 형식화되는 신앙에 진심을 불어넣기 위함이지 기도의 원칙을 무시한 무분별한 기도를 허락한 것은 아니다. 특히 개신교는 예배 때에 공적 기도를 신자에게 맡겼다. 공적 기도를 담당한 신자는 기도 신학을 공부한 사람이 아니다. 그런데 그

기도는 개인의 기도가 아니라 공동체의 기도이기에 공공성을 지녀야 한다. 그래서 공적 기도는 중언부언(重言復言)하면 안 된다. 마태복음 6장 7절에서 중언부언으로 번역된 바탈로게오($\beta\alpha\tau\tau\alpha\lambda o\gamma\epsilon\omega$)라는 말은 쓸데없는 말을 늘어놓는다는 뜻이다.

그러므로 공동체의 삶과 경험을 하나님의 말씀에 비추어 반성할 준비가 되지 않았다면 차라리 '주의 기도'를 진지하게 암송하는 편이 더 나을 것이다. 그리고 공적 기도는 자기 생각을 늘어놓는 시간이 아니다. 사람마다 다 생각이 다르다. 하나님께 드리는 기도를 할 때 자기 생각을 공동체에게 강요하는 기도로 만들어서는 안 된다. 그래서 결국 기도는 하나님의 뜻에 감사하고 하나님의 뜻에 순종하는 기도여야 하는 것이다. 더 줄여 말하면 우리의 기도는 단지 하나님께 우리를 긍휼히 여겨달라는 것 외에 다른 것이 될 수 없다.

VI. 기도의 열매

많은 교회를 다니면서 많은 공적 기도를 들었다. 문득 기도드리는 사람은 모두 다른데 왜 기도의 내용은 저렇게 천편일률적으로 같을까 하는 생각이 들었다. 주보가 인쇄되기 전에 이미 주일예배 설교 말씀의 본문은 결정되어 있다. 그 주일의 공적 기도 담당자는 기도를 준비하면서 먼저 그날에 선포될 하나님의 말씀을 읽고, 그 말씀이 그 공동체의 삶에 던지는 시험(temptation)을 먼저 느끼고 고민해야 하지 않을까?

이것이 설교자의 영역을 침범하는 것 같다고 생각해서는 안 된다. 설교자는 설교자로서 하나님의 말씀을 읽고 자신을 포함한 교우들에게 주시는 선포의 말씀을 들고 강단에 서는 것이고, 기도자는 하나님의 말씀을 읽고 묵상하는 동안 자신의 내면과 공동체에 주시는 깨달음을 기도로 표현하는 것이다.

그리스도인의 삶에 시련으로 다가와 삶을 변화시키는 일은 갑자기 들린 선포보다 말씀을 깊이 묵상하는 데서 시작한다. 말씀을 깊이 묵상하고 기도 준비를 한다면 적어도 공적 기도를 담당한 '그 한 분'은 달라지지 않을까? 더 자비롭고 더 평화로운 삶을 사는 분으로 말이다.

개인의 기도에 대하여 얼마나 자주 또 얼마나 길게 기도해야 하는지 묻는 분들이 많다. 종교개혁자 루터의 말을 빌린다면 "짧게 그러나 자주 그리고 강하게, 마치 심장에서 터져 나오는 것처럼" 기도하라고 한다.[8] 이것은 개인이 삶에서 드리는 기도의 중요성을 역설한 것이다. 하나님의 말씀이 나의 삶을 통해서 드러나게 하는 것이 심장에서 터져 나오는 기도이다. 그렇게 하려면 기도는 하나님의 말씀을 깊이 묵상하는 데서 출발해야 한다.

말씀과 함께하는 기도는 열광주의자들이 빠져드는 주관적인 망상을 피할 수 있도록 도와준다. 마치 기도가 미래의 일을 점치는 것처럼 오용당하지 않도록 한다는 말이다. 기도의 가장 큰 적은 자기중심적인 주관성이다. 이것은 똑같이 신앙의 적이다. 말씀을 청종하는 기도는 "자기 영혼이 하나님의 말씀을 잉태하여 열매를 맺도록 한다."[9]

---

8 WA 32, 418, 19. 마태복음 강해 설교(5, 6, 7장) 1532.
9 WA 4, 376, 27-29. 시편 강의 1513-1516.

10장

개신교와 장로교

I. 개신교란?

개신교(改新敎)는 프로테스탄트(protestant)교회를 일컫는 말이다. 여기에는 개혁교회(reformed)의 의미도 들어 있다. 가톨릭교회의 신앙에 저항하여 등장한 루터파가 1529년 슈파이어(Speyer) 제국회의에서 얻은 이름이 프로테스탄트이다. 그때 루터파 신앙을 지지하는 영주들이 신성 로마제국 황제가 로마 가톨릭 방식의 예배로 복귀하라고 명령하자 그 명령에 항거하여 신앙의 자유를 주장하였다. 이것을 종교개혁(reformation)이라고 부르는데, 독일을 중심으로는 루터파 교회(Lutheran Church)가, 스위스 취리히에서는 개혁교회(Reformed church)가, 영국에서는 영국 국교회(Anglican Church)가 등장하였다.

기독교 또는 그리스도교라는 이름 아래에는 크게 3개의 교파가 존재한다. 로마 가톨릭교회와 동방 정교회 그리고 프로테스탄트교회이다. 로마 가톨릭교회는 우리나라에 들어와 천주교라는 이름을 쓰다가 요즘에는 가톨릭을 사용한다. 프로테스탄트교회는 개신교라는 번역으로 사용되다가 어느 때부터인가 '기독교'(基督敎)라는 명칭을 독차지하게 되었다. 본래 가톨릭(Catholic), 정교회(Orthodox), 개신교(Protestant)라고 부르는 것이 정확하지만, 개신교 대신에 기독교라는 이름을 쓰게 된 것이다.

그러다 보니 크리스트(Christ)교를 한자로 음역한 기독교(基督敎)라는 용어가 프로테스탄트만 뜻하는 용어로 사용하게 되었다. 가톨릭교회에 대하여 여전히 적대적인 교회들은 기독교라는 용어를 개신교가 독차지하게 된 상황을 당연하다고 반긴다. 하지만 만일 프로테스탄트교회가 잘못하면 모든 기독교가 비난을 받는다는 사실을 잊고 있는 것 같다.

프로테스탄트교회는 집합 명사일 뿐 개별적으로는 저마다 다른 이름을 사용한다. 대략 시기별로 등장한 개신교 교파들을 열거하면 이 정도가 될 것이다. 루터교, 개혁교회, 성공회, 장로교, 감리교, 침례교, 성결교, 오순절 등등이다. 한국교회의 경우에는 장로교가 가장 우세하다. 하지만 미국에서는 루터교, 침례교, 감리교가 장로교보다 훨씬 우세하다. 우리나라의 경우 다양한 개신교들 사이에 뚜렷한 차이가 보이지 않는다. 그래서 이 글에서는 장로교의 본질을 설명하여 다른 개신교 교파와의 차이가 무엇인지를 설명하고자 한다.

II. 기독교의 형식들

가톨릭(Catholic)이라는 명칭은 '보편적'(universal)이라는 의미이다. 고대 교회의 신앙고백 중 오늘날 모든 기독교가 수용하는 고백이 바로 니케아-칼케돈 신조인데, 여기서 표현된 교회는 "하나의(one), 거룩한(holy), 사도적(apostolic), 보편적(catholic) 교회"이다. 하지만 1054년 동로마와 서로마의 분열 과정에서 하나의 교회는 로마 가톨릭(Roman-Catholic)교회와 동방 정통(Eastern-Orthodox)교회로 분열되었다. 그리고 16세기 종교개혁 운동으로 다시 로마 가톨릭과 프로테스탄트로 분열되었다. 우리나라에서는 한동안 가톨릭을 구교(舊敎)라고 부르고 프로테스탄트를 신교(新敎)라고 부르기도 했다. 그래서 프로테스탄트교회에서는 무엇이 구교에 비하여 새로운 것인지를 인식하는 것이 중요하며, 그 새로운 것의 의미가 지금까지 잘 보존되어 오고 있는지를 반성적으로 살펴보아야 한다.

기독교회의 제도적 형식으로 보면 크게 감독교회, 회중교회, 장로교회로 나눌 수 있다. 정확하게 표현하면 교회가 감독 중심의 교회인가, 회중 중심의 교회인가 아니면 장로 중심의 교회인가라는 의미이다.

감독 중심은 곧 성직자 중심 교회이며 대표적인 교회 형태가 가톨릭교회이다. 교황(敎皇) 또는 교종(敎宗)이라고 부르는 가톨릭교회의 최고 직제는 추기경단에서 선출한다. 그가 구성한 로마 교황청이 최고 의결기구이며, 국가적 경계를 넘어서 전 세계 가톨릭교회는 교황청의 결의에 순종해야 한다. 그리고 지역별로 구성된 대교구와 교구 수장인 대주교와 주교의 결정에 복종하는 것이 바로 감독제 교회의 계급적인 구조이다.

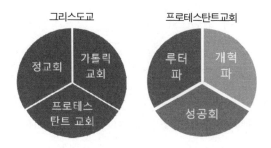

그리스도교 / 프로테스탄트교회

그런데 개신교에도 감독교회가 있다. 그 이름으로도 당장 알 수 있는 감리교(監理敎)이다. 감리교는 영어로 Methodist Church라고 부른다. 메소드(Method)라는 영어 단어는 우리에게 '방법'이라는 말로 익숙하다. 이 이름은 종교개혁 이후에 다시 한번 일어난 영국 국교회 개혁 과정에서 신앙의 구체적인 방법까지 경건하게 개혁하려고 시도하였기에 얻은 명칭이다. 하지만 오늘날에는 감독교회(Episcopal Church)로 부르기도 한다.

어쨌든 감독 중심의 교회는 말 그대로 중앙집권적 교회 구조를 지녔다. 지역은 달라도 모든 개교회를 관장하는 것은 중앙의 감독이다. 그래서 가톨릭 사제는 한 곳에서만 사목하는 것이 아니라 중앙의 지시에 따라 임지를 옮겨야 한다. 감리교도 원칙은 마찬가지인데 잘 지켜지지 않고 있을 뿐이다.

회중교회(Congregational Church)는 모든 회중이 결정 과정에 참여하는 형태의 교회이다. 이것은 교회의 결정이 소수의 손에 달려 있지 않도록 한 것인데, 사실상 종교개혁기 래디컬 운동에서 비롯된 교회 형태이다. 그렇기에 여기에서 성직자는 절대적인 권한이 없기도 하고, 심지어는 항존적인 성직자를 세우지 않는 곳도 있다. 하지만 이것 또한 잘 지켜지지 않고 있다.

오늘날 가장 선호하는 교회 정치 형태가 바로 장로교의 제도이다. 이것은 감독 중심과 회중 중심의 절충적 형태라고 볼 수 있는데, 회중의 대표들을 선출하여 교회 일을 맡기는 것이다. 일종의 대의민주제라고 할 수 있다. 그래서 한국의 대부분 개신교 교회는 장로교가 아님에도 불구하고 장로 제도를 채용한다.

장로교회는 개교회 안에 교인대표로 구성된 당회(Session)를 둔다. 지역의 당회에서 사역하는 목사는 전원이 노회(Synod)에 속한다. 그리고 개교회마다 일정 비율로 장로가 당회에서 선출되어 노회 회원으로 활동하며, 노회에서 동수로 선출한 목사와 장로가 총회(General Assembly)로 파송되어 총회를 구성한다. 대의민주제라고 하는 방식이 개교회 안에서뿐만 아니라 상부 회의에도 똑같이 적용되는 것이며, 감독 중심인 가톨릭교회의 감독들이 영구적 직책인 데 비하여 장로교회의 대표들은 선출과 임기가 정해져 있다.

장로교에서의 목사는 역할만 구별되는 장로의 범주에 들어 있으며 항존직이라고 부른다. 그런데 목사와 장로의 '직'(職)이 교회 안에 언제나 존속해야 한다는 의미가 어느 때부터인가 선출된 개인이 항구적으로 그 직분을 보유한다는 의미로 변해버렸다. 앞서 언급한 대의민주제의 상위 기관 운영 방식을 본다면 개교회 안의 당회원인 장로직도 민주적 절차에 따라 선출하여야 하고, 반드시 정해진 임기가 있어야 본래 장로교회가 가진 대의민주 정치제도를 지키는 것이다.

어떻게 보면 종교개혁으로 등장한 프로테스탄트교회들은 공통적으로 루터의 만인사제론을 바탕으로 한다. 하지만 지역적인 입장 차이와 오랜 세월이 지나가는 동안 각각의 프로테스탄트교회들 안에도 변화가 정착한 것이다. 사실 영국 국교회인 성공회(The Anglican Church)

의 경우에는 종교개혁 초기부터 가톨릭교회의 직제를 유지하였다. 그래서 성공회 내부에서 새로운 개혁 운동이 계속 일어날 수밖에 없었다. 그 대표적인 경우가 청교도 운동이고, 감리교 운동이다.

역사가 흘러가면서 교회를 구성하는 제도와 형식은 변하게 마련이다. 그런데 종교개혁의 근본적인 정신이 흐려지는 제도와 형식이라면 이것은 다시 개혁해야 할 형식이 분명하다. 루터의 종교개혁 초기부터 등장한 만인사제론은 그 본질이 매우 분명한 주장이다. 가톨릭교회가 사제직을 신분으로 여기는 것을 허물고, 모든 교회의 구성원이 위급한 경우에는 사제의 역할을 담당할 가능성을 언급하였다. 하지만 만인사제론은 사제와 신자의 구분을 폐지하려는 시도가 아니라 그리스도인 누구나 자신의 영역에서 하나님의 사제로 살아가는 것을 의미한다.

사제의 직은 그 사람에게 위임된 직분일 뿐인데, 이것을 마치 '신분'처럼 여긴다면 그리스도교 신앙의 근본에 어긋난다는 말이다. 반대로 만인사제론에 따라 누구나 설교할 수 있고 누구나 성찬을 집례할 수 있다고 생각한다면, 그것은 루터의 생각을 크게 오해한 것이다. 사제나 목사에게 위임된 교회의 일은 일반적인 상황에서는 당연히 위임받은 사람만이 담당하는 것이다.

여기서 만인사제론의 핵심 주장은 "사제와 신자의 신앙적 차별을 하면 안 된다는 것"이다. 사제가 교회 안에서 위임받은 하나님의 일을 담당한다면, 신자는 자신의 삶 영역에서 마치 사제처럼 하나님의 일을 담당하며 살아야 한다. 이런 점에서 루터의 만인사제론은 사제를 끌어내려 신자와 똑같이 만들려는 것이 아니라, 일반 신자가 삶 속에서 마치 사제처럼 하나님의 일을 한다는 의식을 가지고 성실하게 살아가도록 인도하려는 이론이다.

그러므로 오늘날의 프로테스탄트교회는 대의민주적 정치 구조의 본질을 훼손하는 시도에 프로테스트(protest, 저항)해야 한다. 그래야 프로테스탄트교회이고, 프로테스탄트 신자이다. 요즈음의 교회 헌법에 따르면 대부분 장로교회의 장로는 민주적 절차에 따라 교인 30명의 대표로 선출된 사람이다. 그러므로 그는 교인들의 생각을 읽어내고, 전달하고, 당회가 이를 시행할 수 있도록 가교 역할을 수행하여야 한다.

반대로 교회와 당회가 지도하는 신앙의 길을 자신이 담당한 교인들이 잘 동행하도록 안내하는 역할을 해야 한다. 공적 예배의 기도를 담당하고, 성례전을 돕고, 교회의 중요한 결정에 참여하는 것은 교인들로부터 위임받은 일이다.

한국교회의 경우에 장로나 목사의 임기가 정해져서 때가 되면 그 역할을 내려놓는 구조가 아니라 은퇴하는 나이까지 장로와 목사의 직분을 유지하게 되어 있다. 그래서 이것이 마치 직분이 아니라 신분처럼 오해될 위험이 많다. 은퇴 이후에도 여러 가지 명칭으로 교회의 일에 관여하기도 하고, 때로는 큰 영향력을 행사하는 것은 대의민주 정치를 추구한 장로교회의 본질에 어울리지 않는 일이다.

III. 장로교의 역사

장로교회(Presbyterian Church)의 원조는 제네바의 종교개혁자 칼빈(Johann Calvin, 1509~1564)으로, 그가 제네바 교회의 직제를 목사(pasteur), 교사(docteur), 장로(ancien), 집사(diacre)로 구분한 데에서부터 비롯되었다. 하지만 사실 이 구분 방식의 원조는 스트라스부르크(Strassburg)의 종교개혁자인 마르틴 부처(Martin Bucer, 1491~1551)이다. 칼빈이 스트라스부르크 프랑스 난민교회를 담당할 때 부처로부터 조언을 받아 만든 제도이기 때문이다. 궁극적으로 장로교 제도가 오늘의 형태와 가장 유사하게 정비된 것은 스코틀랜드 교회에서 시작되었다. 그래서 오늘날 장로교회는 스코틀랜드의 개혁자 녹스(John Knox, 1514~1572)와 웨스트민스터 신앙고백을 중요하게 생각하고 있다. 그렇다면 어떻게 오늘의 장로교로 발전했을까?

이 글에서 제네바 종교개혁 이야기를 반복하지는 않을 것이다. 하지만 제네바 교회의 콘시스토리(*Consistory*)에 대해서는 이해해야 할 것이 있다. 우리는 장로교회의 원조가 당연히 제네바 교회라고 생각하는데, 이것은 원론적인 차원에서 하는 말이다. 우선 종교개혁 당시 유럽의 교회와 현대의 장로교는 전혀 다른 정치적 배경을 지녔다는 점을 이해해야 한다.

루터(Luther), 츠빙글리(Zwingli), 칼빈(Calvin) 이 세 사람의 종교개혁 배경만 보더라도 공통점과 더불어 차이가 있다. 큰 공통점은 공권력과 함께하는 교회개혁(magisterial reformation)이라는 점이다. 가톨릭을 지지하는 영주와 종교개혁을 지지하는 영주들 사이에 교회의 경계가 만들어졌기 때문이다.

즉, 통치자의 후원과 지지 없이는 프로테스탄트교회를 유지할 수 없었다는 의미이다. 따라서 공권력과 협력의 방식에만 차이가 있을 뿐 세 명의 개혁자들은 공히 공권력과 연결된 교회개혁을 시도하였다. 그중에 제네바의 칼빈은 제네바 시 전체를 관장하는 콘시스토리

제네바 바스티용 종교개혁자들의 벽 (1909년 칼빈 탄생 400주년 기념)

제네바 바스티용 공원 기념의 벽에 선 개혁교회의 종교개혁자들
(왼쪽부터 파렐, 칼빈, 베자, 녹스)

를 통하여 교회의 일을 다루었다. 콘시스토리를 번역하면 종무원(宗務院)이라고 부를 수도 있다.

콘시스토리는 제네바 시에 소속된 목사 5인과 선출된 장로 12인으로 구성되었다. 12인의 장로는 최고 집정관 4인 중 1인과 상원에서 2인, 60인 회 행정관 중에서 3인, 200인 회에서 6인을 뽑아 총 12인의 장로를 세운다. 그러므로 제네바의 장로는 일반 교인 중에서 선출하는 것이 아니라 제네바 시의 다양한 의회 의원 중에서 뽑는 것이었다. 오늘의 장로 선출과는 큰 차이가 있다. 각종 의회는 컨시스토리에 대표를 파견하기도 하였지만 컨시스토리의 권한을 견제하기도 하였다. 그러므로 제네바 교회의 장로 제도는 형식상 선출직이지만, 일반 회중을 신앙적으로 대표하는 장로를 선출한 것은 아니었다.

제네바의 교회 구조를 좀 더 오늘날의 형식에 가깝게 변형한 것은 스코틀랜드의 녹스이다. 녹스는 세인트 앤드류(Saint Andrew) 교회의 설교자로 활동하다가 성이 함락되면서 프랑스 갤리선 노예가 되었다. 노예에서 풀려난 후 영국에서 잠시 활동하였다. 하지만 1553년 메리가 여왕으로 즉위한 후 탈출하여 제네바에서 칼빈의 지도를 받게 되었다. 1559년 스코틀랜드로 돌아온 녹스는 스코틀랜드 신앙고백 초안 작성에 기여하였다.

그가 제네바 난민교회 목회 시절인 1556년에 출판한 『기도의 형식과 성례 등의 집행』(The Form of Prayers and Administration of the Sacraments etc)에 따르면 예배를 성경 해석이라고 할 만큼 성서와 선포 중심이며, 가능한 한 형식적인 것을 피하고, 성찬은 한 달에 한 번 하도록 주장하였다. 특히 신약적 규범에 따라 목사, 장로, 집사로 교회 직분을 구성하고 매년 선거에 따라 선출하도록 하였다.

장로는 목사를 보조하여 교인을 치리하고, 집사는 구제를 담당하며, 목사는 말씀과 성례를 담당하는 것으로 보았다. 매주 목요일은 3직분 회합의 날로, 모두가 그리스도의 통치 아래 동등한 입장인 교회적 민주 정치의 현장이 되었다.

1559년 녹스는 스코틀랜드로 돌아가면서 이렇게 기도하였다고 한다. "오 하나님, 나에게 스코틀랜드를 주시던지, 죽음을 주소서." 이후 등장한 것이 『스코틀랜드 신앙고백서』(1560)이다. 그리고 같은 해 에딘버러(Edinburgh)에서 목사 6명, 장로 36명으로 구성된 스코틀랜드 장로교회를 조직하였다. 총회는 1년에 2회 개최하고, 총회 총대는 지교회의 예산이나 토지생산에서 나오는 세금 내역 등등을 보고하도록 하여 교회 재산의 올바른 운영을 관장하였다. 녹스가 작성한 장로교 정치 원리인 『제1 치리서』(The forst Book of Discipline, 1560)는 "완전한 장로교 체제라고 할 수 없으나 칼빈이 만든 체제를 왕국 전체에 적용하려는, 아주 괄목할 만한 문서였다"[1]라는 평가를 받고 있다.

스코틀랜드 장로교회의 운명도 언제나 통치자의 견해에 영향을 받았으나 녹스는 목숨을 걸고 친(親)가톨릭인 메리 여왕(Mary of Scots)과 투쟁하였다. 하지만 1567년 한 살짜리 제임스 6세의 즉위와 그의 섭정 모튼(Morton) 백작이 영국 성공회 형식의 교회를 추진하려고 시도하며 1584년에 수장령을 재선포한 것을 계기로 스코틀랜드 장로교회는 위기에 직면했다. 1606년 영국 여왕 엘리자베스의 사망으로 스코틀랜드의 제임스 6세가 제임스 1세라는 이름으로 영국

---

1 오덕교, 『장로교회사』 (합동신학대학원 출판부, 2006), 166.

박경수, 『스코틀랜드 교회치리서, 장로교 최초의 교회헌법 본문 및 해설』(장로회신학대학교출판부, 2020)

과 스코틀랜드를 함께 통치(1603~1625)하게 되었다. 이 사이에 영국 청교도들의 신대륙 이주가 본격화되었다.

제임스 1세의 재(再)가톨릭화 작업도 문제였지만, 찰스 1세(1625~1647)는 아예 청교도를 박해하였다. 스코틀랜드에서는 성공회 방식의 예배를 강요하였고, 장로교의 특징인 당회, 노회, 총회를 금지하기도 하였다. 1668년 명예혁명을 통하여 제임스 2세가 축출될 때까지 스코틀랜드 장로교회는 험한 세월을 보내야 했다. 1707년 영국과 스코틀랜드의 정치체제는 하나로 통합되었고 영국은 성공회, 스코틀랜드는 장로교를 국교로 채택하였다.

스코틀랜드 『제1 치리서』의 내용을 보면 앞서 언급한 장로교 정치원리가 장로교 안에서 어떻게 적용되어야 하는지를 보여준다. 이에 대하여 최근 상세한 해설을 담은 우리말 번역서가 등장하였다.[2] 이 책의 저자인 박경수 교수의 해설문 가운데 장로교 정체성의 핵심적인 것을 요약하면, 첫째로 목사와 장로 그리고 집사로 구성된 장로교의 직제의 중요성, 둘째로 목회자와 교회 일꾼 누구에게나 열려 있는 성서연구 모임의 중요성, 셋째로 교회를 바르게 세우는 치리의 중요성이다.

---

2 박경수, 『스코틀랜드 교회 치리서, 장로교 최초의 교회 헌법 본문 및 해설』(장로회신학대학교출판부, 2020).

오늘날 한국의 장로교와 비교되는 부분으로, 이 치리서에는 목사가 자의적으로 교회를 옮기거나 함부로 목사를 축출하려는 행위를 엄격히 금하고 있다. 아무리 목사가 부족해도 자격이 부족한 자를 함부로 목사로 세우지 않을 것도 언급하고 있다. 장로와 집사는 임기가 1년이었고, 재정을 담당한 경우에는 3년의 공백기를 두어 재임할 수 있게 하였다.

스코틀랜드 『제1 치리서』의 내용은 당연히 16세기 스코틀랜드 장로교의 상황을 염두에 두고 기술된 것이다. 하지만 그 안에 담긴 장로교 본연의 정신은 우리에게 중요한 모범이 된다는 사실을 간과하면 안 된다. 종교개혁으로 개신교와 특히 장로 제도가 설립된 초기에 무엇을 개혁하고, 어떻게 성서적인 교회 직제를 세우고 운영하려 했는지 그대로 드러나 있기 때문이다. 스코틀랜드 치리서를 읽으면 중세 후기 가톨릭교회 고위 성직자들의 매관매직을 통한 물질 욕심이나 권력욕에 대한 철저한 대책이 오늘 우리 한국교회 장로교 안에서도 똑같이 필요하다는 생각이 든다.

칼빈의 제네바 교회나 녹스의 스코틀랜드 교회는 오늘 우리처럼 '개(個)교회'가 아니었다. 적어도 당시의 교회는 한 지역에 속한 교회들이 연결되어 있었다. 따라서 오늘의 방식으로 보면 노회(Synod)가 교회의 단위가 되어야 마땅하다. '개교회'가 자신의 주장을 관철하기 위하여 노회를 탈퇴하거나 교단을 바꾸는 일이 그 당시에는 불가능한 일이었다는 것이다.

오늘날 노회는 교회의 목사를 안수하여 세우고, 교회가 결의하면 '위임목사'로 인정한다. 위임목사는 당회가 구성된 교회만 세울 수 있다. 여기서 '위임'이란 말 그대로 담임목사와 당회에 노회가 일정 업무를 위임하는 위임(委任)을 뜻한다. 그러므로 위임목사를 둔 당회는 노회의 한 지체이다.

스코틀랜드 『제1 치리서』의 의미대로라면 위임목사는 더 좋은 임지에서 부른다는 이유로 교회를 떠나면 안 되는 한편, 자기에게 손해가 되는 곳으로 가려고 한다면 노회는 이를 심의하여 보낼 수 있다. 반면 당회는 파면할 만한 합당한 범죄를 저지른 경우가 아니라면 감정적인 이유나 정서적인 불일치로 인하여 위임목사를 축출해서는 안 된다.

감독 중심의 교회라면 상위기구가 결정하는 대로 이동하는 것이고, 회중 중심의 교회라면 개교회 교인이 가부를 물어 결정하는 대로 따르면 된다. 하지만 대의민주제인 장로교회는 민주적인 절차로 만든 교회의 법에 순응해야 하며, 구성원이 이 법을 시행하고 따르는 일에 충실해야 한다. 그렇지 않으면 장로교회는 대의민주적 장로 중심 정치 체제를 분실하게 된다.

그래서 장로교 정치 체제 속에 등장하는 항존직(恒存職)의 의미를 한 개인이 그 직분을 영원히 간직한다는 의미가 아닌 그 직분이 교회 안에 "항존한다"는 원래의 의미로 회복하여야 한다. 당회와 노회와 총회에 민주적 절차를 통하여 선출되는 대표에게는 임기가 부여되어야만 하는 것이다.

물론 오늘날 노회와 총회의 임원에게는 임기가 있다. 하지만 그 임원을 선출하는 총대 자격은 늘 같은 사람이 매년 반복해서 획득하는 경우가 대부분이다. 형식만 임기 있는 선출직이면서 실상은 영구직이나 마찬가지라면, 당연히 스코틀랜드 『제1 치리서』에 나온 대로 일정 기간 휴무를 하게 할 필요가 있다.

IV. 웨스트민스터 신앙고백(1648)과 장로교

이후에 영국과 스코틀랜드가 공동으로 작성한 신앙고백이 웨스트민스터 신앙고백이다. 이 신앙고백과 교리문답은 지난 300년 이상 영어권 장로교회의 기본 신앙 문서이며, 칼빈적 신학을 바탕으로 하고 있고, 종교개혁으로 등장한 전체 프로테스탄트의 최종 개혁 문서라고 할 수 있다.

재(再)가톨릭화와 영국 성공회 권력 아래에서 이런 문서가 가능했던 것은 스코틀랜드의 국민계약(Scotland National Covenant, 1638) 선언으로 감독제를 배척하고 장로교회를 회복하려는 시도와 청교도 혁명으로 크롬웰이 등장한 이후에 1660년 왕정 복고가 이루어지기까지 청교도의 짧은 전성기가 있었기 때문이었다. 웨스트민스터 신앙고백은 미국과 한국의 장로교회의 기본 문서가 되었다. 핵심적인 내용은 다음과 같다.

1. 성경에 대하여

장로교회는 성경은 기록된 하나님의 계시 말씀이며 교회를 굳게 세우기 위한 진리의 완전한 기록이라고 믿는다. 그리고 교회 안에서 외경의 권위를 인정하지 않으며, 성경의 권위는 인간이나 교회의 증거에 달린 것이 아니라 진리의 저자이신 하나님에게서 나온다고 믿는다. 가장 문제가 되는 성경 해석에 대해서는 성경을 해석하는 법칙은 성경 자체로서, 의문시에는 더 분명한 다른 성구를 통해서 이해하여야 한다고 본다.

2. 하나님에 대하여

장로교회는 삼위일체 하나님과 그 하나님의 창조와 섭리를 믿는다. 하나님께서 택하신 백성을 예정하였다고 믿는다. 예정에 대한 언급은 루터, 츠빙글리, 칼빈 모두에게 공통적이다. 그중 칼빈이 예정론을 가장 강조하였는데, 그가 예정론을 강조하였던 것은 하나님의 절대 주권을 말하기 위함이었다. 기독교 강요에서 예정론을 다룰 때는 완벽한 설명이 불가능하다는 사실을 칼빈도 언급하였다. 결국 예정론의 문제는 이후의 장로교 역사에서 다양한 양상으로 전개된다. 하지만 분명한 사실은 장로교회는 가톨릭교회나 감리교회는 다르게 하나님의 예정을 강조한다.

3. 그리스도와 구원

그리스도는 중보자이며, 인간의 자유의지는 무죄한 상태에 하나님을 기쁘게 할 의지가 있었지만 타락함으로써 영적인 선을 행할 능력을 상실하였다고 본다. 즉, 인간은 자기 스스로 회개할 힘이 없으며 그래서 하나님의 부르심이 필요하다. 부르심은 하나님의 자유롭고 특별하신 은혜에서 나온 것이며, 사람은 성령의 역사를 통해 부르심에 응답할 수 있다.

여기서 칭의(Justification by faith)는 죄를 용서하고 의롭다고 간주하고 용납하시는 은혜이며 그리스도 덕분이다(*propter Christum*). 그리고 장로교회에서 중요시하는 성화는 필수적이다. 사람이 중생하면 말씀과 성령으로 성화의 길을 걷게 되며, 구속적 은혜 안에서 참다운 거룩한 행동을 실천하기 위하여 점점 자극을 받고 강건하게 되어야 한다. 웨스트민스터 신앙고백은 거룩한 행실 없이는 아무도 주를 볼 수가 없다고 말한다.

믿음의 은사는 마음에서 활동하는 그리스도의 영의 역사이며 택함을 받은 사람들은 자기 영혼의 구원을 믿을 수 있게 된다. 그리고 말씀 전파와 성례전과 기도를 통하여 그 믿음이 강화된다. 그러나 이 신앙은 약할 때도 강할 때도 있다. 교회는 신자들에게 생명에 이르게 하는 회개를 가르쳐야 한다. 회개한다고 용서가 되는 것이 아니라 용서는 그리스도 안에 있는 하나님의 자유로우신 은혜이다.

선행은 하나님께서 거룩하신 말씀 안에서 주신 명령이다. 선행은 참되고 살아있는 믿음의 결실이다. 선행은 신자들이 보여주는 감사이다. 선행은 믿음을 견고하게 한다. 그러니 선을 행하는 힘은 자기에게서 나온 것이 아니라 전적으로 그리스도의 영에서 나온 것이다. 선을 행하려면 성령의 영향이 필요하다. 그러므로 선행은 아무리 잘해도 충분하지 않다.

그리스도를 믿고, 성실하게 그를 사랑하고, 선한 양심에 따라 행동하려고 노력하는 사람은 은혜의 자리에 있다는 확신을 가질 수 있다. 그리고 이 확실성은 "구원을 약속하신 하나님의 진리에 근거한 믿음의 틀림없는 확신"이다. 하지만 때로 그 확신을 보존하는 일에 게으른 것이 사람이다. 그래서 시험에 빠진다.

4. 교회와 사회

예배는 하나님의 뜻에 따라 드려야 한다. 다른 중보자가 아니라 그리스도만을 통하여 드린다. 예배에서 감사의 기도를 드려야 하며 하나님의 뜻에 따라, 성령의 도움을 받아, 성자의 이름으로 기도하되 알 수 있는 말로 기도해야 한다. 기도는 현재 살아있거나 장차 출생할 모든 사람을 위해 할 것이로되 죽은 사람을 위해서 할 것은 아니라고 신앙고백은 말한다.

주일은 세상 끝날까지 그리스도교의 안식일로 지켜질 것이다. 하루 종일 모든 일이나 말이나 생각에서 떠나서 거룩하게 쉬며, 이 세상의 일이나 오락에서도 떠나 쉬어야 하고, 모든 시간을 하나님을 예배하는 데에 필요한 의무를 지키거나 자비를 베푸는 데에 바치는 날이다.

신자가 관공직에 임명될 때 수락하고 집행하는 것은 정당한 일이며, 그 나라의 좋은 법에 따라서 경건과 정의와 평화를 유지하도록 해야 한다.

보편적이고 우주적인 교회는 불가결적이다. 그리고 교회의 머리는 그리스도이다. 가시적인 교회도 이에 속하는데, 세상 끝날까지 성도의 삶을 완수하도록 돕기 위해 성직과 의식이 있다. 하지만 가시적 교회는 아무리 순결해도 과오를 저지를 수밖에 없다. 교회 안의 성도의 교제는 그리스도와의 은총의 교제요, 성도들 간 사랑의 교제이다.

성례전은 그리스도와 그의 은혜를 나타내는 거룩한 표식이며, 교회와 세상을 구별하는 보이는 표지이다. 하지만 성례전은 성례 자체의 힘이나 집례자의 믿음이나 능력 때문이 아니라 성례전에 사용되는 말씀에 의하여 효력을 가진다. 세례는 교회 입회 선언이고, 본인에게는 은혜의 계약에 관한 인침이며, 중생과 사죄로 그리스도를 통하여 새 삶을 살겠다는 몸의 봉헌이다. 물에 몸을 잠그는 것은 필요하지 않다. 머리에 물을 붓거나 뿌려서 베푸는 것이 정당한 방법이며 세례는 단 한 번만 베풀어야 한다.

성만찬 할 때 빵이나 잔에 절을 하거나 높이 들거나 동경하는 마음으로 들고 다니거나 정상적이 아닌 종교적 사용을 하려고 보관하는 것은 본질과 먼 행동이며, 그리스도의 제정하신 뜻과도 다르다. 살과 피라고 부르지만, 본질은 빵과 포도주 그대로 남아 있다. 화체설은 성경과 상식과 이성에 모순되며 예전의 본질을 전도시키는 생각이고, 미신의 원인이며 우상숭배의 원인이 된다.

5. 장로교 본질 회복을 위하여

16세기 종교개혁 운동으로 시작된 프로테스탄트교회는 다양한 개신교 교파를 만들었다. 이 장에서는 그중 하나인 장로교회의 역사와 신앙을 살펴보았다. 사실 필자가 장로교회 소속이기 때문에 특별히 장로교회의 역사와 신앙에 대하여 언급한 것이지만, 더 본질적인 의도는 장로교의 신학과 신앙적인 특징이 무엇인지 분명하게 설명하고자 하는 의도가 있었다. 물론 루터교, 감리교, 성결교, 침례교, 오순절교회 등의 신학과 신앙을 비교하면 더욱 분명하게 장로교의 특징이 드러나겠지만, 프로테스탄트가 등장한 신앙의 역사를 설명하려는 이 책의 목적을 넘어서는 일이다.

장로교는 다른 개신교와 공동으로 성서를 우선하는 종교개혁의 유산을 지녔다. 교인 누구에게나 열려 있는 성서 읽기와 성서 묵상은 모든 개신교인의 특권이자 의무이다. 그래서 장로교인 역시 성서에 친숙하고, 판단할 때 성서적인 판단을 하고 있는지 돌아보아야 한다.

또 한 가지 장로교의 특징인 민주적인 교회상을 보존하여야 한다. 감독 중심도 아니고 회중 중심도 아닌 장로교회는 선출된 교회 대표를 통한 대의민주제를 유산으로 삼고 있다. 그래서 장로교회는 대화와 협력이 교회 운영의 핵심이다. 적어도 이 두 가지 신앙 유산이 모든 장로교회 안에서 회복되기를 간절히 바라는 마음이다.

개신교와 장로교라는 주제를 살펴보면서 든 생각은 한국의 장로교회가 처음 프로테스탄티즘의 본질로부터 너무 멀리 떠나오지 않았기를 바라는 마음이다. 만일 멀어진 거리와 차이가 느껴진다면, 이제라도 본질을 회복하는 운동을 반드시 시작하여야 할 것이다.

11장

종교개혁과 사회

I. 신앙과 현실 사회

그리스도인이 자기의 신앙을 사회생활에 어떤 방식으로 적용하며 살아야 할까? 이런 생각을 하는 것은 과연 당연한 것일까? 그리스도인이 세상을 사는 방식과 그리스도인이 아닌 사람이 세상을 사는 방식에 차이가 있을까? 만일 차이가 있어야 한다면 어떤 차이여야 할까?

어린 시절에 교회에서 많이 듣던 말이 "예수 믿는 사람은 그러면 안 되지"라는 말이었다. 무엇을 그렇게 하면 안 된다는 것일까? 친구들과 다투어도 안 되고, 거짓말을 해서도 안 되고, 남의 것을 빼앗아도 안 되며, 이웃을 사랑해야 하고, 복음을 전해야 하고, 평화를 위하여 일하는 사람이 되어야 한다고 주일학교에서 귀에 못이 박히도록 배웠다.

그런데 실상 학교에 가면 달랐다. 친구들과 다투는 것은 늘 벌어지는 일이고, 거짓말이나 욕설을 잘하는 친구가 인기가 있으며, 자랑할 것을 많이 가지거나 힘센 친구들이 항상 앞장서는 곳이 학교였다. 교회에 가자고 전도하면 무안당하기 일쑤였거니와 평화를 위해서 앞장서는 일은 감히 해볼 수도 없는 곳이 학교였다.

사회는 어떤가? 학교생활부터 경쟁 속에 살아온 현대인은 사회 속에서도 무한경쟁의 고속도로에 내몰린 신세 아닌가? 지배하지 못하면 지배당하는 곳이 사회이고, 성공하려면 경쟁뿐만 아니라 힘 있는 사람 앞에 줄서기도 잘해야 하는 곳이 사회이다. 힘의 지배 관계 속에서 힘을 무시하고 독자적으로 사는 일은 쉽지 않은 일이다. 더구나 학연, 지연, 혈연 그리고 파벌로 뭉친 우리 사회의 현실 속에서는 신앙 역시도 파벌 형성의 한 방편이 되기도 한다. 그리스도의 정신을 지키며 사는 일이 왜 이렇게 어려운지 모르겠다며 한숨 쉬던 순수한 청년들은 시간이 지남에 따라 점점 사회 속에 함몰되어가고 만다.

그런 사회를 견디기 힘들어서 버티지 못하고 낙오되거나 혹은 그런 사회를 혐오해서 스스로 버리고 나와 찾아오는 곳이 '신학교'일 때가 많다. 하지만 이것도 잠깐일 뿐이다. 수년 후 신학교를 졸업하고 다시 교회로 들어가면 거기에는 교회와 사회 사이에서 줄타기의 달인이 되어버린 사람들의 세상과 다시 마주친다. 이것은 비아냥거리려고 하는 말이 결코 아니다. 사회에서는 세상의 논리와 맞서는 것이 두려웠지만, 교회에서는 신앙의 논리와 사회의 논리 두 가지와 마주 서야 한다.

일곱 번씩 일흔 번이라도 용서하라는 예수의 가르침은 교회 안이나 바깥이나 공허한 외침일 뿐이다. 원수를 사랑하라는 말이나 가난한 자는 복이 있다는 말도 신앙의 핵심적인 가르침이라고 머리로는 잘 알지만, 현실성이 없다고 생각해서인지 듣는 순간 마음에서는 지워버린다.

교회는 사회와 전혀 다른 곳인가? 신앙의 기준은 세상을 사는 기준과 너무 달라서 그리스도인으로 하여금 혼란을 느끼게 만드는 것인가? 더구나 한국은 다(多)종교 사회이다. 수많은 종교가 이 땅에 있었고 지금도 마찬가지이다. 유력한 것만 꼽아도 불교와 개신교와 가톨릭 신앙에 국민의 절반가량이 속해 있다. 개신교와 가톨릭을 기독교라는 이름으로 묶으면 우리나라 최대의 종교가 된다.

이 글을 쓰고 있는 동안 코로나19가 전 세계를 휩쓸고 있다. 2020년 9월은 코로나바이러스의 2차 확산이 '개신교 교회'라는 키워드와 더불어 번져나가던 시점이다. 정부는 교회에 집합금지 명령을 내렸고, 이것을 거부하는 몇몇 교회들은 벌금을 내면 어떠냐며 집회를 강행하기도 하였다. 동시에 예배 금지는 종교 자유를 제한하는 것이라고 소리를 높인다. 하지만 세상의 반응은 싸늘하다 못해 교회에 대한 비난이 난무할 정도이다.

물론 대부분의 교회는 사회적 거리두기의 지침을 지키고, 예배당의 문을 닫고 영상을 통해 예배를 드리며, 몇몇 교회와 단체는 앞장서서 사회를 향한 교회의 잘못을 사과하여 오도된 신앙의 본질을 회복하려고 노력하고 있다. 하지만 그동안 벌인 못된 행각들이 세상에 다 퍼져있는 마당이어서 교회는 위기 속의 위기에 직면한 현실이 되고 말았다. 다종교 사회 속에서의 여론은 불교와 가톨릭에는 우호적이지만, 개신교에 대한 비판에는 날이 서 있다는 점이 교회가 처한 더 큰 위기이다.

그러면 그동안 교회는 사회에 대하여 우호적이었을까? 분명히 말하건대 한국에서 태어나 교회 다니고, 신학을 공부하고, 목회하는 동안에 느낀 것은 교회가 사회와 분리하고 있다는 것이었다. 교회는 분명히 이렇게 말했다. 세상에 살더라도 세상과 합하지 말라고 말이다. 마치 세상에 잠깐 파견 나온 사람처럼 고고함과 거룩성을 잘 지키면서 살라고 말이다.

가톨릭교회 교인이 세상과 잘 어울리는 것을 보게 되면 그들에게는 바른 신앙이 없다고 비난했고, 절에 다니면서 부처에게 절하는 사람들에 대해서는 생명이 없는 불상에게 절이나 하는 우상 숭배자라고 무시했다. 그런데 지금 세상은 개신교 교회에 대해서 말한다. 이 사회가 바이러스로 망가지고 생명이 위협당해도 자기들만 살면 좋다는 광신자들이 개신교인들이라고 말이다.

언제부터 이렇게 되었을까? 종교개혁 운동이 일어나고 교회를 개혁한 지 500년 지났는데, 언제부터 개신교는 개혁의 주체가 아니라 개혁의 대상이 되었을까? 특히 사회와 교회는 역사 속에서 어떤 관계를 유지했을까? 혹시 우리나라만 그런 것 아닌가?

II. 기독교 국가 속의 교회와 사회

기독교 국가(Christendom)란 국가의 통치 이념이 기독교(Christ-ianity)인 것을 의미한다. 근대의 국가 제도와는 달라도 유럽 대륙에서는 콘스탄티누스(Constantinus) 황제의 기독교 공인(313년)과 국교화 과정을 통하여 기독교는 로마제국의 제국종교로 등장하였다. 로마제국은 원래 식민지의 종교를 인정하는 다종교 정책을 펼쳤는데, 공인과 국교화 과정에서 기독교가 유일한 종교로 자리 잡은 것이다.

국가교회주의가 확고하게 자리를 잡은 것은 이보다 조금 후인 유스티니아누스 황제(527~565) 때에 이루어졌다. 로마제국은 기독교 신앙으로 하나이고, 황제 아래에서 정치적인 통일체였다. 유스티니아누스는 마케도니아 출신으로 330년 콘스탄티누스 황제가 수도를 로마에서 콘스탄티노플로 옮겼기에 등장한 탁월한 황제였는데, 콘스탄티노플 천도 이후에 약해진 로마는 410년 서고트족의 알라릭(Alaric)에게 3일간 약탈을 당한 후 결국 476년 서로마는 게르만족에게 정복당하였다.

4세기 로마제국의 기독교화 과정에서 원래 초기 기독교 정신과 로마제국의 통치 구조가 만났다. 여기에서 로마제국의 기독교화 과정과 동시에 기독교의 콘스탄티누스적 전환이 일어났다고 보아야 한다. 그러므로 5세기 말 게르만족의 로마 정복은 기독교의 또 다른 전환점이 된다. 이것을 "게르만족의 기독교화"(Christianization of German) 그리고 "기독교의 게르만화"(Germanization of Christianity)라고 부른다.

그러므로 기독교는 처음부터 '그 사회'와 만나서 서로 영향을 주고받은 역사를 지녔다. 4세기 이전의 역사도 마찬가지이다. 로마제국의 지경 밖의 오리엔탈 기독교는 그리스 정교회와 또 다른 양상을 지닌다. 4~5세기 에큐메니컬 공의회를 통하여 확정된 기독론과 삼위일체론 역시 일종의 전환이다. 제국 내의 일치에 동의하지 못한 교회는 오늘날에도 북아프리카와 시리아, 이라크, 아르메니아 등지에 단성론 또는 유사본질론을 신봉하는 교회로 남아 있다.[1]

세계 종교 지도를 펼쳐놓고 보면 서유럽과 중앙유럽 그리고 동유럽과 러시아까지 대부분의 국가 안에는 3가지의 기독교(가톨릭, 개신교, 정교회)가 지배적이다. 북미는 개신교가 그리고 남미의 경우에는 가톨릭이 매우 우세하다. 이런 나라들의 달력에는 반드시 종교적인 축일이 국경일로 지정되어 있다.

필자가 경험한 독일의 경우에도 주(州)마다 차이는 있지만, 공휴일의 대부분이 종교적 의미를 지닌 날로 구성되어 있다. 예를 들어 고난주간 성금요일과 부활절 다음 월요일이 휴일이며, 동방박사축일, 예수승천일, 성령강림절 월요일, 모든 성인의 날(만성절), 속죄와 기도일 그리고 성탄절 다음날이 종교적 공휴일이다. 그 외에는 노동절과 독일 통일의 날 정도가 국가 공휴일이다.

이런 경우에 기독교는 전체 사회를 이끄는 정신적인 기준 역할을 하게 마련이다. 그러므로 주민등록 신고지에는 종교를 표기하는 칸이 있는데, 개신교 또는 가톨릭으로 표시하게 되면 소득 금액에 따라 정해진 비율의 종교세를 원천 징수한다. 독일 정부는 국가의 부담금을 더해서 교회의 재정을 채운다.

기독교 국가[2]의 경우에는 교회가 국가와 협력관계를 유지한다.

---

1 단성론이란 예수 그리스도의 인간적 본질과 신적 본질 두 가지를 똑같이 인정하는 양성론에 반대하는 개념으로 인성이 신성 안에 흡수되어서 예수 그리스도는 신성을 가졌다는 입장이고, 유사본질론이란 아버지 하나님의 신적 본질과 아들 예수 그리스도의 신적 본질이 똑같다는 동일본질(*homoousios*)에 반대하여 아버지와 아들의 신적 본질이 정확하게 같을 수는 없다고 믿는 부류이다.
2 기독교를 국교로 삼은 나라와 기독교적 이념이 국가 운영에 명시적으로 반영된 나라들이 기독교 국가라고 부를 수 있다. 독일의 경우는 후자에 해당한다. 이에 대한 탁월한 연구논문이 있다. 이상조, "공법상 주교회인 독일 개신교회의 역사적 형성과정과 그에 따른 교회 체제의 특징, 「장신논단」 49 (2017), 159-186. 독일의 개신교는 주(州)교회들의 연합체로 독일개신교회(EKD)를 형성하고 있다.

이상조, 『독일의 통일에 이바지한 공법적(公法的) 독일 개신교회의 역사적 발전 과정, 교회와 국가의 관계를 중심으로』 (나눔사, 2021)

통치 이념에 기독교적 정신이 반영된다고 볼 수 있다. 국가는 정책 결정 과정에서 교회 지도부 대표의 견해를 청취한다. 독일의 경우 나치즘과 히틀러의 통치 시대에 개신교와 가톨릭 지도부는 예외 없이 나치에 협력하는 결정을 하였다. 동서독 분단 시절에는 개신교의 경우 동독교회와의 대화를 주도하였고, 경제적 지원을 위한 국가의 동의와 협력을 이끌어 내었다. 서독 정부는 통일을 위한 대화 시도와 동서독 간의 종교적 협력 사업이 실현되도록 동독에 대한 국가적 재정적인 지원을 아끼지 않았다.

유럽의 기독교 국가들은 대부분 정기적으로 교회에 출석하는 수가 적다. 필자가 기억하기로 약 3,000~4,000명 정도의 개신교인이 사는 교구에 약 400석 규모의 예배당이 있는데, 주일날에 출석하는 교인 수는 50명이 채 안 된다. 반면에 세례식과 입교일, 부활절, 성탄절에는 좌석이 모자랄 정도이다. 이것이 의미하는 것은 독일 기독교인의 외적 기준은 정기적인 예배 출석보다는 자신의 생애 동안 요람에서 무덤까지 교회가 관장하도록 종교세를 부담하는 데 있다는 점

이 글을 쓰고 있는 동안에 이상조 교수가 위의 논문이 포함된 연구서를 보내왔다. 책 제목은 『독일의 통일에 이바지한 공법적(公法的) 독일 개신교회의 역사적 발전 과정, 교회와 국가의 관계를 중심으로』인데, 독일교회의 경우 교회가 국가와 어떤 관계를 유지하였고, 어떤 사회적 정치적 영향을 행사하였는지를 역사적으로 정리한 좋은 책이다.

이다.

　필자가 독일 유학 시절 살던 동네 교구에 속한 교인들과 장로의 임기를 수행하던 학부형 등등 이웃들과 여러 차례 대화해 보면, 종교세를 부담하는 그리스도인의 자의식은 분명하였다. 정기적인 출석은 하지 못해도 출생부터 죽음까지 기독교적 전례 아래에 기쁜 마음으로 속해 있으며, 자신의 직업과 삶 전체가 하나님의 은혜 아래에 속한 것임을 확신하고 있었다. 대신해 줄 사람을 못 구해서 계속 교회 장로직을 수행하느라고 애를 쓰던 아들 친구의 아버지인 마이어(Meyer) 장로 역시 자신을 희생하며 섬기는 일에 익숙해져 있었다.

　동네 사람들은 매우 자연스럽게 일요일에는 반드시 쉬었다. 정원 가지치기나 잔디를 깎는 일 혹은 담장을 보수하는 일이 아무리 시급하다고 해도 일요일에는 모든 일을 하지 않고 쉬는 것을 보았다. 그 이유를 물어보았더니 안식일 계명을 지킨다는 대답을 기대했던 것과는 전혀 다르게 "그렇게 사는 일에 우리는 익숙하다"라는 답변이 돌아왔다.

　좀 더 솔직하게 말해서 일요일에 소음을 내고 일하면 동네 사람들이 불편해할 뿐만 아니라 수준 낮은 사람 취급을 할 것이라 생각한다고 한다. 그 당시 40~50대였던 주민들과의 대화였기 때문에 요즘은 20~30대 젊은이들의 생각은 많이 달라졌을 것으로 짐작한다. 군이 통계를 대지 않아도 기독교인으로 종교세를 부담하는 비율이 점점 낮아지고 있다는 것은 교구 축소와 교세 감소가 이미 증거하고 있다. 이런 현상은 유럽 공통적인 현상이고, 독일도 예배당 건물을 일반에게 매각하는 일이 벌어지고 있다.

　예배 참여자의 감소와 노령화, 교구의 축소와 교회 재정의 감소 그리고 신학대학의 재학생 감소 등등은 독일의 경우 이미 오래전에 시작되었고, 한국에서 여행을 온 목사들은 이를 두 눈으로 실감하였다. 거기로부터 나온 말이 바로 "유럽의 교회는 죽었다"는 말이다. 이 말 뒤에는 한국의 교회는 아직도 성장하고 있다는 의미가 숨어 있다. 한국의 대형교회는 '죽어가는' 유럽 또는 동유럽의 교회에 재정을 지원하기도 한다. 국가주의에서 해방 또는 축출된 구공산권 동유럽의 교회는 심각한 재정난에 허덕이기 시작하였다. 국가와 전혀 무관한 한국교회가 어떻게 경영이 되는지를 배우고 싶어 한다.3

역사적으로 유럽의 가톨릭교회는 1,700년이 넘었고, 개신교는 500년이 넘었다. 기독교 전파의 과정을 보더라도 동유럽의 교회들은 1,200년 이상이 된 오래된 교회들이다. 개신교 선교 130년이 된 한국교회는 이에 비하면 신생 교회이다.

과학 기술 문명의 역사적 발전 속도를 보면 우리가 살고 있는 현

---

3 2019년 10월 종교개혁제 기간에 체코 형제복음교회 총회장으로 섬기는 제나티(Daniel Zenati) 목사가 한국을 방문하였다. 체코에서 27년을 사역하며 체코교회의 회복을 돕는 이종실 선교사가 안내와 통역을 담당하여 호남신학대학교에서 강연하였다. 당시 제나티 총회장의 방한은 대한예수교장로회 총회와의 자매결연 관계로 총회 방문이 목적이었지만, 그는 한국의 개척교회의 자립 과정을 배우고 싶어했다. 그는 이종실 선교사와의 선교 협력 과정 속에서 한국교회를 배우게 되었고, 체코 정부가 체코교회를 재정적으로 독립시키려는 시간이 다가오자 그 대안을 찾기 위하여 한국의 개척교회 방문을 요청했던 것이다. 체코교회가 시작도 해보기 전에 한국의 교회 개척은 거의 막바지에 이르렀다. 수도권 집중이 물살을 타던 70~80년대라면 모르거니와 사람들은 이미 정착이 끝난 중대형교회를 선호하고, 아파트 상가 교회에 출석하면 건축의 부담을 져야 한다는 고민도 해야 하는 상황에 대형교회의 세습이나 목회자의 추문 그리고 코로나19 사태로 빚어진 개신교회에 대한 불신의 현상은 더 이상 평범한 교회 개척과 자립과 성장을 기대하지 못하게 만들었다. 물론 넘치는 목사 배출과 아직도 정리되지 않는 교파 난립 그리고 군소 교단의 무자격 목사 배출 등등 오래된 문제도 작용하였다고 본다.

체코 형제복음교회 총회장 다니엘 제나티(Daniel Zenati) 목사, 2019년 10월 호남신대종교개혁제 특강(통역 이종실 체코 선교사)

대(Contemporary)는 그 변화 속도를 예측할 수 없을 정도로 빠른 시대이다. 그래서 지난 130년 동안 한국교회는 유럽의 교회가 겪은 1,700년의 세월을 압축해서 경험하였다. 이 점에서 서구 기독교의 과거는 우리에게 비판 대상이 아니라 역사적 교훈이 된다.

국가적 기독교가 아닌 다종교 사회 속의 교회가 어떤 역할을 해야 하는지의 문제에 성실하게 응답하는 일은 한국교회의 영원한 과제인 동시에 한국교회의 영원한 현실이다. 과제는 당장 해결해야 하는 일이고, 현실은 그 일을 계속해야 한다는 의미이다.

III. 종교개혁과 사회개혁

16세기 독일 종교개혁을 시대 변혁적인 사건으로 평가하는 데에는 이견이 없다. 물론 이전과 이후의 여러 사건들이 맥락을 같이 한다는 점에서 루터의 종교개혁에만 의미를 두는 것은 역사를 파편화하는 일이라고 생각한다. 그럼에도 불구하고 종교개혁 운동에서 루터를 제외할 수는 없을 것이다. 이런 관점에서 루터 종교개혁이 당시 사회에 끼친 영향을 살펴보는 일은 교회와 사회의 관계를 설정하는 데 큰 도움이 된다.

종교개혁 500주년을 기념하면서 "루터의 종교개혁이 사회개혁에 끼친 영향"이라는 주제의 강연을 부탁받은 적이 있다. 물론 그 이전에도 그리스도인의 삶에 대한 종교개혁자들의 영향에 대해서 강의할 때도 그리스도인의 종교 생활이 아니라 사회생활에 대해 더 강조할 수밖에 없었던 이유는 루터가 그리스도인의 일상적인 삶에 무게중심을 두었기 때문이며, 이런 경향은 루터가 어린 시절에 네덜란드의 새로운 경건 운동인 모데르나(Devotio Moderna)의 영향을 받았기 때문일 것으로 평가된다.

"새로운 경건"이라고 불리는 이 운동에 속한 인물이 토마스 아 켐피스(Thomas à Kempis)이며, 그의 저작으로 알려져 유명세를 탄 것이 『그리스도를 본받아』라는 기독교 고전이다. 이 운동은 수도사뿐만 아니라 일반인들의 삶 속에서 경건의 의미가 무엇인지를 분명하게 설정한 운동이고, 실제로 이들은 공동생활 형제단(Brethren of Common Life)을 형성하며 성실하고 일상적인 삶이 거룩한 경건임을 역설하였다.

루터의 사회적 신분론을 보면 성직 계급, 통치 계급 그리고 혼인 계급이라는 세 가지의 구분이 등장한다. 원문으로는 *ecclesia, politia* 그리고 *economia*이다. 혼인이라는 용어를 사용하며 '경제'라고 부르는 것이 특별하고도 의미가 있다. 가정을 꾸리고 가정 경제를 이끌어

나가는 모양이 결혼이기 때문이다. 그런데 루터는 가장 하층에 위치한 혼인 계급을 염두에 두듯이 '만인사제설'을 언급하였다.

서품받은 사람만 사제가 아니라 모든 사람이 사제가 된다는 루터의 주장은 한편으로 가톨릭교회의 성직자 중심주의에 대한 도전이 되었지만, 다른 한편으로는 일반 신자의 신앙 의식을 고취하는 역할을 하였다. 세상에서 경제 활동을 자신의 일로 삼은 백성은 가정의 경제를 꾸려나가기 위해 일만 하는 것이 아니다. 그는 그가 만나는 사람 누구에게나 '사제'의 역할을 한다. 그가 입을 열어서 하는 말은 모두가 복음에 근거한 말이 되어야 한다. 왜냐하면 일상생활 속에서 하는 말도 복음에 근거한 말이 되어야 하며 동시에 그 말은 설교가 되기 때문이다.

만인사제설을 오해하는 사람은 성직자와 평신도의 경계를 허물려는 루터의 과격한 발언이라고 폄하한다. 이것은 개신교 목사의 경우에도 자주 보게 되는 오해이다. 하지만 루터의 만인사제설은 교회의 전례를 누구나 담당한다는 의미가 결코 아니다. 이것은 일반 신자의 사회적 삶이 사제의 삶과 다르지 않다는 것을 말한다. 이처럼 종교개혁은 사회생활과 매우 밀접한 관계가 있다.

종교개혁자들의 사회적 관심은 사회 복지와도 연결되었다. 사실 종교개혁이 등장하기 이전인 중세를 살던 장애인들은 차별적인 대우를 받았다. 출생 때부터 장애를 가진 사람은 하나님의 징벌로 그렇게 되었다는 비난을 받을 수밖에 없었다. 오랜 기간 진행된 십자군 전쟁으로 부상을 당한 군인들과 농지를 얻지 못해서 떠돌이의 삶을 살던 유랑자들은 사람대접을 받지 못하였다. 구걸해서 먹고 살아야 하는 거지들의 숫자가 자꾸 늘어나는 이유에는 구걸하는 자에게 자비를 베풀어주는 것이 구원받는 데 도움이 되는 선행이라는 신앙적 오해가 깊이 자리하고 있었다. 일하기 싫어서 구걸하는 문제를 두고 종교개혁자들을 이를 개선하려고 노력하였다. 공동 금고를 만들고 사회적 약자를 돌보는 한편, 엄격한 선별 과정을 통하여 일할 수 있는 자는 일하도록 조치하기도 하였다. 그러므로 종교개혁 신앙은 사회를 선도하는 정신이었음이 분명하다.4

루터, 츠빙글리, 부처, 칼빈 등 주류 종교개혁자들은 대부분 통치 권력과 협력 관계를 유지하며 종교개혁을 진행하였다. 당시 유럽대륙의 정치적 역학 관계에서 교황청은 신성로마제국 황제와 프랑스 왕 사이에서 줄타기를 하고 있었으며, 신성로마제국 황제는 스페인 경영에 몰두하여 독일에 대한 간섭을 심하게 진행하지 못했다. 더구나 투르크족의 북상으로 비엔나까지 위험할 지경에 이르자 이를 방어하기 위한 독일 제후들의 협조가 절실한 상황에서 무조건 독일에게 루터를 처리하라고 압박할 수 없었다.

루터 역시 작센의 선제후와 협력적인 관계 속에서 종교개혁을 순조롭게 진행할 수 있었다. 게다가 루터는 교황청으로부터 비롯된 독일 국민에게 지운 부담(Gravamina)에서 벗어나고 싶어 하는 독일 귀족들의 마음을 헤아릴 줄 알았다. 결국 주류(main stream) 종교개혁 운동은 그 지역을 통치하는 공권력과 밀접한 관계를 맺었고, 이것은 당연히 교회가 사회 문제에 깊이 관여할 수밖에 없는 배경이 되었다.

주류 종교개혁자들과 구별되는 비주류 개혁자들을 부르는 말이

---

4 대한예수교장로회 총회 사회봉사부에서는 '장애인 신학'을 정립하기 위한 포럼을 개최하고 그 결과물을 출판하였다. 필자도 여기에 참여하여 "종교개혁사에 나타난 장애인의 삶과 신학"이라는 글을 발표하였다. 『장애인 신학』(한국장로교출판사, 2015).

래디컬 종교개혁 운동이다. 이들은 공권력과의 협력 관계를 거부할 뿐만 아니라 신자의 공직 사역조차 인정하지 않았다. 공직을 수임할 경우, 예를 들어 군인이나 공무원이 되는 경우 무력을 사용해야 할 상황이 발생하기 때문이었다. 래디컬 종교개혁 운동과 이에 동조한 개혁자들은 그래서 어떤 지역에서조차 환영받지 못하여서 신앙의 자유를 찾아 떠돌아야 했고, 종교적 관용책이 시행되기 시작한 18세기에 들어서야 지역에 정착할 수 있게 되었다.

철저하게 성서 문자적인 신앙과 삶을 추구하는 래디컬이지만, 정치와 사회 속에서 그들이 설 자리가 없었다는 것은 오늘날에도 깊이 되새겨 보아야 하는 문제를 남겨 주었다. 신앙인은 사회를 등지고 살수는 없는데, 어떻게 복음의 정신을 놓치지 않고 이 사회 속에서 신앙인으로 살아갈 수 있는가의 문제가 여전히 남아 있다는 의미이다.

IV. 기독교 신앙과 민족주의

국가주의과 구별하기 쉽지 않은 것이 민족주의이다. 기독교 신앙은 민족 문제와 어떻게 연결될까? 이 질문은 기독교가 사회 현실 속에 깊이 개입하다 보면, 경우에 따라서는 기독교의 본질적인 정신을 상실하고 방황할 가능성이 매우 높다는 말이다. 예수 그리스도는 유대 종교와 유대 사회 속에서 민족 종교의 개선을 선택했던 인물이었다. 성서에 나오는 예수는 한편으로 유대인이라는 민족의 경계 안에 머물러 있으면서도, 다른 한편으로는 그런 외적 경계를 허물어버리는 탁월한 가르침을 남긴 분이었다. 바울은 어쩌면 예수의 정신을 구체화하여 기독교 정신으로 유대와 이방의 경계를 허물어 버린 인물이 분명하다.

이 말을 하는 이유는 예수의 정신에는 민족적, 국가적 차별이 없다는 전제를 세우기 위함이다. 그런데 제국기독교와 국가주의에 함몰된 기독교는 국가와 민족 사이의 전쟁에 힘을 보태 주었다. 지난 2,000년 기독교의 역사가 이를 증명한다. 기독교가 식민지 정복 침략과 그 궤를 같이했었다는 점을 굳이 언급하지 않더라도 같은 기독교를 믿는 서로 다른 민족들 사이의 전쟁 역사는 지금도 계속되고 있다.

실제로 유럽 종교전쟁의 역사는 역사 교과서를 통해 젊은이들에게 전달되었고, 오늘 유럽의 젊은이들은 종교전쟁의 역사를 근거로 기독교에 환멸을 느끼기도 한다. 기독교인의 수가 줄어드는 이유 중 하나가 된 것이다.

우리 민족에게는 일본 제국주의의 침략의 시기와 개신교가 유입되던 시기가 겹친다. 일본은 기독교 선교사가 조선의 민족정신에 영향을 끼칠 것을 두려워하여 계속 감시하였고, 선교사들도 일본 정부의 간섭을 피하려고 가능하면 교회가 민족적인 성격을 드러내지 않도록 지도하였다. 하지만 1919년 삼일운동은 기독교 정신의 민족주의적 표출로 분명하게 등장하였고, 일제는 무자비하게 박해하였다.

다른 민족에게 지배당하며 억압과 포로의 생활을 하고 있는 백성에게 하나님은 해방의 하나님이라고 성서는 선포한다. 삼일운동에 앞장선 기독교인은 그런 정신을 물려받았던 것이다. 조금 더 과거로 가 보자. 1907년 평양 대부흥운동은 한편으로 신앙 각성 운동이지만, 다른 한편으로는 신앙의 내면화 작업이었다. 일본의 지배 야욕이 점차 강해지고 구체화 되는 시점에 일어난 신앙 부흥 운동은 결국 신앙인의 눈을 사회 현실에서 돌리게 만들었다. 이런 세월이 10여 년 지나가는 동안 교회와 기독교인이 독립운동에 눈을 뜨게 된 것은 커다란 변화일 뿐만 아니라 신앙으로 민족정신을 일깨운 결과인 것이다.

삼일운동이 끝나고 수많은 사람이 체포되어 재판을 받았다. 기독교계 지도자들 다수는 독립운동을 더 이상 안 하겠다고 약조하고 석방되었다. 독립운동에 전념하는 사람들은 교회를 떠났고, 무장 독립 투쟁으로 방향을 전환하였다. 삼일운동과 독립운동의 역사는 신앙과 민족의 문제를 정확하게 보여주는 역사적 사건이다.

하지만 민족주의에 함몰된 기독교 신앙은 결국 이념 앞에서 무릎을 꿇을 수밖에 없었다. 해방 후 좌우익의 극한 대립과 투쟁의 역사는 기독교 신앙과 국가주의의 급속한 결탁을 불러일으켰고, 깊은 고민과 사색과 논쟁 없는 신앙은 국가의 이념을 신앙에 그대로 받아들이고 말았다.

민족의 운명이 풍전등화일 때 기독교 신앙이 민족의 미래를 밝게 비추기도 하지만, 기독교 신앙은 민족과 국가의 경계를 넘어서는 것이 분명하다. 자국의 이익만 생각하는 기독교는 민족과 이념 안에 기독교 정신을 가두어 두는 것과 마찬가지이다. 그러므로 기독교는 세상의 일에 관여할 때 그 본질적인 정신을 상실하지 않도록 주의를 기울여야 한다. 기독교는 어느 한 편을 선택할 것이 아니라 예수의 정신을 기준으로 삼아야 한다.

V. 한국교회를 생각하며

코로나19를 종식시킬 백신이 등장하였다. 얼마나 더 시간이 필요할지 아직 장담할 수는 없다. 하지만 앞으로도 이 세상은 코로나19와 비슷한 문제들로 고통당할 것이고, 인간의 욕심으로 인한 환경 파괴가 거꾸로 인간을 힘들게 만들 것이 분명하다. 인간이 자연과 구분되는 것이 아니듯이 신앙과 삶은 서로 깊이 연관되어 있다. 신앙인이 그리스도의 정신을 가졌다면, 제일 먼저 반성해야 할 것은 자기의 욕심의 끝을 찾는 일이라고 생각한다.

세상은 번영과 발전을 추구하느라 자연과 환경을 고려할 마음이 없다 해도 기독교 정신은 욕심에 눈먼 인간의 현실을 직시해야 한다. 거의 모든 사회의 문제를 신앙의 눈으로 보게 되는 일은 반드시 필요한 일이며, 이것이 성공하려면 기독교는 먼저 자신의 눈에 들어 있는 대들보를 빼내야 한다.

처음 이 땅에 들어온 기독교 신앙이 이 사회에 기여한 것이 많다고 생각한다. 문화와 문화가 만나는 일은 서로 대등한 일이지만, 계급 차별의 사회 속에 들어온 기독교 정신은 하층민들에게 희망을 불어넣어 주었다. 남녀평등이나 의료 선교 그리고 교육 사업 등등 개신교 신앙은 한국 근대사에 깊은 인상을 남겼다. 실제로 한글 성경 보급과 성경 읽기를 통한 교회 교육은 근대의 문맹률을 낮추는 데에 기여했다.

삼일운동 당시 인구가 약 2천만 명이었는데, 개신교인은 30만 명 정도였다고 한다. 인구 대비 약 1.5 % 정도의 기독교인이 발휘한 민족의식을 기억한다면 오늘날 개신교 교회를 향한 사회의 비난을 우리는 매우 부끄러워해야 한다.

기독교 신자가 비신자에 비하여 더 도덕적일 것이라는 생각은 안타깝게도 더 이상 유효한 생각이 아니다. 이런 사상은 평양 대율법 교사에서 비롯된 것인데, 지금 사회는 그때와는 확연하게 다른 세상이 되었다. 길거리 전도나 방문 전도가 유행이던 시절이 있었다. 하지만 "예수천당 불신지옥"이라는 모토는 벌써 오래전에 사회의 공감을 상실하였다. "우리는 구원받은 자들이고, 당신들은 구원을 받아야 할 불쌍한 존재"라는 전제가 담긴 전도는 상대방에 대한 대표적인 무례이다.

그리스도인의 전도 활동은 자기가 걸어가는 '그 길'이 누가 보기에도 동행하고 싶은 길임을 보여줄 때 진정한 가치를 발휘한다. 지금 교회는 세상보다 더 심한 온갖 추문 때문에 비난을 받고 있는데, 어떻게 "나와 함께 이 길을 가자"고 초대할 수 있을까?

500년 전 종교개혁 신앙은 사회 변화에 기여하였다. 그러므로 종교개혁에서 비롯된 개신교는 오늘 이 순간에도 사회 변화에 반드시 기여하여야 한다. 그러려면 교회와 기독교는 사회가 교회를 향하여 던지는 비판에 민감하여야 한다. 기독교 신앙은 우리끼리만의 문제가 아니기 때문에 공적인 사회에서 기독교 신앙의 존재가치를 반드시 인정받아야 할 것이다.

12장

저자 후기 : 신앙의 개혁을 꿈꾸며

이 책의 주제는 한 마디로 종교개혁의 신학적 정신으로 오늘 우리의 신앙을 돌아보고 본래의 정신으로 개혁하자는 것이다. 이 말속에 포함된 것은 오늘 한국 개신교의 상태가 정상이 아니라는 전제이다. 일개 신학자가 한국 개신교를 평가할 수 있겠느냐는 반론을 충분히 의식한다. 하지만 16세기 종교개혁 신학을 전공으로 삼은 필자의 눈에 한국교회의 신앙은 정도에서 심하게 벗어났다.

신학을 전문적으로 공부하기 시작하면서 "교회를 위한 신학을 하라!"는 주문을 많이 들었다. "신학자들이 교회를 망치고 있다!"라는 말도 자주 들었다. 만일 '신학자들이 망치는 교회'가 있다면, 아마 그것은 '교회'가 아니었을 가능성이 높다. 그리고 신학자들이 교회를 향하여 올바른 교회가 되라고 비판하는 이유는 '교회를 위해서' 하는 비판이다. 그러니 신학자들이 위해야 하는 '교회'와 신학자들이 망치는 '교회'는 전혀 다른 교회이다. 신학자는 언제나 교회를 위한 신학을 한다.

필자는 이 책을 "나름대로 신학하기"를 꿈꾸는 사람들을 위해서 집필하였다. 교회에 다니고, 성경을 읽고, 직분을 맡아서 섬기는 정도의 신앙생활에 만족할 사람이라면 이 책을 읽을 필요가 없다. 필자가 염두에 둔 이 책의 독자는 자기의 신앙생활에 작은 의문이라도 품는 사람이다. 내가 지금 신앙생활을 제대로 하고 있는지, 내가 속한 교회 공동체는 올바른 신앙의 길로 교우들을 인도하고 있는지 의심이 생긴다면 이 책을 일독하기 권한다. 신앙은 맹목적이어서는 안 된다. 신앙의 길에는 고민의 과정이 있어야 한다. 그리고 가장 중요한 것은 신앙생활에는 성장 과정이 반드시 있어야 한다.

신앙생활을 처음 시작하였을 때와 지금 나의 내면세계를 비교해 보라. 어떤 변화가 생겼는가? 내면세계라고 말한 이유는 외적인 행위가 달라진 것을 배제하기 위함이다. 그때는 일반 신자였으나 지금은 안수집사이고 장로가 되었다든지, 기도 시간도 많고 헌금도 많이 하게 되었다든지, 교회에서 담당한 일도 많아서 내가 아니면 교회가 돌아가지 않는다든지 등등의 그런 변화를 말하는 것이 아니다.

신앙의 내면은 '평화'와 깊은 관련이 있다. 지금 내가 과거보다 더 평화로워졌는가? 여전히 내가 격렬한 투쟁심으로 살고 있다면, 불행하게도 그것은 예수 그리스도와는 상관없는 신앙이다. 나에게 잘못한 사람을 너그럽게 보아줄 마음이 과거보다 조금이라도 더 커졌는가? 이제는 기도하면서 점점 더 '달라고' 하는 요청 항목이 줄어들지 않았는가? 이런 변화를 생각해 보자는 것이다.

한때 필자는 감정적인 신앙생활만 하는 신자들에게 '공부할 것'을 요구한 적이 있었다. 그래서 청년들을 모아서 신앙과 신학의 경계선에 있는 책들을 함께 읽는 모임을 했다. 나중에는 지성인들이 모여서 전문 신학 서적들을 함께 읽거나 인문학 도서들을 읽고 토론하는 독서 모임도 열었다. 그러면서 알게 된 것은 지식인들과 목사들이 인문학 서적과 신학 서적을 다루는 방법을 배워야 한다는 점이었다. 성경을 열심히 읽는 것도 중요하지만, 성경을 '어떻게' 읽고 이해해야 하는지에 관한 안내서를 찾아서 읽는 일도 중요하다. 그렇지 않으면 자신의 성경 읽기 방식이 가진 문제를 느끼지 못한다.

성경을 읽다 보면 구약성경과 신약성경의 성격이 매우 다른 것을 느낀다. 또 역사적인 사실 표현과 비유적인 설화가 섞여 있다는 것도 희미하게 깨닫는다. 그럴 때 그 의문점을 누가 해결해 주었는가? 목사에게 질문하고 토론하고 답하는 일은 정말 쉽지 않은 일이다. 그런 질문이 점점 많아지고 의문점들이 커질 때 답을 줄 사람을 발견하지 못하면 사이비 신앙의 유혹에 쉽게 빠져든다. 그래서 지식인 신자는 나름대로 신학 하는 훈련을 스스로 시작해야 하는 것이다.

신학이라는 학문은 다른 학문과 다른 점이 있다. '목회 현장'이라는 교회와 밀접한 관계가 있다는 것이다. 물론 기계공학의 경우에 기계를 생산하는 공장과 밀접한 관계가 있으니 마찬가지라고 할 수도 있지만, 신학의 경우는 '사람'을 다루기 때문에 신의 언어와 인간의 언어가 만나는 현장인 교회에 각별한 마음을 써야 하는 학문이다.

필자는 대학에서 기계공학을 전공하였다. 이 전공은 아주 어렸을 적부터 하고픈 공부였기에 망설임 없이 선택하였고, 졸업하여 모바일 완구 완제품을 설계하고 제작하겠다는 꿈을 키웠다. 그러다가 졸업과 동시에 신학으로 진로를 바꾸게 된 것은 대대로 내려온 신앙생활의 길에서 나름대로 신학적 사고를 할 수 있어야 하겠다는 판단 때문이었다. 결정적인 것은 청년부 회장을 하면서 청년부원들과 지도자 없이 함께 읽어 나가던 신학 서적의 영향을 받아서였다.

기계는 매우 정확하다. 설계자의 의도대로 조립하면 반드시 정확하게 작동한다. 그런데 인간은 다르다. 신학교에 입학하여 처음 느낀 감정은 신학의 언어가 너무 추상적이라는 느낌이었다. 수학적 논리로 무장한 공대생의 논리는 내 속에서 아우성을 치고 있었다. 나의 이성을 이해시켜달라고 말이다.

같은 성경을 다르게 읽어내는 상황에 직면하고, 같은 사상가를 서로 다르게 평가하는 혼란을 겪으며, 신앙인의 삶과 행동에 서로 다른 기준이 작용한다는 것이 신학교에서 겪은 혼란인 동시에 놀라움이었다. 기계는 설계도대로 만들면 누가 만들었는지는 중요하지 않은데, 신학은 달랐다.

신학이 학문이라면 과학적 언어가 통해야 한다고 생각한다. 그리고 과학적인 언어 안에 있는 것들과 과학을 초월하는 것들을 구분할 수 있어야 한다. 그리고 신앙은 언제나 신학을 통해 교정과 인도를 받아야 한다. 신앙적 경험이 축적되어 신학이라는 학문이 나온 것은 분명하다. 하지만 신학이 자리를 잡으면서 반대로 신앙에 대한 기준점 역할을 하기 시작한 것도 인정해야 한다. 그러므로 교회 현장에 신학이 필요 없다고 하거나 교회 현장이 시키고 요구하는 대로 신학을 해야 한다는 주장은 어불성설이다.

자연과학적 사고를 가지고 출발한 나의 신학 여정은 역사와 만나서 또 한 번 어려움을 겪기 시작하였다. 신학 석사 과정에서 역사신학을 선택하였을 때 읽었던 많은 역사책들은 그동안 알던 교회사 책과 집필 방식부터가 달랐다. 성서를 역사적인 시각을 가지고 읽어보면 그동안 성서를 얼마나 잘못 읽어왔는지가 보인다. 이것을 느끼게 된 것은 작게는 루터의 신학 연구에서, 크게는 교회사 전체의 역사에서 역사적 관점의 중요성을 알게 된 이후였다.

루터의 신학은 그의 생애 역사 속에서 변화와 발전을 겪었다. 그의 신학이나 교리는 모두 다 역사적 배경을 가지고 있다. 이런 배경을 이해하지 않으면 그의 신학을 오해할 수밖에 없다. 마찬가지로 2,000년 기독교 신학을 역사적 관점 없이 흡입하면 왜 그런 교리가 출현했는지 그리고 그런 결정이 어떤 이유 때문인지 이해하지 않고 단편적인 주장만 일삼다 분열하게 되고 만다.

3년간의 신학대학원 졸업 논문으로 마르틴 루터와 독일 농민전쟁을 다루었고, 이후 2년간 교회사 전공 석사 과정을 마친 후에 석사 학위 논문으로 스위스 아나뱁티즘의 등장 과정에 관한 연구를 진행하면서 얻은 깨달음은 훗날 독일에서 마르틴 루터와 아나뱁티즘을 연구하면서 심화되었다. 역사적인 이해 없이 신학을 하는 것은 매우 어리석다고 생각한다. 만일 역사적인 방식을 버리고 성서를 연구하게 되면, 이것은 어리석음을 넘어서 매우 위험하다고 생각한다. 이 책의 서두에서 역사문제를 다룬 이유가 그것이다.

독일에서 신학 박사 과정을 하는 동안 아헨(Aachen)의 작은 한인 교회 목회를 병행하였다. 그러면서 목회에 관심이 생겼다. 한국에 돌아와 신학 교수를 하면서 작은 개척교회에서 매주 설교하였고, 9년 전에 제자 목사와 함께 교회를 개척하여 지금도 설교하고 있다. 이 목회의 정신은 신학이 있는 목회이다.

동시에 교회가 교회만을 위하여 존재하는 것은 기독교 정신이 아니라고 생각한다. 교회는 세상을 위해 존재한다. 그렇게 하려면 교회 안에 속한 사람들이 사회 속에서는 복음을 전하는 설교자가 되어야 한다. 그의 설교는 삶이다. 그런 삶을 설교로 전하려면 그는 반드시 나름대로 신학을 할 수 있어야 한다. 그래서 신학적인 사고를 하도록 교우들에게 질문을 던지고, 그 질문 앞에서 고민하자는 것이 신학이 있는 목회의 출발점이었다.

어쩌면 이 책은 그런 나의 신학과 목회 여정의 산물이다. 이 책의 많은 부분은 호남신학대학교에서 제작한 '무엇인가 시리즈'에 기고 했던 글들이 그 기초가 되었다. 몇몇 교수들과 협력하여 『신학이란 무엇인가?』, 『교회란 무엇인가?』, 『신앙이란 무엇인가?』, 『구원이 란 무엇인가?』, 『예배란 무엇인가?』, 『성경이란 무엇인가?』라는 6 권의 시리즈를 출판하였고, 필자는 지속적으로 종교개혁적 관점에 서 해당 주제를 탐구하였다.

그리고 이 내용을 가지고 신학의 신입생들을 가르치기도 하고, 여러 교회의 교사 특강이나 임직자 특강에 사용하여 피드백을 받았 다. 맨 마지막에 장로교란 무엇인가에 대해 출판하려다가 그 주제가 다른 전공자들에게 적합하지 않아 미루었다. 그 내용을 이 책에는 "개신교와 장로교"라는 제목으로 추가하였다.

시리즈가 처음 나온 것이 1998년이니 23년 전의 일이다. 그동안 쓰고 가르치면서 겪은 필자의 신학적 발전 과정이 이 책에 반영되었 다. 그동안 내 속에서 발전한 역사와 교회사의 관계에 대한 단상을 추가하였고, 기도와 사회에 대한 종교개혁적 가르침을 추가하였다. 이런 주제 외에도 많은 내용이 기술되어야 한다고 생각한다. 하지만 이 정도의 내용을 읽고 나면 다른 주제에 관해서는 나름대로의 판단

기준이 생길 것이라고 믿는다.

교회는 교우들에게 순종을 최고의 신앙적 덕목이라고 가르치지만, 필자는 '자발적 순종'이 되어야 한다고 믿는다. 그리고 자발성을 띠려면 반드시 판단력이 있어야 한다고 생각한다. 판단력은 역사 공부에서 나온다. 역사를 아는 사람만이 미래를 열 수 있다.

한국교회는 그동안 외적 성장에서 괄목할 만한 성과를 이루었다. 이것은 누구나 다 아는 이야기이다. 하지만 역사는 다르게 표현한다. 외적 성장을 이룬 만큼이나 내적인 성숙이 없다면 그 교회의 성공은 거품이라고 말이다. 실제로 정직한 교회사는 이렇게 말한다. 참된 그리스도인은 많지 않다고 말이다. 그리고 그리스도의 정신과 기독교 역사는 항상 동행한 것만은 아니었다고 말이다.

예수 그리스도의 정신을 올곧게 따르다 보면 포기해야 할 것도 많아지고, 마음대로 할 수 없는 것도 많아지고, 무엇보다도 성서의 말씀들이 살아서 나의 삶을 깊이 간섭하여 들어오는 것을 느끼게 된다. 이것이 괴로움이 아니라 즐거움으로 다가오는 것이 참된 그리스도인의 삶인데, 어쩌면 우리는 지금 그 길을 힘들게 걷고 있는 것일지도 모른다.

신앙이란 완료형이 아니라 진행형이라는 것을 우리 모두가 깨닫기 바란다. "예수 믿고 구원받았다!"는 말로 우리의 신앙이 끝난다면, 그의 신앙은 정체되고 나중에는 썩는다. 신앙은 사람의 한평생을 이끄는 정신이다. 정신이 흐려지지 않도록 순간마다 개혁될 때 참된 신앙이 된다.

2,000년의 시간과 수만 킬로의 공간을 건너서 만나는 예수 그리스도의 가르침을 우리의 평생 동안 새롭게 느끼며, 기쁘고 행복하게 살아가는 그리스도인들이 많아졌으면 좋겠다.

참고문헌

김덕영. 『루터와 종교개혁, 근대와 그 시원에 대한 신학과 사회학』. 도서출판 길, 2017.

김진웅 외. 『서양사의 이해』. 학지사, 1994.

대한예수교장로회 총회 사회봉사부 장애인신학준비위원회(편). 『장애인 신학』. 한국장로교 출판사, 2015.

대한예수교장로회총회(편). 『대한예수교장로회 헌법』. 한국장로교출판사, 2006.

마르틴 루터. "비텐베르크 교회를 위한 미사 및 성찬식 순서." 1523.

문희석 편. 『구약성서 해석학』. 대한기독교서회, 1980.

박경수. 『스코틀랜드 교회치리서, 장로교 최초의 교회헌법 본문 및 해설』. 장로회신학대학교출판부, 2020.

알트하우스/구영철 옮김. 『마르틴 루터의 신학』. 성광문화사, 1994.

엘시 맥키/이정숙 옮김. 『칼뱅의 목회신학』. 두란노 아카데미, 2011.

오강남(엮어 옮김). 『기도. 영적인 삶을 풍요롭게 하는 예수의 기도』. 대한기독교서회, 2003.

오덕교. 『장로교회사』. 합동신학대학원 출판부, 2006.

윌리스턴 워커/송인설 옮김. 『기독교회사』. 크리스찬 다이제스트, 2000.

이상조. 『공법적 독일 개신교회의 역사적 발전 과정, 교회와 국가의 관계를 중심으로』. 나눔사, 2021.

정승훈. 『말씀과 예전』. 대한기독교서회, 1998.

제임스 키텔슨. 『개혁자 말틴 루터』. 컨콜디아.

좀머/클라르/홍지훈 · 김문기 · 백용기 옮김. 『교회사 무엇을 공부할 것인가?』. 한국신학연구소, 2008.

종교교재편찬위원회. 『성서와 기독교』. 연세대학교출판부, 1989.

쯔어 뮐렌/홍지훈 · 정병식 옮김. 『종교개혁과 반종교개혁』. 대한기독교서회, 2003.

총회교육자원부(편). 『개혁교회의 신앙고백』. 한국장로교출판사, 2007.

칼 호이시/손규태 옮김. 『세계교회사』. 한국신학연구소, 2004.

파울 알트하우스. 『마르틴 루터의 신학』. 성광문화사.

필립 클레이튼/이세형 옮김. 『신학이 변해야 교회가 산다』. 신앙과 지성사, 2012.

한스-마틴 바르트/정병식 · 홍지훈 공역. 『마르틴 루터의 신학. 비평적 평가』. 대한기독교서회, 2015.

한스 큉.『그리스도교. 본질과 역사』. 분도출판사, 2002.

_____/이종한 옮김.『그리스도교. 본질과 역사』. 분도, 2002.

호남신학대학교편.『구원이란 무엇인가?』. 한국장로교출판사, 2002.

홍지훈.『달란트를 찾아서』. 한들, 2012.

_____.『마르틴 루터와 아나뱁티즘』. 한들, 2000.

_____.『성전 없이 드리는 예배』. 한들, 2001.

_____.『쉽게 쓴 종교개혁자들 이야기』. 신앙과 지성사, 2019.

_____.『홍지훈 교수가 쉽게 쓴 종교개혁자들 이야기』. 신앙과 지성, 2019.

_____ 외.『16세기 종교개혁과 개혁교회의 유산』. 한국장로교출판사, 2003.

홍치모 편.『교회사 대사전 1, 2, 3』. 기독지혜사, 1994.

『루터 선집 8, 교회를 위한 목회자』. 컨콜디아, 1985.

"예배,"『기독교대백과사전 11』. 802-857, 기독교문사, 1984.

Althaus, Paul/구영철 역.『마르틴 루터의 신학』. 성광문화사, 1994.

Bernhard Lohse. *Luthers Theologie*. Göttingen, 1995.

Bienert, W. · Melhausen, J.『교회사 연구방법과 동향』. 한국신학연구소, 1994.

Bromiley, G.『역사신학개론』. 은성, 1987.

Calvin, Johann/원광연 옮김.『기독교 강요 (하)』. 크리스천 다이제스트, 2003.

Carr, E. H.『역사란 무엇인가』. 청년사, 1996.

Cornehl, Peter. Art. "Gottesdienst VIII," in: *TRE* 14, 54-85, 1985.

Heussi, K./손규태 옮김.『세계 교회사』. 한국신학연구소, 2004.

Küng, Hans/이종한 옮김.『그리스도교 본질과 역사』. 분도출판사, 2002.

Löwith, K.『역사의 의미』. 문예출판사, 1993.

Montgomery, J. W. *The Shape of the Past. Bethany Fellowship*, 1975.

Mühlen, K-H. "내적 인간과 외적인간: 마르틴 루터의 인간이해,"「신학이해」
         13(1995).

Slenczka, Reinhard. "Art." Glaube VI, in: *TRE* 13: 318-365.

Smolik, Josef/이종실 옮김.『체코의 에큐메니컬 신학자 요세프 흐로마드카』. 동연,
         2018.

Sommer, W./Klahr, D./홍지훈 · 김문기 · 백용기 공역.『교회사 무엇을 공부할 것인
         가?』. 한국신학연구소, 2008.

van Ruler, A. A. Art. "Glaube," in: *RGG*, 3Afl. II, 1597-1601.

Westermann, K.『신학입문』. 대한기독교서회, 1988.